TODESSTRAFE

MARTIN HAIDINGER

TODES STRAFE

MARTIN HAIDINGER

VON DER GUILLOTINE ZUR GIFTSPRITZE

NIKOL
VERLAG

Titel der Originalausgabe:
Von der Guillotine zur Giftspritze
Die Geschichte der Todesstrafe

Genehmigte Lizenzausgabe für
Nikol Verlagsgesellschaft mbH & Co. KG,
Hamburg, 2013

Lektorat: Arnold Klaffenböck
Titelabbildung: JP Laffont/Sygma/Corbis
Covergestaltung: Timon Schlichenmaier, Hamburg
Druck: CPI Moravia Books s.r.o.
Printed in the Czech Republic
ISBN: 978-3-86820-189-5

www.nikol-verlag.de

Den beiden Geschichtsdarstellern
Günther Steinbach und Friedrich Weissensteiner
gewidmet.

Ich danke meinen Mitarbeitern
Patrick Swoboda, Roland Weißegger und Stephan Gruber.

Inhaltsverzeichnis

Vorwort

„Die Geschichte ist die Wissenschaft vom Unglück des Menschen."
Raymond Queneau

Wo sonst, wenn nicht bei unserem Thema, wird dieses Wort Queneaus zur Wahrheit?

Die Todesstrafe ist älter als alle anderen Bestrafungen, die der Mensch kennt.

Sie wurde vollzogen, ehe es Gefängnisse gab oder Geldbußen eingehoben wurden.

Bis heute haftet ihr der archaische Charakter dieser Vorzeitlichkeit an. Auch wenn Juristen und Staatsphilosophen immer wieder versuchen, rationale Begründungen für ihren Vollzug modern auszudrücken: Wo eine Gemeinschaft, ein Staat geplant tötet, kommt eine Seite menschlicher Urgeschichte zum Vorschein, die bis heute der zivilisatorischen Weiterentwicklung der Menschheit getrotzt hat.

Kriminal- und Gerichtsberichterstatter neigen bisweilen dazu, besonders grausame Morde als „Hinrichtungen" zu bezeichnen. Um diese im Grunde beschönigende Mordumschreibung geht es in diesem Buch nicht; ebenso wenig um Völkermord, Holocaust und Massenvertreibung, die nur in jenen Aspekten behandelt werden, die einwandfrei zum Thema Todesstrafe gehören. Es hieße die Opfer der Genozide beleidigen, wenn man ihre wilde Ermordung als „Hinrichtung" oder gar als „Strafe" verharmloste.

Und auch Fememörder, Lyncher und Terroristen können kein Todes-„Urteil" verhängen. Osama bin Ladens „Al Kaida" richtet nicht hin, sie mordet! Und das in jeder existierenden Rechtsauslegung außer ihrer eigenen.

Bisweilen aber verfließen die Grenzen zwischen Hinrichtung und Mord, und um genau diesen wichtigen Aspekt hat es zu gehen – er ist einer der Anlässe gewesen, dieses Buch zu schreiben: den Begriff „Todesstrafe“ aus dem reichen Repertoire menschlicher Tötungsmotive herauszuschälen und so lange abzuklopfen, bis er nackt und bloß, ohne billige Rechtfertigungsrhetorik und den Schutzpanzer vorgeblicher Unabwendbarkeit und Notwendigkeit auf sein innerstes Wesen reduziert ist.

Und dieses Wesen harrt einer sinnvollen Diskussion.

Die dabei ausgetauschten Argumente sind Meinungen und daher subjektiv. So ist es auch die hier erzählte Geschichte.

Es sind Streiflichter, die darin aufblitzen. Sie beleuchten nicht alle Epochen, Länder und Henkerswerkzeuge in gleicher Intensität, sondern erhellen den Blick auf exemplarische Beispiele der Tötung im Namen des Gesetzes. Manches wird nicht überraschen, denn Diktaturen kommen selten ohne Todesstrafe aus. Wenn der Justizmord zum System wird, wenn Gewaltherrscher geradezu im Blut baden, sind „Einzelhinrichtungen“ nach „Prozessen“ dann nur mehr eine Facette des Grauens. Den Tyrannen rechtfertigt niemand, außer er sich selbst.

Spannender aber auch problematischer wird es dort, wo demokratische Staaten Todesurteile vollstrecken. Es ist nun einmal so, dass beispielsweise die große Französische Revolution nicht nur Freiheits- und Menschenrechte gebracht, sondern auch jene Pro- und Kontra-Haltungen zum strafenden und bisweilen auch tötenden modernen Staat gründend beeinflusst hat, in die wir noch heute eingesponnen sind – gerade in Europa und den USA. Über die Blutbäder am Beginn der frühdemokratischen Epoche der Neuzeit muss detailliert erzählt werden, um die Dramatik dieses ideologischen Hexenkessels nachvollziehen zu können. Es ist eine Art „Bildnis des Dorian Gray“, ein Zerrbild der Demokratie, das hier bestaunt werden kann.

Die französische Schreckensherrschaft lässt uns ebenso ratlos zurück wie das höchst gegenwärtige Phänomen der „Sharia“, des islamischen Rechts, das Frauen und Kinder mit dem Schwert oder dem Strick hinrichten lässt oder lebende Menschen aus Flugzeugen über dem Meer abwirft.

Wer allerdings der Versuchung erliegt, den Islam auf seine Hinrichtungspraxis zu reduzieren, unternehme dieses Gedankenexperiment auch mit der Französischen Revolution, und gehe dann wieder zurück zum Start.

So einfach ist es nicht. Nein, so einfach ist es ganz und gar nicht.

Die katholische Kirche kennt die „Betrachtungen der Schmerzen Christi", eine fromme Andachtsübung, in der sich der gläubige Christ in die Leiden des Menschensohnes am Kreuz versenken soll. Nun, so weit wollen wir mit diesem Buch nicht gehen, zumal es nicht sein Zweck ist, Glauben zu bringen, sondern Erkenntnis. Aber auch dafür ist es notwendig, Täter und Opfer so genau wie möglich kennenzulernen.

Wozu, fragt vielleicht der sensible Leser, quillt in diesem Buch Blut aus jeder Zeile? Warum die detaillierte Schilderung furchtbarer Grausamkeiten? Kann man dieses Thema nicht auch nüchtern bewältigen? Emotionslos, um zu einer sachlichen Antwort auf die Frage „Todesstrafe ja oder nein?" zu kommen?

Ihm antworte ich mit der Sentenz, die John F. Mortimer seinem Buch „Henker" vorangestellt hat:

„Die Befürworter der Todesstrafe sollen wissen, wovon sie reden, sollen alles kennen, was im Zusammenhang mit der niemals wieder rückgängig zu machenden Strafe am Leben eines Menschen Gewicht hat. Und die Gegner der Todesstrafe sollen weniger reden und mehr argumentieren."

Zwei auf ihrem letzten Gang und die Diskretion des Leids

Hat er das Fläschchen mit dem Gift übersehen, das ihm eine mitfühlende Seele diskret vor die Nase gestellt hat? Oder *will* er es nicht sehen? Will er denn die furchtbare Strafe erleiden, zu der sie ihn verurteilt haben?

Mehr wird er getragen, als er selber geht. Er hat die „außerordentliche Tortur" überstanden. Man hatte ihm die „Spanischen Stiefel" angezogen und acht Keile in die Beine getrieben. Er solle die Namen seiner Komplizen nennen, hatten die Kommissare gefordert. Doch er ist Einzeltäter gewesen. Zweieinviertel Stunden dauerte die Folter. Dann hatten selbst die Richter genug.

Nun wird er aus dem schrecklichen Raum getragen. Das letzte Getränk hat er verweigert. Es hätte ihm vieles erspart. Alles, was jetzt noch kommt.

*

Es ist drei Uhr morgens. Sie weist das Frühstück zurück. Weil sie fromme Christin ist und wohl weiß, dass es Zeiten gibt, an denen einem die Demut nicht nur zu schweigen, sondern auch zu fasten gebietet. Vielleicht hat sie aber auch bloß keinen Appetit. Ja, später, so in zwölf Stunden will sie essen. Eine Banane, einen Pfirsich und einen Salat. Mit welchem Dressing? Vielleicht italienisch, schlägt sie vor. Dann schläft sie wieder ein.

*

Der Henker ist wütend.

Da bereitet man penibel eine Prozedur vor, die man nur noch aus alten Berichten kennt, weil sie so ungebräuchlich geworden ist, beauftragt einen Torturknecht damit, alle Utensilien zu besorgen, Blei, Pechharz, Schwefel, Wachs – und dann fehlt das alles, und der elende Knecht liegt betrunken beim Blutgerüst und lallt nur noch! Henkers Wut weicht sogleich der Nervosität. Jeden Augenblick muss der Delinquent eintreffen!

*

Duschen? Wozu noch? Sie lehnt das Bad ab, nimmt aber frische Kleidung in Empfang. Weiße Sträflingskleidung, die seit vierzehn Jahren ihre einzige Garderobe ist. Es ist kurz nach sechs Uhr. Keine Fernsehnachrichten, sie schreibt lieber. Über eine Stunde. Dann telefoniert sie mit ihrem Anwalt. Endlich, um acht Uhr und 11 Minuten, nimmt sie etwas zu sich: ein Glas Wasser. Sie liest in der Bibel.

*

Schroff tadelt der General-Prokurator den Scharfrichter. Die Vernachlässigung seiner Pflicht werde ihm als verantwortlichem Henker vierzehn Tage Gefängnis einbringen. Und der Prokurator befiehlt, dass ein junger Verwandter des Henkers, ein Teenager erst, dessen Platz bei der bevorstehenden Aktion einnehmen soll.

Inzwischen ist der Delinquent beim Blutgerüst eingetroffen. Er kann nicht stehen, so setzt man den Zerschundenen auf die Stufen des Schafotts nieder. Mit sicheren Blicken betrachtet er das Publikum, das Volk, das sich um den Platz gesammelt hat.

*

Um 8 Uhr 11 empfängt sie Besuch von ihrem Mann, ihrem Vater und ihrer Schwester – eine Trennscheibe lässt keine Berührung zu.

Nun nimmt sie von ihrem Mann ein Getränk und Kekse an und gibt zu, dass sie vom gestrigen Fasten geschwächt ist.

Sie liest ihrer Familie aus der Bibel vor, und ihr Mann singt ein Gebet.

Um 11 Uhr 54 weint sie zum ersten Mal.

Eine Minute danach legen sie und ihre Familie ihre Hände an die Trennscheibe, um sich zu verabschieden. Um 12 Uhr mittags endet die Besuchszeit.

*

Sie zwingen ihn, niederzuknien und Buße zu tun, doch das lassen seine zerschundenen Beine nicht zu. Er fällt aufs Gesicht und stößt einen lauten Schrei aus. Als er aufgerichtet wird, sieht man ihn das erste Mal weinen.

Seine Hand wird auf einen Block gelegt. Mit einer heißen Kohlenpfanne nähert sich ihr der Henker. Als die bläuliche Flamme das Fleisch erreicht, stößt der Delinquent einen furchtbaren Schrei aus und beißt in seine Fesseln. Er hebt den Kopf, sieht zu, wie seine Hand abbrennt und knirscht mit den Zähnen. Hernach reißt ihm ein Knecht mit einer langen Zange Fleischstücke aus den Oberschenkeln, den Ober- und Unterarmen und schließlich an den Brustwarzen. Ein Gehilfe gießt nun kochendes Öl, brennendes Harz, glühenden Schwefel und geschmolzenes Blei in die Wunden. Weit treten seine Augen aus ihren Höhlen. „Noch mehr, noch mehr!", schreit er, trunken vor Schmerz.

*

Es ist nun zehn Minuten nach 12 Uhr. Sie verweigert das Mittagessen. Nur drei Minuten dauert es, bis ihr persönliches Eigentum gesichtet und verpackt ist. Sie betet mit dem Gefängnispfarrer. Eine knappe halbe Stunde lang. Dann wird sie in den Todestrakt verlegt, in dem sie keinen Besuch mehr empfangen darf. Sie wird in eine enge Zelle mit beigefarbenen Gitterstäben gesperrt. An die Wand ist ein Bett geschraubt, es gibt ein Waschbecken und eine Toilette, außerdem einen kleinen Tisch, an dem die Henkersmahlzeit eingenommen werden kann.

*

Der Gefängnisschreiber nähert sich dem mit vier Stricken an vier Pferde Gebundenen, der auf einem Gestell liegt, das ein Andreaskreuz bildet, und fragt ihn, ob er noch etwas zu sagen habe. Er verneint. Zwei Priester kommen. Er küsst das von ihnen dargereichte Kruzifix und spricht: „Verzeihung, Herr!"

Im Hintergrund ärgert sich der Henker noch immer über seinen dummen Knecht, der nasses Holz für den Scheiterhaufen gebracht hat, auf dem die Überreste des Geschehens verbrannt werden sollen. In aller Eile muss jetzt trockenes Holz hergeschafft werden.

*

Warten. Bis 15 Uhr. Die Henkersmahlzeit wird gebracht. Banane, Pfirsich und Salat, wie gewünscht. Nein danke, sagt sie. Dann kommt die Nachricht, dass das Verfassungsgericht ihre letzten Berufungsanträge abgelehnt hat. Sie reagiert gefasst, heißt es später. Und optimistisch. Optimistisch? Optimismus ist dem Christen die Hoffnung auf Erlösung.

*

Interessiert betrachtet er seinen eigenen, festgeschnallten, straff gespannten Körper, der aus vielen Wunden blutet. Dann schließt er die Augen. Die Knechte warten auf des Henkers Zeichen. Der gibt es. Peitschenknallen, dann setzt sich das entsetzliche Viergespann in Bewegung. Die Pferde ziehen, so fest sie können. Ohne Erfolg. Die Gliedmaßen des Gepeinigten dehnen sich in unförmige Längen, aber sie reißen nicht. Ein Pferd stürzt. Pause. Noch drei Versuche. Er röchelt wie der Blasebalg einer Schmiede, aber er stirbt nicht, er ist bei Bewusstsein. Er ruft: „Jesus! Maria! Ihr Heiligen! Kommt zu mir!"

*

Um 18 Uhr wird sie in den vorgesehenen Raum geführt. Dort wird sie auf einer Liege – ähnlich der in einem Operationssaal – festgeschnallt und an ein Infusionsgerät angeschlossen. Fünf Zeugen, Freunde, Verwandte, nehmen in einem Zimmer Platz. Von dort aus können sie durch eine Glasscheibe das Geschehen beobachten. Die fünf Zeugen des Opfers sitzen in einem ähnlichen Raum nebenan. Die zugelassenen Journalisten werden auf beide Zimmer verteilt.

*

Er lebt. Ein dumpfes Murmeln erhebt sich im Volk, wie das Grollen vor einem Sturm. Der Gerichtsschreiber verbirgt das Gesicht in seinem Gewand, ein Priester wird ohnmächtig. Der Scharfrichter und seine Gehilfen sind auf das Äußerste bestürzt. Die Pferde werden nun kreuzüber geführt – diejenigen an den Armen in Richtung Kopf, diejenigen an den Schenkeln in Richtung Arme. Das bricht ihm die Gelenke. Er hebt das Haupt und sieht an sich herab. Zwei weitere Pferde werden an die Schenkel gespannt – es sind jetzt sechs Tiere. Zwei Priester treten zu ihm und sprechen leise auf ihn ein. Er spricht: „Küssen Sie mich, gnädige Herren!" Der eine wagt es nicht. Aber der andere schlüpft unter dem Seil des linken Armes durch und küsst ihn auf die Stirn.

*

Die Gefängniswärter schließen eine schwere, blaue Eisentür.

„Ich werde nun Jesus gegenübertreten", sagt sie über ein Mikrofon. Sie bittet die Familien ihrer Mordopfer um Verzeihung. „Ich liebe euch alle sehr. Ich werde euch alle wiedersehen, wenn ihr kommt."

In einem Raum hinter einer undurchsichtigen Wand auf der einen Seite der Liege pumpt ein anonymer Freiwilliger, der medizinische Kenntnisse hat, eine tödliche Giftmischung durch ein Loch in der Wand in ihre Venen.

Sie lächelt, während das Gift zu wirken beginnt.

*

„Tut eure Arbeit!“, stöhnt er den Scharfrichtern entgegen, die ratlos herumstehen. „Ich bin euch nicht böse, aber bitte tut eure Arbeit! Und bittet Gott für mich!“

Der Scharfrichter lässt den Wundarzt zum Stadthaus laufen, der darum bitten soll, dass man den Unglücklichen zerschneiden dürfe, da die Zerreißung offenbar nicht funktioniert. Genehmigung erteilt. Doch kein Messer zur Stelle. Mit einer Axt haut einer der Gehilfen nun in Schenkel und Achselhöhlen und durchschlägt die Sehnen. Peitschenknallen. Die Pferde zerren abermals. Arme und Beine lösen sich nacheinander vom Rumpf.

*

Die Infusion besteht aus drei Komponenten, einem Schlafmittel, einem Medikament, das die Atmung lähmt, und einem, das den Herzschlag stoppt. Ungefähr sieben Minuten später tritt der Tod ein. Um 18.45 Uhr bestätigt der anwesende Arzt, dass sie tot ist. Die Zeugen verlassen ihre Räume.

*

Die Beichtväter kommen. Der Scharfrichter hält sie auf und sagt, der Mann sei endgültig tot. Entsetzt sehen sie aus der Distanz, dass die Haare des Hingerichteten, die zuvor noch braun gewesen, jetzt weiß wie Schnee sind. Ein Augenzeuge beobachtet, dass sich der Torso bewegt und der Unterkiefer auf und nieder geht. Rumpf und Gliedmaßen werden auf dem Scheiterhaufen verbrannt. Es ist dem Knecht des Henkers gelungen, das Holz ausreichend trocken zu halten.

*

„Die Welt ist nach ihrer Hinrichtung ein besserer Ort“, sagt der Ehemann eines ihrer Opfer. Aber es sind auch Hinterbliebene da, die einen Gnadenerlass befürwortet haben.

Die Journalisten beantworten in einem Extrazimmer Fragen ihrer wartenden Kollegen.

Draußen vor dem Gefängnis haben sich mehrere Hundert Gegner der Todesstrafe versammelt, die zum Zeitpunkt der Hinrichtung Lieder anstimmten.

*

Es war der 43 Jahre alte Robert-François Damiens, der am 28. März 1758 in Paris gevierteilt wurde. Er hatte versucht, den französischen König Ludwig XV. mit einer Federmesserklinge zu erstechen, als dieser gerade sein Schloss in Trianon verließ. Der Anschlag misslang, der König wurde nur leicht verletzt. Zu dick und Schutz gewährend waren seine Gewänder. Der schon früher als „närrisch“ und arbeitsscheu auffällig gewordene Damiens wurde wegen Hochverrats und versuchten „Vatermordes“ (wie der Königsmord gerne genannt wurde) zur gleichen Strafe verurteilt, die schon Ravaillac ereilt hatte, der 1610 König Heinrich IV. – übrigens mit Erfolg – ermordet hatte. Die Vierteilung war so lange nicht mehr vollzogen worden, dass sich die Henker an alten Berichten, Vorschriften und Zeichnungen der Tötung Ravaillacs orientieren mussten.

Ludwig XV., 47 Jahre alt, soll sich weinend auf ein Bett geworfen haben, als man ihm die Details der Hinrichtung hinterbrachte.

*

Karla Faye Tucker war am 3. Februar 1998 seit 135 Jahren die erste Frau, die in Texas/USA hingerichtet wurde. Im zentraltexanischen Gefängnis Huntsville wurde der 38-Jährigen eine tödliche Giftspritze verabreicht.

Tucker hatte zusammen mit einem Komplizen 1983 in Houston im Drogenrausch zwei Menschen mit einer Spitzhacke erschlagen. Die beiden Einbrecher wollten Ersatzteile für ein Motorrad stehlen. Die Opfer waren die 32-jährige Deborah Thornton und der 27-jährige Jerry Lynn Dean. Der zweite Täter, Daniel Garrett, wurde ebenfalls zum Tode verurteilt und starb 1993 im Gefängnis.

Ihren Antrag auf Begnadigung begründete die ehemalige Prostituierte damit, dass sie im Gefängnis ein anderer Mensch geworden sei und zu Gott gefunden habe. In einem weiteren Antrag verwarf sie das Begnadigungsverfahren in Texas als ungerecht. Für Karla Faye Tucker setzten sich auch Papst Johannes Paul II. und der konservative amerikanische Fernsehprediger Pat Robertson ein.

Die Hinrichtung wurde vor allem in Europa scharf verurteilt. Der französische Wirtschaftsminister Dominique Strauss-Kahn sagte: „Ich bin schockiert, dass man heutzutage, in einem Industriestaat, zivilisiert, kulturell weitentwickelt, immer noch die Todesstrafe vollstreckt."

Gouverneur George W. Bush hätte die Hinrichtung noch um 30 Tage verschieben können. Er erklärte jedoch, der Fall sei von Berufungsgerichten umfassend behandelt worden. Auch ihn berühre das Schicksal der jungen Frau. Er sei aber zu dem Schluss gekommen, dass das Urteil über Herz und Seele eines Todeskandidaten am besten einer höheren Instanz überlassen werde. „Möge Gott Karla Faye Tucker segnen. Möge Gott ihre Opfer und deren Familien segnen." Der republikanische Politiker hatte seit seinem Amtsantritt drei Jahre zuvor in 59 Fällen keinen einzigen Hinrichtungstermin verschoben oder eine Begnadigung ausgesprochen.

Strafe und Justizmord

Wir haben grotesken Szenen des vielaktigen Welttheaters beigewohnt: Staaten bringen Menschen zu Tode, die alle Voraussetzungen dafür hatten, weiterleben zu können. Einmal mit unvorstellbaren Leibesmartern, dafür wenige Monate nach dem begangenen Delikt. Das andere Mal nach 14 Jahren in der Todeszelle, dafür in einem stillen, schmerzlosen, beinahe sterilen Ritual, das fast an die Vorbereitung einer Operation erinnert; aber eben nur fast.

Ritual – dieses Wort wird uns auf Schritt und Tritt folgen, wenn wir die Geschichte der Todesstrafe in der Neuzeit durchschreiten. Und wie es auf dem Theater, mit oder ohne Musik, die Begriffe „Werktreue", „Partitur", „Inszenierung", „Regie", „Choreografie" und „Improvisation" gibt, so sind auch bei der Hinrichtung die „Kulissen" und die „Requisiten" von ursächlicher Wichtigkeit, neben den „Darstellern" natürlich.

Zwischen den Hinrichtungen Damiens' und Tuckers liegen nicht nur eineinhalb Jahrhunderte, sondern der Wandel der Hinrichtung von der spektakulären Blutoper zum Kammerspiel vor kleinem, ausgewähltem Publikum.

Michel Foucault, der große Historiker der Denksysteme, spricht von der „Ökonomie der Züchtigung", die sich in der Zeit zwischen Damiens und Tucker entwickelt hat. Die grausame Gewalt des geplanten Tötens wurde in diesen Jahrhunderten in Bahnen gelenkt, die ihr zumindest nach außen hin ein „menschliches Antlitz" verleihen sollten.

Die Unmenschlichkeit von Strafen wie Rädern und Vierteilen schrie schon manchen Zeitgenossen des 18. Jahrhunderts zum Himmel, gerade im Frankreich der Aufklärung.

François-Marie Arouet, genannt Voltaire, reagiert trotzdem zunächst in der gewohnt zynischen Art des Spötters, als er von der Hinrichtung des Protestanten Jean Calas hört. Dieser 63-jährige Mann aus Toulouse, ein Tuchhändler, soll seinen Sohn ermordet haben, der zum Katholizismus übergetreten sei. „Die Protestanten sind doch noch fanatischer als die Katholiken", lautet Voltaires erster Kommentar. „Die wüten sogar gegen das Theater und erlauben keine musikalischen Aufführungen!", wettert der Wahl-Genfer, und denkt dabei an den unduldsamen Gründer des Helvetischen Bekenntnisses, den grimmigen Jean Calvin, der rundweg alles Volk in seinem Einflussbereich umbringen ließ, das sich nicht zu seinen strikten Lehren bekennen wollte; eine Art Taliban der frühen Neuzeit.

Etwas mulmig zumute wird Voltaire dann, als er die Details der Hinrichtung erfährt: Calas wurden mit mehreren Schlägen die

Gliedmaßen zerschmettert, und er wurde nach jedem Schlag mit Riechsalz wieder zum Bewusstsein gebracht. Dann wurde er lebendig aufs Rad geflochten und erst nach einer bestimmten Frist vom Henker erdrosselt.

„Na und?“, denkt Voltaire, und schluckt ein wenig, „was anderes gebührt einem Sohnesmörder?“

Ein Freund, der Kaufmann Audibert aus Marseille, macht ihn jedoch auf die Details des Falles aufmerksam. Wie hätte denn der 63 Jahre alte, gichtkranke Greis seinen 28-jährigen kräftigen Sohn überwältigen und aufhängen sollen? Voltaire forscht nach und kommt zu dem Ergebnis: Der junge Mann hat sich aus Lebensüberdruss selbst erhängt, keine Spur von Glaubenswechsel. Der Vater schickte nach einem Arzt und verschwieg den Selbstmord, der die Familie entehrt hätte! Eine Menschenmenge vor dem Haus des Protestanten erklärte ihn johlend des Mordes an seinem Sohn für schuldig. Gerade in Toulouse hatte die Protestantenverfolgung eine lange Tradition. Alljährlich wurde der Jahrestag eines Gemetzels im Jahre 1562 gefeiert, bei dem 4000 Protestanten ermordet worden waren.

Calas wurde von einem regionalen Gericht, genannt „Parlament“, zum Tod verurteilt, dessen Sitze – wie damals üblich – von Reichen und Mächtigen gekauft waren.

Voltaire wird sich fortan noch stärker der Bekämpfung religiöser Unduldsamkeit widmen. Der Justizmord an Calas hat ihn auf den Weg dahin gebracht.

Mit oder ohne Voltaire verschwinden zum Teil noch zu seinen Lebzeiten die alten gewohnheitsrechtlichen Strafen, sowohl in Europa als auch in der „Neuen Welt“, den künftigen USA, von der Bildfläche. „Moderne“ Gesetzbücher entstehen, die zum Teil noch drakonische Strafen enthalten, die aber wenigstens in Kanäle gelenkt sind: 1769 in Russland, 1780 in Preußen. 1786 folgen Pennsylvania und die Toskana, 1788 (mit späteren Teilrücknahmen) Österreich. Frankreich ist ein Sonderfall, aber spätestens 1810 ist die Strafgesetzwerdung unter Napoleon I. abgeschlossen.

Sie alle haben weitgehend vereinheitlichte Verfahrensregeln zum Inhalt – die Willkür regionaler Richter und selbst ernannter Potentaten soll ein Ende finden. Nach und nach werden da und dort Geschworene zugelassen, und im 19. Jahrhundert wird die Strafe zusehends als „Korrektur“ empfunden. Foucault hat die meisterliche Definition dazu gefunden:

„Nicht mehr so unmittelbare physische Bestrafungen, eine gewisse Diskretion in der Kunst des Zufügens von Leid, ein Spiel von subtileren, geräuschloseren und prunkloseren Schmerzen.“

Das klingt ein bisschen wie die Regieanweisung eines philosophischen Spielleiters, oder?

Dennoch soll das Theater zu Ende sein, das düstere Fest der Strafe wird vom Schauspiel, das am Ende eines Verbrechens steht, zum Akt des Verfahrens oder der Verwaltung. Das moderne Leben, durchzogen von Vorschriften und Bürokratie aller Art, bricht sich Bahn. Öffentliche Zwangsarbeit in buntscheckigen Gewändern und in Eisenketten, das Verspotten und Anspucken der Delinquenten auf dem Pranger verschwindet. Das Spektakel ist nun in der öffentlichen Meinung plötzlich – wenn auch manchmal heuchlerisch – negativ angeschrieben. Liegt es daran, dass die Menschen das private Leben entdecken und sich durch gemarterte Körper eher belästigt denn erbaut fühlen? Der Henker gerät in den Verdacht, mit dem Mörder verwandt zu sein, der Richter mit dem Verbrecher. „Wir sehen ja, dass Menschen kaltblütig hingerichtet werden, obgleich der Mord als eine abscheuliche Missetat hinausposaunt wird“, sagt Cesare de Beccaria schon 1764.

Mit dem Verschwinden der Hinrichtung aus dem Alltag wird sie immer abstrakter, ein verborgenes Geschehen. Schämen sich die Menschen dessen, dass der von den meisten so herbeigesehnte Rechtsstaat nicht ohne die Tötung auskommt? Und die Justiz? „Dass auch sie tötet, dass sie zuschlägt, ist nicht mehr die Verherrlichung ihrer Kraft, sondern ein Element an ihr, das sie hinnehmen muss, zu dem sie sich aber kaum bekennen mag“, analysiert Foucault.

Zugleich mit dem Verstecken der Hinrichtung werden die Prozesse öffentlich und heftig diskutiert. Zuvor waren die Verurteilungen oft verborgen geblieben, die Tötung hingegen öffentlich gewesen. Nun ist es hässlich, straffällig zu sein, und wenig ruhmvoll, strafen zu müssen. So vergräbt die Justiz die Strafe in der Bürokratie.

Die Züchtigung ist nicht mehr eine Kunst der unerträglichen Empfindungen, sondern eine Ökonomie der suspendierten Rechte. Das heißt, dass der Mensch, der laut Gerichtsbeschluss sein Recht auf Leben verwirkt hat, sauber und nüchtern zu Tode gebracht wird. In der Mengenlehre der Todesstrafe ist die Schnittmenge des alten und des neuen Zugangs zur staatlichen Tötung in der Französischen Revolution Ende des 18. Jahrhunderts zu suchen: nüchtern, ökonomisch, aber dennoch grausam!

Mit der Guillotine brach das neue Zeitalter an, in dem die Maschine, und nicht mehr unmittelbar der Henker selbst den Menschen tötete. Gleicher Tod für alle! Spektakel allerdings inbegriffen!

Im 20. Jahrhundert ist zum Beispiel in den USA der Scharfrichter von einer Armee von Technikern abgelöst worden, Aufsehern, Ärzten, Psychiatern, Psychologen. Sie garantieren dem zum Tod Verurteilten, dass es nicht um Schmerz, ja nicht einmal um seinen Körper an sich geht. Bis zum letzten Atemzug wird sein „Wohlbefinden" von einem Arzt überwacht, bekommt er vor der Exekution Beruhigungsinjektionen. „Utopie einer schamhaften Justiz", sagt Foucault, „man nimmt das Leben und vermeidet dabei jede Empfindung; man raubt alle Rechte, ohne leiden zu machen; man erlegt Strafen auf, die von jedem Schmerz frei sind."

Der Rückgriff auf Psychopharmaka liegt so genau in der Richtung eines „körperlosen" Strafsystems. Eine Hinrichtung, die eher das Leben als den Körper betrifft.

Genau das Gegenteil war noch zu Beginn des 18. Jahrhunderts vom anonymen Autor der famosen Schrift „Hanging not punishment enough" verlangt worden. Er wollte die Verurteilten auf dem

Rad brechen, dann bis zur Ohnmacht auspeitschen, anschließend an Ketten aufhängen und langsam verhungern lassen. Und tatsächlich gab es auch noch im Europa des 17. Jahrhunderts (zumindest aus England verbürgt) jene Hinrichtungsart für das Delikt des Verrats, die vorsah, den Todgeweihten auf einer Schleife hochzuziehen, damit sein Kopf nicht am Pflaster barst, dann den Bauch zu öffnen, die Eingeweide hastig herauszureißen, damit er mit seinen eigenen Augen sehen konnte, wie man sie ins Feuer warf, ihn schließlich zu enthaupten und den Rest zu vierteilen." Bei dieser als Spektakel erschreckenden Marter leidet der Schuldige weder viel noch lange", bemerkte ein einfühlsamer Kommentator der Zeit dazu ...

Überhaupt brauchte gerade England lange, bis es die öffentlichen peinlichen Strafen abschaffte. Sollten die sozialen Unruhen, die in dem praktisch ständig im Krieg liegenden britischen Königreich durchgehend von 1780 bis 1820 tobten, daran schuld gewesen sein, dass man sich dort sträubte, die Leibstrafen zu mildern?

In Frankreich wurde indes das Spektakel um die Guillotine so heftig, dass man sie im Paris des 19. Jahrhunderts vom Zentrum an ein Stadttor verlegte, den offenen durch einen geschlossenen Karren ersetzte, die Straßen absperrte und die Hinrichtungen eilig und zu ungewohnter Stunde durchführte. Schließlich wanderte sie endlich ins Innere der Gefängnisse und 1939 (!) wurde endlich die ohnehin schon eingeschränkte Öffentlichkeit ausgeschlossen. 1972 nach der Hinrichtung der Delinquenten Buffet und Bontemps wurden den wenigen Zeugen Berichte über den Vorgang gerichtlich verboten. Er musste ein Geheimnis der Justiz und ihren Verurteilten bleiben.

Ist das alles „menschlicher"? Wird in der „körperlosen" Justiz die Seele nicht ebenso hart bestraft wie zuvor?

Nun, das Ziel der Todesstrafe in der westlichen Welt hat sich geändert.

Immerhin werden – im Unterschied zu islamischen Ländern – Gotteslästerer hier nicht mehr hingerichtet, und auch Diebe und Schleichhändler können sich vor dem Auge des Gesetzes ihres Lebens sicher sein. Der freie Wille des Täters beziehungsweise dessen Einschränkung wird berücksichtigt, die Umstände der Tat minutiös geprüft, mildernde Umstände erhoben. Psychiater und andere Gutachter machen aus der Beurteilung der Gesetzesübertretung eine Wissenschaft, und die gesteht der Justiz dann zu, sich des Körpers des Delinquenten zu bemächtigen und seine Seele abzustrafen.

So ahnden die Richter nicht mehr Verbrechen, sondern sie richten über Seelen. Auf diese Weise bekommt die Todesstrafe ihre „Läuterungsfunktion" wieder zurück, die mehr oder weniger in ein modernes Rechtsempfinden irgendwie hineinzupressen ist.

Am Ende steht der Tod. So oder so. Und er hat viele Gesichter. Sehen wir ihnen ins Auge!

Ausgewählte Literatur:

Michel Foucault, Überwachen und Strafen. Die Geburt des Gefängnisses, Frankfurt am Main 1976.

Joachim G. Leithäuser, Voltaire. Leben und Briefe. Bericht eines großen Lebens, Essen o. J.

Henri Sanson, Der Henker von Paris, Wiesbaden/Berlin o. J.

Profession und Psychologie des Henkers

„Ich habe diese zehn Nazis in Nürnberg gehängt, und ich bin stolz darauf!“ John C. Woods ist zufrieden mit sich und seiner Arbeit. „Das war eine Sache, die war schon längst fällig, und ich habe die Sache auch gut gemacht. Alles klappte prima. Ich habe in den vergangenen 15 Jahren 347 Leute gehängt, und ich habe niemals eine Hinrichtung erlebt, die besser ablief. Mir tut nur leid, dass mir der Göring entwischt ist, auf den hatte ich ganz besonders gespitzt.“

John C. Woods, gebürtig aus San Antonio, Texas, gerät immer mehr ins Schwärmen. Welche Ehre! Er, der Sergeant und Henker der Dritten Armee, hat mit eigenen Händen zehn deutsche Hauptkriegsverbrecher baumeln lassen! Nur der fetteste Fisch von ihnen, Reichsmarschall Hermann Göring, hat es geschafft, sich durch Gift der Hinrichtung zu entziehen. Nur natürlich, dass den sensiblen Henker das ein wenig ärgert.

„Nein, ich war nicht nervös. Ich habe keine Nerven. In meinem Geschäft kann man sich Nerven nicht leisten. Aber dieser Nürnberger Job war genau das, was ich mir gewünscht habe. Ich habe mir diesen Auftrag so schrecklich gewünscht, dass ich noch länger hierblieb, obwohl ich schon wieder nach Hause hätte fahren können. Diese Kerle haben das Hängen wirklich verdient.“

Immerhin sind dem Henker zehn Verurteilte zur Justifizierung geblieben, darunter der verhasste Herausgeber des Hetzblattes „Der Stürmer“ und ehemalige Gauleiter von Franken, Julius Streicher, oder Fritz Sauckel, der für 5 Millionen Deportierte und Zwangsarbeiter verantwortlich ist. Er spricht gerne darüber – Woods macht aus seinem Herzen keine Mördergrube:

„Hochmütig waren sie alle", sagt er, „man konnte sehen, wie sie uns hassten. Der alte Judenhetzer Streicher sah ausgerechnet mich an, als er sagte: ‚Eines Tages werden euch die Bolschewisten hängen.' Und ich blickte zurück, ihm genau ins Auge. Die konnten mich nicht aus der Ruhe bringen.

Über die Hinrichtungen selbst gibt's nicht viel zu erzählen. Sie liefen ab genau wie alle anderen Routine-Hinrichtungen. Zehn Leute in 103 Minuten. Das ist schnelle Arbeit.

Nur einer von ihnen rührte sich noch nach dem Fall. Das war Streicher, der ‚Heil Hitler' geschrien hatte. Er stöhnte noch eine Weile, aber nicht lange. Ein anderer, ich glaube, es war Sauckel, fing auch an, ‚Heil Hitler' zu schreien, nachdem ich ihm die Kapuze über den Kopf gezogen hatte. Aber ich schnitt ihm das Wort ab – mit dem Strick.

Ich benutzte für jeden Mann einen neuen Strick und eine neue Kapuze. Ich legte selber jedem die Schlinge um und hing jeden Strick selber auf, damit auch ja nichts schiefging.

Stricke und Kapuzen wurden zusammen mit den Leichen verbrannt, damit nichts für die Andenkenjäger übrig blieb. Warum? Ein Souvenirjäger aus Havanna, Kuba, kabelte ein Angebot: 2500 Dollar für einen dieser Stricke ...

Wie ich über diesen Galgen-Job denke? Irgendjemand muss es ja machen ... Ich freue mich, dass die Nürnberger Sache vorbei ist, doch. Das war eine Anstrengung. Sie sagten mir im August, dass ich der Mann wäre, der das tun müsse. Ich musste es die ganze Zeit geheim halten.

Ich habe keinen der verurteilten Männer gesehen, bevor sie durch die Tür in den Hinrichtungsraum kamen ... Sie gaben ihre Namen an, als sie zum Schafott kamen ... Es ist schwierig, sich genau daran zu erinnern, was jeder tat oder sagte. 10 Leute hängen, einen nach dem anderen, das geht so schnell, wissen Sie. Und was ich in der Hand hatte, war ein Strick – und kein Notizbuch ..."

Ja, Sergeant Woods, der Henker von Nürnberg, präsentiert sich als cooler Held – einer, der sein Handwerk regelrecht genießt.

1950, vier Jahre nach den Hinrichtungen von Nürnberg, kommt er tragisch ums Leben. Er probiert einen funkelnagelneuen elektrischen Stuhl aus und macht dabei selbst unliebsame Bekanntschaft mit dem Tötungswerkzeug.

Nicht seine erste Panne, glauben fachkundige Beobachter zu wissen.

Cecil Catling, ein erfahrener Kriminalreporter vom Londoner „Star", bemängelt, die Galgenplattformen seien nicht hoch genug, die Stricke nicht lang genug und die Wucht des Falles deshalb nicht groß genug gewesen, um die Nackenwirbel der Delinquenten zu brechen. Sie seien zu Tode stranguliert worden und hätten sich durch die zu enge Fallluke teilweise die Nasen gebrochen.

Mitleid mit den Gehängten mochte dennoch bei kaum jemandem aufkommen.

Hitlers Henker töteten grausamer.

„Ich habe nur mehr den Wunsch, Scharfrichter zu werden!"

Eigenhändig Kriegsverbrecher hinzurichten, ist offenbar für viele Menschen eine erregende Vorstellung – und schon gar im Fall der Nationalsozialisten! Der US-amerikanische Chefankläger Robert H. Jackson kann sich kaum der Briefe von Deutschen, aber auch Amerikanern, Tschechen und Franzosen erwehren. Sie alle bitten inständig, die Nazi-Elite eigenhändig aufknüpfen zu dürfen. Das „Rennen" macht dann doch der Profi Woods.

Woher diese Galgengeilheit? Nun gut, stellen wir uns einmal vor: Europa liegt in Schutt und Asche, die Frage, wer daran hauptsächlich schuld ist, wird mit „Hitler und seine Helfer" beantwortet. Ein Kontinent kurz nach Krieg, Holocaust, Vertreibungen, Terror gegen Leib und Gesinnung, Blutorgien und Massenmord. Wer, der mittendrin leben muss, hätte da nicht zumindest einmal die Idee, zum Strick zu greifen, zumal er die Hauptschuldigen an alledem sehr kompakt auf einer Anklagebank vorgesetzt bekommt?

Ist es also nicht Bestialität, die Menschen zu potenziellen Henkern macht, sondern der Volkszorn gegen ein diktatorisches Regime?

Er allein kann es nicht sein, denn der Andrang zum Henkersamt ist schon vorher vielerorts groß gewesen. Als das Amt des britischen Scharfrichters 1883 ausgeschrieben wurde, lagen plötzlich 1400 Bewerbungen für den Posten vor. Und 1926, als der Scharfrichter Hilbert von einem Tag auf den anderen überraschend sein Amt niederlegte, trafen am nächsten Morgen Hunderte von Bewerbungsschreiben ein! Eine Tatsache, aus denen, wie John F. Mortimer meint, „sich die Abgründe im Herz der Henkernaturen rings um uns herum erahnen lassen."

Bis das Handwerk auf dem Blutgerüst ein derart gefragter Beruf wurde, war ein weiter Weg auf der Strecke von der Verachtung der Umwelt bis zur ehrbaren Profession zurückzulegen.

Ein Satiriker des 18. Jahrhunderts erzählt vom Henker im alten Rom. Er sei *„von der Gemeinschaft anderer ehrlicher Leute abgesondert, und gemeiniglich mit seiner Wohnung und erbarn Haus-Gesindlein in einem solchen Winckel verstecket, da die lieben Sonne auch nicht gern ihre Strahlen hingelangen lässt."*

Die Lehrjahre des abendländischen Scharfrichterhandwerks wurden im antiken Griechenland geübt, das spezielle Grausamkeiten aus Ägypten und Phönizien einführte. Schon die Assyrer pflegten Kapitalverbrechern die Haut bei lebendigem Leib abzuziehen, sie zu blenden, verbrennen oder zu köpfen.

Aus der griechischen Mythologie kennen wir die Qualen des Tantalus oder des Marsyas, dem Apollon die Haut abzieht, und – nicht zu vergessen – Prometheus, der an einen öden Felsen geschmiedet war. „Im Grunde", sagt Mortimer, „hatte jeder freie Grieche das Recht, Henker zu spielen und seine eigenen Sklaven der Tortur zu unterziehen."

Wer die Bibel liest, findet besonders im Alten Testament einen strafenden Gott vor, der eigentlich bisweilen selbst Scharfrichterfunktion übernimmt. Doch auch was die Protagonisten der Bibel einander selbst antun, ist blutig; da wird gesteinigt, zerstückelt, gehängt und gekreuzigt. „Auge um Auge, Zahn um Zahn“, dieses uralte Wort der Selbstjustiz steht schon lange vor dem Christentum als Devise der Blutrache fest. Wer tötet oder andere Kapitalverbrechen begeht, wird selbst getötet, und seine Familie bisweilen gleich dazu. Einen Rest dieser Sippenhaftung finden wir übrigens noch im 18. Jahrhundert nach der Hinrichtung von Königsattentäter Damiens in Frankreich wieder: Sein Haus wird niedergebrannt, sein Name darf nie wieder genannt werden, und seine an der Tat vollkommen unbeteiligte und unschuldige Familie muss ihren Namen ändern und Frankreich für immer verlassen.

Die Erfindung des Henkers

Das alles genügte mit der Zeit nicht mehr, denn die Zahl der todeswürdigen Bluttaten stieg, Opferpriester oder Ratsälteste übernahmen die Aufgabe, auf eigens geweihtem Gerichtsboden Verurteilte zu Tode zu bringen.

Nicht in allen Kulturen ging das so übergangslos: Die alten Hethiter ließen in Kleinasien um 2000 vor Christus nur Tempeldiebe, Majestätsbeleidiger und böse Schlangenzauberer geordnet hinrichten. Für Mörder brauchte man keinen Henker, da waltete weiterhin die Blutrache.

Trotzdem gab es bei den Hethitern bereits einen Gerichtshof, den man „Pankus“ nannte, und der in Sachen Justiz sogar über dem König stand – etwas, das spätere Herrscher kaum zuließen!

Und in China traten etwa zeitgleich jene Gestalten auf, die man danach auch in Europa schon von Weitem als Henker erkennen wird: bärtig, schwer bewaffnet, im blutroten Wams.

Das erste bekannte schriftliche Todesurteil stammt schließlich von den alten Sumerern aus dem Jahr 1850 v. Chr. Auf Tontäfelchen erzählt es in Keilschrift von einem Tempelangestellten, der auf dem Heimweg zu seiner Frau von drei Männern ermordet wird. Die macht sich verdächtig, weil sie die Tat nicht anzeigt. Neun Zeugen halten sie der Beihilfe am Mord für schuldig. Nur zwei widersprechen: Die Frau sei am Mord nicht beteiligt gewesen. Und das Gericht folgt der Minderheit, spricht die Frau frei und verurteilt nur die Täter zum Tod.

Hingerichtet werden musste damals schon von Fachleuten, denn das, was etwa in des babylonischen Königs Hammurabi 300 Paragrafen starken Codex steht, sah Leib- und Lebensstrafen wie Pfählen, Verbrennen und Verstümmeln vor – ohne gelernten Scharfrichter undenkbar. Der wurde allerdings oft genug von den Herrschern als Werkzeug persönlicher Leidenschaften missbraucht. Was Wunder, dass er schon früh vom Vollstrecker mythischer Mächte und gerechter Götter zum Diener politischer Willkür wurde – ein verachteter Mann, dessen Macht gefürchtet war, den man aber mied. So hat erst die dauerhafte Professionalisierung den Henker zum Ausgestoßenen gemacht – indes auch zum Kunsthandwerker des Leids.

Griechische Henker wussten mit der Peitsche umzugehen, mit Rad und Leiter, sie wussten, wie man Essig in Nasen von Delinquenten einträufelt, ihnen Dachziegel aufdrückt, sie an Säulen aufhängt, sie mit bleibeschwerten Geißeln totschlägt, sie von einem Felsen oder in eine Dornengrube stürzt, sie lebendig begräbt, zwischen Mühlsteinen zerquetscht oder durch Baumschnellen hinrichtet – Letzteres eine besonders perfide Methode: Das Opfer wird an Händen und Beinen zwischen zwei vorher durch Pferde zusammengebogene Bäume gebunden und dadurch geviertelt …

Ihre römischen Kollegen lernten schnell und gründlich. Die Liste ihrer Handwerkszeuge ist lang, und von manchen wissen wir nicht einmal, wofür sie gebraucht wurden. Vielleicht auch besser so, oder wollen wir wirklich genau erfahren, wozu eine Maschine namens „Catapulta" bei Leibesstrafen diente?

In der Kaiserzeit konnte man in den Theatern Hinrichtungen bestaunen, bei denen die Darsteller verurteilte Verbrecher waren, die „on stage" auch tatsächlich starben. Tertullian berichtet: „Wir haben dort die Entmannung des Atys gesehen, und einer, der lebendig verbrannt wurde, erschien in der Tracht des Herkules."

Das Martyrium der von der römischen Obrigkeit verfolgten Christen, die von wilden Tieren zerfleischt wurden, und jenes der Gladiatoren, die einander gegenseitig töteten, ist weithin bekannt. Einen Henker brauchte man dafür jedenfalls nicht.

Über alle diese Tötungen wissen wir aus der antiken Welt Bescheid. Verdächtig wenig wissen wir hingegen über jene, die sie vollzogen: über die Henker.

Mehr Aufschluss geben da schon die nachfolgenden, angeblich so dunklen Jahrhunderte. Die Scharfrichterei ist im mittelalterlichen Europa zunächst einmal ein Gewerbe, das von Familienbetrieben ausgeübt wird, die noch dazu alle miteinander verwandt sein dürften. Ihr Geflecht erstreckt sich über ganz Österreich, die Schweiz, den süddeutschen Raum und Böhmen. Oft sind es Abdeckerfamilien, von denen einige Einzelpersonen Scharfrichter werden, um sich ein kräftiges Zubrot zu verdienen. Die Kombination aus Tierschinder und Menschentöter macht aus den Henkern aber auch die ersten Chirurgen und „Bader". Sie sind Fachleute für den menschlichen Körper, gehören zu den besten Anatomen der frühen Zeit und werden zu Behandlern von Verrenkungen sowie Knochenbrüchen. So mancher Hilfesuchende schleicht nächtens hinaus vor die Tore der Stadt zum Haus des Henkers, um sich medizinisch versorgen zu lassen oder sich ein Amulett zu holen, Blut und Federn von Raben, die den Galgen umflatterten, Speichel, Sperma, Urin von Gehenkten, Haare, Nägel, Finger und Zähne, Stücke ihres Stricks, Blut von Geköpften. Es ist ein irrlichternder Zauber, der den Scharfrichter umgibt.

Vielleicht ist es gerade die Abscheulichkeit seines Berufes, die aus so manchem Henker einen distinguierten, ja noblen Herrn gemacht hat. Bewusst erhob er sich aus dem Dreck, der ihn umgab, schwamm konzentriert an die Oberfläche dieser Halbwelt, in die er durch den ständigen Umgang mit Verbrechern gezwungen war, und mauserte sich zum feinen Mann.

Simon Abel, in den 20er- und 30er-Jahren des 19. Jahrhunderts Scharfrichter von Wien, pflegte im lichtgrünen Frack als honoriger Bürger sonntags auf seinem alten Schimmel durch den Wiener Prater zu reiten. Abel galt als einer der robustesten Männer seiner Zeit, der auch jenen zum Tod verurteilten Hausmeister aus der Kärntner Straße zu bändigen vermochte, der sich auf dem Weg zum Galgen von seinen Fesseln losmachte und den Galgen umzureißen drohte; aber wer dachte daran schon, wenn er den feinen Abel hoch zu Ross über die Prater-Hauptallee reiten sah?

Weniger leicht taten sich, obwohl sie ebenfalls gerne in damals elegantes Grün gekleidet waren, die Männer der Pariser Henkersdynastie Sanson. Auch ihre Frauen litten nicht minder unter der Last der grausamen Verantwortung.

Sensible Scharfrichter: die Sansons

„Verurteilt! Die Königin ist verurteilt." Es ist pechschwarze Nacht. Frau Sanson weint bitterlich. Soeben ist ihr Mann, der amtierende Scharfrichter von Paris, auf Zehenspitzen ins Schlafgemach geschlichen. Er hat dem nicht enden wollenden Prozess gegen Marie Antoinette beigewohnt, jene verhasste Königin von Frankreich, die nun nach ihrem bereits vor Monaten hingerichteten Mann Ludwig XVI. ebenfalls unter dem Fallbeil enden soll. Und er, Charles-Henri Sanson, soll sie hinrichten! „So viel unschuldiges Blut auf unsere armen Kinder!", weint des Henkers Frau, die aufgewacht ist, als sie an dem bestürzten Gesicht ihres Mannes den Ausgang des Prozesses abliest.

Da wird der Henker wütend. „Nein, dieses Blut kommt nicht über uns!", fährt er seine Frau an. „Ich bin nicht schuldiger als der Felsen, den der Sturm aus seinem Grund reißt, so dass er hinabrollt und ein Haus samt seinen Bewohnern zerschmettert!"

„Das sind doch Spitzfindigkeiten, Charles!", schreit seine Frau zurück. „Der Dolch des Mörders ist auch nicht verantwortlich für das Verbrechen, dem er gedient hat; würdest du es aber ungerecht finden, dass er ein Gegenstand des Abscheus und des Schreckens wird? Als ein gehorsames Werkzeug menschlicher Gerechtigkeit hast du bisher das Recht gehabt, der Verachtung Trotz zu bieten; Gott züchtigte durch deine Hand die Menschen! Indem du aber den Leidenschaften einer Partei dienst, wirst du der Mitschuldige ihres Verbrechens! Nein, du wirst diesen neuen Mord nicht begehen!"

„Na gut!", antwortet Charles-Henri eisig, „dann wird Marie Antoinette darum ebenso gut heute sterben, und morgen kommen wir an die Reihe!"

„Das schadet nichts!", ruft sie in höchster Erregung.

„Frau!", brüllt Sanson, „öfter als einmal habe ich wie du gesagt: das schadet nichts! Der einzige Vorteil meines Amtes besteht darin, dass es mir gegenwärtig eine Verachtung gegenüber dem Leben einflößt, die an Ekel grenzt!"

Und da, bei diesen seinen Worten, bricht seine Frau schluchzend zusammen. Sanson holt seinen Sohn zu Hilfe. Gemeinsam legen sie sie auf ihr Bett. Der Henker schließt alle Türen und Fenster. Lautes Weinen aus dem Haus des Scharfrichters der Republik in der Nacht der Verurteilung der Hochverräterin Marie Antoinette – das klingt den Revolutionären womöglich verdächtig, und grenzt seinerseits an Verrat …

Die Familie Sanson zählt wohl zu den berühmtesten Henkersdynastien der Geschichte. Von 1688 bis 1847 hatten ihre Angehörigen das Amt des Pariser Scharfrichters, des „Monsieur de Paris", inne. Ungeachtet aller Regimewechsel in dieser langen Zeit versahen sie ihre Aufgabe mit schneidender Präzision, doch oft unter moralischen Krämpfen. Die Sansons richteten praktisch die halbe französische Geschichte der Neuzeit hin.

Ihr Rekordhalter war Charles-Henri Sanson, dem wir eben begegnet sind, der 38 Jahre lang, bis 1795, durchhielt. Früh schon musste er Metzeleien mit ansehen – seine erste Hinrichtung war ausgerechnet die besonders grausame Vierteilung Damiens'.

Charles-Henri erlebt alle Höhen und Tiefen des Henkerlebens. Für den König wichtig, wird er ehrenvoll nobilitiert und heißt mit vollem Namen Chevalier Charles-Henri Sanson de Longval. Vergessen ist da bereits die Schmach, da er als 14-Jähriger die Klosterschule von Rouen verlassen musste, als dort bekannt wird, dass er Henkerssohn ist. Dennoch schafft er es bis auf die Universität in Leiden – er will Arzt werden. Der Erbberuf seiner Familie ist ihm verhasst. Da wird sein Vater, wohl aus psychischen Gründen, berufsunfähig. Der Schwergelähmte übergibt seinem erst 15-jährigen Sohn Charles-Henri das Scharfrichteramt, das dieser widerwillig antritt. Lange Jahre wird er, angetan mit dem blutroten Amtsmantel, im Namen des wechselhaften Gesetzes töten müssen. 2918 Menschen wird er allein in der Revolutionszeit exekutieren. Unterstützt wird er von bis zu sechs Henkersknechten. Charles-Henris sechs Brüder werden ebenfalls zu Scharfrichtern und üben ihre Profession in Provinzen in ganz Frankreich aus. Der Name Sanson wird im ganzen Land zum Synonym für Scharfrichterei.

Charles-Henri bleibt als ältester Bruder und „Monsieur de Paris“ das Oberhaupt der Familie.

Gemeinsam mit seiner Frau und seinen Kindern wohnt er im Haus des Schandpfahls, in der die Scharfrichter üblicherweise untergebracht sind, ein stattliches Anwesen in der Rue Saint-Jean.

Der junge Henker mit den guten Manieren ist unzweifelhaft ein Frauenschwarm im Volk, aber auch der höheren Töchter. Eines lässt man ihm dennoch nicht durchgehen: Mit Vorliebe trägt er Blau, die Farbe des Adels. Dass die Aristokraten das nicht gerne sehen, wundert nicht, und so zieht er es vor, sich in noch eleganteres Grün zu begeben, was bald Mode bei Hof und in den Städten wird – der Scharfrichter als Trendsetter!

Der Monsieur de Paris ist allerdings schon in jungen Jahren ein schwermütiger Mann. Sein Ausgleich wird die Gärtnerei. In der Zucht von Heilkräutern, die er zu Medikamenten weiterverarbeitet, wird er ebenso Experte wie in der Kenntnis der menschlichen Anatomie, die er so oft leibhaftig mit dem Schwert, danach mit der Guillotine zerteilt. Denn er hat das Recht, die Körper der Leichen zu sezieren – keine Selbstverständlichkeit in dieser Zeit. Die Arzneikunde macht die Familie Sanson neben den günstigen Taxen für die Hinrichtungen wohlhabend. Doch was nützt dem sensiblen Henker das Geld bei all dem Blut, das er vergießt – vergießen muss? Seit der Einführung der Guillotine klebt zwar nicht mehr buchstäblich Blut an seinen Händen, da er lediglich die Delinquenten auf der Maschine festschnallt, den Rest erledigt die Technik, und die Relikte räumen die Knechte weg.

Nach seiner Pensionierung begegnet er Napoleon, der ihn fragt: „Wie findet man noch Schlaf, wenn man an die 3000 Menschen umgebracht hat?“ Und der alte Henker antwortet ihm: „Wenn die Kaiser, Könige und Diktatoren ruhig schlafen können, warum soll's nicht auch der Henker können?“

Was er über sein Tun denkt, das hat Sanson 1806 hochbetagt seinem Sohn auf dem Sterbebett anvertraut. Es ist das Schlussplädoyer eines Menschen in eigener Sache, der aus dem Beruf, den ihm seine Familie und seine Zeit aufgezwungen haben, das Beste gemacht hat.

„Ich werde meine Rechnung mit Gott abschließen. Ich nehme den Trost mit mir, dass ich in meinem Leben niemals Übles getan habe; mit Ausnahme dessen, was mit meinem Stand verbunden war. Aber ich glaube nicht, dass der oberste Richter mir das anrechnen wird. Ich habe in den langen Jahren meines Lebens in dieser Beziehung mit furchtbaren Gedanken zu kämpfen gehabt; es ist mir, als ob die letzte Stunde auch diese zerstreute. Je mehr ich mich dem Augenblick nähere, wo Gottes Gerechtigkeit mich über die menschliche aufklären wird, desto beruhigter fühle ich mich. Ich weiß wohl, mein Sohn, dass du immer einen geheimen Widerwillen gegen den Stand hegtest, in welchem dich die Vorsehung geboren werden ließ, wie ich selber darin geboren wurde. Ich glaube, dir eine gute Lehre zu geben: Wir wollen an der Stelle bleiben, an die uns das Schicksal gestellt hat. Du oder die Deinigen, ihr würdet vergebens wieder in die Welt zu treten suchen; man würde sich mit Abscheu von euch wenden und euch niemals von eurem Ursprung lossprechen. Glaube mir, denke niemals an einen anderen Stand, weder für dich noch für deinen Sohn, als an den deiner Väter; es würde dir wie dem Soldaten ergehen, der seinen Posten verlässt und überall als Überläufer betrachtet wird. In unseren Reihen findet sich kein Beispiel von solchen Desertionen.

Unsere Familie ist gewiss die älteste und angesehenste im Amt; aber sie ist nicht die einzige, und in allen anderen haben, wie bei uns, die Söhne das Amt ihrer Väter übernommen. Ich habe lange Zeit geglaubt, wir seien der menschlichen Gesellschaft sehr nützlich und es gebe keinen Stand, in dem man ihr ein so großes Opfer bringe und ihr so viel Hingebung zeige; die seltsamen Ereignisse, die ich erleben musste, haben jedoch meine Gedanken in dieser Beziehung ein wenig geändert. Vielleicht wird man uns eines Tages abschaffen, wie man so viele Dinge abgeschafft hat. Bis dahin sei gewiss, dass niemand einen Stein gegen dich aufheben darf. Wollte man auf euch das vergossene Blut kommen lassen, so beruft euch auf die menschliche Gesellschaft, die euch mit dem Schwert des Gesetzes bewaffnete. Der bereits zur Sage gewordene Aberglaube des Volkes dachte uns ehemals in Scharlachrot gekleidet, damit das Blut, das wir vergossen, uns nicht befleckte. Bedenke wohl, dass der mit hermelinverbrämtem Purpurkleid angetane Richter vor Gott für das Blut, das wir auf seinen Urteilsspruch hin vergießen, viel verantwortlicher ist als wir."

„Es ist der Leichenzug des Henkers!", zischt ein Passant einem anderen zu, wendet sich ekelerfüllt ab und geht schnell weiter seines Weges. Er verachtet den Scharfrichter noch im Grab.

Wir wissen es besser. Ruhe wohl, Charles-Henri Sanson, du verhinderter Humanist!

Der gemütliche Mann: Josef Lang

Die junge Frau aus gutem Haus ist geradezu von Sinnen: „Stranguliere mich!“, keucht sie und schmiegt sich an den stämmigen Mann. Der zögert. Obwohl doch gerade er der professionellste Würger weit und breit ist. Das Komtesschen hat sich ihm an den Hals geschmissen, weil ein Schäferstündchen mit dem Henker von Wien einen besonderen Reiz hat. Und nun soll dieser Josef Lang sie auch noch bis an die Grenze der Bewusstlosigkeit strangulieren – zum Lustgewinn!

Tatsächlich ist Josef Lang selbst der Ansicht, dass die Strangulierung auch bei Todeskandidaten nicht den mindesten Schmerz auslöst, sondern wollüstige, angenehme Gefühle! Um das zu erproben, hat er sich einstens selbst von einem Gehilfen würgen lassen. Nach Atembeklemmungen hörte er Orgelspiel und Gesangsklänge. Und ein Selbstmörder, den Lang einst entdeckte und noch rechtzeitig vom Strick losschneiden konnte, beschimpfte seinen Retter, weil er ihm die angenehmen Illusionen geraubt hätte!

Dennoch kann man nicht behaupten, dass Josef Lang selbst Lust dabei empfinden würde, andere zu töten. Dafür spricht nicht nur seine Methode, die den Delinquenten am Würgegalgen binnen weniger Sekunden bewusstlos werden lässt und zu Tode bringt, sondern auch ein grafologisches Gutachten, das den Scharfrichter als ausgeglichenen, in sich ruhenden Mann zeigt:

„Eine ruhige, zum Phlegma hinneigende Natur, ernst, ziemlich wortkarg, nicht schroff, aber auch nicht leicht zugänglich und etwas misstrauisch. Von Gefühlsduselei sind Sie kein Freund. Sie überlegen sich alles genau und nehmen nicht gern etwas zurück. Sie sind mäßig, halten aber auf gute Speisen und Getränke.

Das Selbstgefühl ist stark entwickelt, geht jedoch nicht bis zur Einbildung oder zum Stolz. Sie vergeben sich nichts. Eine gewisse Gutmütigkeit fehlt Ihnen nicht. Sie tragen dieselbe aber nicht offen zur Schau. Ohne viel Umschweife gehen Sie gerade auf Ihr Ziel los. Erlittene Unbill können Sie nicht leicht vergessen. Sie sprechen nicht gern viel, wenn aber, dann frisch von der Leber weg ohne Beschönigung und Verstellung. Sie bewahren leicht Ihre Ruhe; im Zorn sind sie zu fürchten. Sie sind ordnungsliebend und pünktlich. Bei Ihnen regiert der Verstand, nicht das Herz."

Eine wahre Seele von einem Menschen also. Niemand würde hinter dem Psychogramm dieses Mannes einen Henker vermuten!

Und tatsächlich ist Scharfrichter Lang im Wien der Jahrhundertwende sehr beliebt, ja geradezu populär! Da rettet er einem Raubüberfallsopfer das Leben, führt arme Kinder zur Firmung (samt Geschenksuhr) und ist Ehrenobmann der freiwilligen Turnerfeuerwehr Simmering. Die von ihm vollzogene Todesstrafe nennt er eine „notwendige Institution der Justiz, die dem Volksempfinden" entspricht. „Wenn man bedenkt (…), wie sehr die Kinder und Angehörigen eines armen, durch einen Mörder oft mit großer Bestialität getöteten Opfers leiden müssen, so kann man für einen Mörder kein menschliches Empfinden mehr erübrigen." Gewissensbisse sind ihm also fremd, was seiner Gesundheit wohl zuträglich ist.

Einer seiner Vorgänger im Amt, Johann Georg Hoffmann II (wie bei Herrscherdynastien nummerierte man die Henker durch!), war gegen Ende seines Lebens und Wirkens (immerhin 87 Exekutionen in 26 Jahren) dermaßen sensibel geworden, dass er nach jeder Hinrichtung bettlägerig wurde, und mit erst 56 Jahren 1865 auch an den Folgen einer Erkältung starb, die er sich bei einer Hinrichtung in Klosterneuburg zugezogen hatte. Hoffmann II war ein Mann von hoher chirurgischer Kompetenz. Die medizinische Fakultät der Universität Wien bestätigte ihm in einem Gutachten, dass er zum Scharfrichteramt befähigt sei. Auch Josef Lang wird das später einmal bescheinigt werden!

Aus einer Henkersdynastie, wie so viele seiner Vorgänger, kommt Josef Lang nicht. Der 1855 als Sohn eines Eisenhändlers Geborene lernt den Beruf eines Tischlers, absolviert den Militärdienst in Bosnien, arbeitet dann als Heizer bei der damals noch in englischem Besitz befindlichen Wiener Gasgesellschaft und spart sich genügend Geld zusammen, um ein Kaffeehaus einrichten zu können. Der Hüne ist ein wahrer Athlet, der einen seiner Stammgäste besonders beeindruckt: Karl Selinger, amtierender Wiener Scharfrichter, und nicht mehr der Jüngste, braucht dringend einen Gehilfen. Und er fragt diskret seinen Stammwirten Lang, ob er ihm nicht zur Hand gehen möchte.

Lang sitzt mit seinem Gast an einem Tisch und denkt nach. Henker? Ich? Was wird meine Frau dazu sagen, denkt sich Lang. Andererseits: Sich die Chance auf ein immerhin außergewöhnliches Erlebnis entgehen lassen? Also gut, es wird eine wienerische Lösung. Josef Lang willigt ein, dem alten Henker zu assistieren. Seiner Frau lügt er einfach was vor. Bin Wein kaufen, sagt er. Derweilen bringt er im Hof des Landesgerichts Menschen zu Tode, und ist dabei sehr erfolgreich.

Als Selinger zu Ende des Jahrhunderts stirbt, wird die vakante Stelle ausgeschrieben. Ehe ein Nachfolger bestellt werden kann, steht indes noch eine ganz besondere Hinrichtung an, die erste, die seit 1809 in Wien an einer Frau vollzogen werden soll (sie wird bis 1938 auch die letzte bleiben).

Juliane Hummel quälte im März 1899 ihre fünfjährige Tochter bestialisch langsam zu Tode. Dafür wurde die Frau zum Tode verurteilt. Ein eindeutiger Fall. Doch Kaiser Franz Joseph will, wie es in seiner Regierungszeit üblich geworden ist, von seinem Gnadenrecht Gebrauch machen. Da erhebt sich in der Öffentlichkeit ein Sturm der Entrüstung: Die Kindsmörderin soll hängen! Der Kaiser gibt nach, und so wird Juliane Hummel am 2. Januar 1900 gehenkt.

Dazu holt man den Prager Henker Leopold Wohlschläger, dessen sprechender Name vielleicht kein Zufall ist, denn er entstammt einer alten Scharfrichterdynastie. So alteingesessen der

Name auch sein mag, so stümperhaft vollzieht der Prager „Gastarbeiter“ seine Arbeit. Eine volle Dreiviertelstunde dauert der Todeskampf der Juliane Hummel, die sich zum Entsetzen der Beobachter in Todeszuckungen windet. Wohlschläger, der schon einmal einen Delinquenten vom Galgen hat fallen lassen und bei dem Hinrichtungen tendenziell viele Minuten dauern, hat einen schlechten Ruf. Von ihm solle man sich besser nicht aufhängen lassen, raunt der Volksmund.

Die Methode des Pragers, der formell nur für Böhmen und Mähren zuständig ist, dann nach 1918 noch der tschechoslowakischen Republik dienen wird, ist grausam. Er legt dem Delinquenten Riemen um Brust und Beine, zieht ihn am Brustriemen zum Galgen hinauf, während die Beinriemen über eine am Fuß des Galgens befestigte Rolle laufen. Hängt der Verurteilte nun am Galgen, ziehen die Gehilfen unten an, wodurch sich der Schmerz über den ganzen Körper des Gepeinigten verteilt.

Angesichts Wohlschlägers Stümperei wollen die Behörden jenen besonders talentierten Gehilfen des verewigten Karl Selinger zum neuen Wiener Henker machen, und sie finden ihn, von dem ja noch kein Personalakt existiert, nach einigen Nachforschungen in dem Kaffeesieder Josef Lang, der nun im Jahr 1900 seine Stellung antritt und sein Kaffeehaus verkauft, denn das freie Gewerbe ist mit dem öffentlichen Amt unvereinbar.

Josef Lang wird bald ein berühmter Meister seines Faches. Sogar aus den USA kommen Kollegen, um ihn bei der Arbeit zu beobachten und von ihm zu lernen. Ein gut dotiertes Angebot des Staates Kentucky schlägt er aus, denn „Wien bleibt Wien und Simmering Simmering“, gibt er sich patriotisch als eisern dem elften Wiener Bezirk zugehörig. Dort verweilt er natürlich nicht ständig, sein Amtsgebiet erstreckt sich über die ganze österreichische Reichshälfte, ausgenommen Böhmen und Mähren, die Wohlschlägers Domäne sind.

Trotzdem wird dieser Josef Lang in die Literaturgeschichte als negative Gestalt eingehen. Karl Kraus stellt seinem Monumentalwerk „Die letzten Tage der Menschheit“ ein Foto voran, das den Scharfrichter hinter seinem Würgegalgen stehend zeigt. Am Galgen baumelt der leblose Körper des Reichsratsabgeordneten Cesare Battisti, den Lang soeben exekutiert hat. Wir schreiben den 12. Juli 1916. Battisti, er ist italienischer Separatist und Sozialist, ist wegen Hochverrats zum Tod verurteilt worden. Nun hängt er da im Hof des Castello del Buonconsiglio in Trient. Hinter dem Galgen der lächelnde Lang, neben ihm eine Gruppe gut gelaunter Menschen. „Das österreichische Antlitz“, schreibt Karl Kraus, „ist kein anderes als das des Wiener Henkers, der auf einer Ansichtskarte, die den toten Battisti zeigt, seine Tatzen über dem Haupt des Hingerichteten hält, ein triumphierender Ölgötze der befriedigten Gemütlichkeit, während sich grinsende Gesichter von Zivilisten und solchen, deren einziger Besitz die Ehre ist, dicht um den Leichnam drängen, damit sie nur ja alle auf die Ansichtskarte kommen.“

Zur Ehrenrettung Langs muss gesagt werden, dass mitten im Ersten Weltkrieg die Emotionen gegen einen Hochverräter wie Battisti besonders hoch gehen: Ein österreichischer Reichsratsabgeordneter, der zum Feind (Italien) übergeht, in dessen Armee für die Zerteilung Tirols kämpft und obendrein noch als Sozialist für den Sturz der bestehenden Systeme streitet – das ist in den Augen der allermeisten Österreicher einfach zu viel. Dottore Battisti ist ein mutiger Mann, denn er weiß natürlich genau, was ihm blüht, wenn er kämpfend in die Hände der Österreicher fällt. Der Ausgang des kurzen Prozesses steht von Anfang an fest. Josef Lang ist aus Wien geholt worden, noch ehe der Prozess gegen Battisti begonnen hat. Der Scharfrichter reitet auf der Welle dieser blutdürstigen Stimmung. Das ist allerdings nicht zuerst ihm anzukreiden, sondern jener reißenden Bestie namens „Kriegshysterie“, die Karl Kraus in den „Letzten Tagen der Menschheit“ so bitter anklagt und zugleich entlarvt.

Dennoch ist Josef Lang auf dem Foto mit dem toten Battisti zur Ikone des Blutdurstes geworden. Zu Lebzeiten bleibt er freilich ein von seiner Umgebung geachteter und bei seinen vielen Freunden beliebter Mann.

Als die Republik Österreich die Todesstrafe abschafft, merkt Lang, dass er der „Letzte seiner Zunft" ist, obwohl er doch insgeheim hofft, wieder gebraucht zu werden, denn theoretisch ist die Todesstrafe bei Ausrufung des Standrechtes, zum Beispiel bei politischen Unruhen, noch immer möglich. 1921 wird sie jedoch auch im Standrecht abgeschafft – Josef Lang ist endgültig Rentner.

In den Inflationsjahren muss der Pensionist auf seine alten Tage noch einen Hausmeisterposten annehmen, denn von seiner kleinen Rente kann er nicht leben. 1925 stirbt er. Das Gerücht von Selbstmord macht die Runde. Es ist wirklich nur ein Gerücht. Der alte Henker ist an Arterienverkalkung gestorben.

Woods, Sanson und Lang – drei Henker, drei Temperamente. Ob mit lustvoller Hingabe, der Pflicht gerade genügender Niedergeschlagenheit oder kühler Professionalität geübt: Was es bedeutet, Menschen „legal" zu Tode zu bringen, bleibt das Geheimnis der Träger dieser Profession.

Ausgewählte Literatur:

Henry Bernhard, Ich habe nur noch den Wunsch, Scharfrichter oder Henker zu werden. Briefe an Justice Jackson zum Nürnberger Prozess, Leipzig 2006.

Gerhard E. Gründler/Arnim von Manikowski, „Das Gericht der Sieger", Oldenburg 1967.

Tankred Koch, Die Geschichte der Henker. Scharfrichter – Schicksale aus acht Jahrhunderten, Hersching 1991.

John F. Mortimer, Henker. Selbstzeugnisse – Tagebücher und zeitgenössische Berichte. Dokumente menschlicher Grausamkeit, Genf 1976.

Harald Seyrl (Hrsg.), Die Erinnerungen des österreichischen Scharfrichters, Wien-Scharnstein 1996.

Kleines Einmaleins des Tötens
Berüchtigte Methoden und berühmte Opfer

Tod am Galgen und an Kreuz, Pfahl und Rad

Des Wiener Scharfrichter Langs Galgentechnik war derart virtuos, dass er sich selbst ohne Skrupel als Künstler seines Fachs verstand. Auf seinem „Richtpfahl“, dem österreichischen Würgegalgen, verloren die Delinquenten in Sekundenschnelle das Bewusstsein. Die Länge des Holzes war von der Größe des Hinzurichtenden abhängig und regulierbar. Der Delinquent wurde an den Armen und Beinen gebunden. Der Scharfrichter erstieg die an den Galgen gelehnte Treppe und ergriff einen kurzen, an den Enden mit eisernen Haken versehenen Strick. Die beiden Gehilfen nahmen an beiden Seiten des Todeskandidaten Aufstellung und hoben ihn ein Stück weit hoch. Der Henker formte den Strick zu einer Schlinge und fixierte das mit dem Haken versehene Strickende in einer Ringschraube am obersten Teil des Galgenholzes. Nun zogen die Gehilfen an den Schultern des Verurteilten kurz und heftig nach unten. Durch die Blutleere im Gehirn wurde er sofort bewusstlos und nahm seinen Erstickungstod nicht mehr wahr. Der physische Tod trat dann nach einigen Minuten ein.

Josef Langs Methode war so berühmt, dass sogar Henkerkollegen aus den USA kamen, um sie zu bestaunen. Denn in den USA wurde weniger schonungsvoll gehängt. Dort stürzte der Delinquent durch eine Klappe in den „long row“, eine Schlinge an einem langen Seil. Entscheidend für das „Erleben“ dieses Todes ist, wie schnell die Blutversorgung im Gehirn aussetzt. Auf dem vergleichsweise langen Weg nach unten treten Pannen auf, die sogar bis zur Enthauptung des Gehängten führen können. Am brutalsten ist das Hängen dann, wenn sich der Tod bei Bewusstsein erst durch langsame Strangulierung einschleicht, ähnlich wie bei der Garotte, einem an einem Pfosten befestigten Halseisen, mit dem der Henker sein Opfer von hinten stranguliert. Besonders in Spanien und den spanischen Gebieten Lateinamerikas üblich, soll die Garotte noch zu Beginn des 20. Jahrhunderts auf den Philippinen angewendet worden sein. Gesichert ist ihr Einsatz bis in die 1970er-Jahre in Diktator Francos Spanien.

Dem Hängen verwandt ist die als noch schändlicher geltende Kreuzigung, die die Römer von den Phöniziern übernahmen. Nicht immer wurde sie durch Nagelung ausgeführt wie bei der berühmtesten und folgenreichsten Kreuzigung, jener von Jesus Christus. Meist wurden die Delinquenten mit oder ohne gebrochene Glieder an Pfahl oder Kreuz gebunden. Auch am Kreuz starb man durch Ersticken (was allerdings ungleich länger als am Galgen dauerte) oder an einem Kreislaufkollaps. Der Tod ließ sich hier oft tagelang Zeit, und die Toten blieben auch gewöhnlich zur Abschreckung so lange hängen, bis sie von den Raben gefressen wurden. Vielleicht noch grausiger war die orientalische Variante des Pfählens, bei der man den Verurteilten auf einen Pflock setzte und ihn an seinem eigenen Gewicht zu Boden sinken ließ. Die Türken, aber auch der berüchtigte Fürst der Walachei, Vlad Ţepeş („Pfähler", † 1476/77), der dann zum Vorbild des „Dracula" und für den Film „Nosferatu" (1922) wurde, waren dabei besonders raffiniert. Sie ließen die Pflöcke abrunden, so dass die inneren Organe nicht durchstoßen, sondern nur aus ihrer ursprünglichen Lage gedrängt wurden …

Das Rädern wiederum besaß seit alters her eine gewisse magische Note, da das Rad als Sonnensymbol galt. Mit ihm wurde also eine Art göttlicher Strafe vollzogen, was dem mit diesem Instrument Zerschlagenen wohl wenig Eindruck gemacht haben wird.

Inquisitorisches

„Glauben Sie, dass es einen Menschen besser macht, wenn man ihn verbrennt?“, fragte Emmanuel Philibert, Herzog von Savoyen, den italienischen Inquisitor Michele Ghisleri. Dieser antwortete ihm, dass die paar Scheiterhaufen der Inquisition der Menschheit Glaubenskriege mit ungleich mehr Todesopfern ersparten.

Ghisleris Wort „Nichts ist grausamer als Mitleid mit den Gottlosen!“ umreißt sehr genau die Einstellung der Inquisition, der Kirchenaufsichtsbehörde zur Einhaltung der „Political Correctness“ ihrer Zeit. Ihre Träger bekämpften im Mittelalter und der frühen Neuzeit sowohl Ketzer, die sich gegen den katholischen Glauben vergingen, als auch Hexen und Zauberer mit „heiligem Zorn“, und sie brachten ihre Opfer im äußersten Fall auf den Scheiterhaufen. Die Urteilsvollstreckung, wie immer sie auch ausfallen mochte, wurde mit dem portugiesischen Wort „Autodafé“ (Werk des Glaubens“) bezeichnet. Zum anderen übte die Inquisition aber auch einen gewissen Einfluss auf das Zurückdrängen „wilder“ Hexenverbrennungen aus. Verbrannt wurde schon lange vor dem Christentum. Hier tötet, wie beim Ersäufen, ein Element das Opfer. Es ist damit eine Naturstrafe, und vor allem die vollkommenste Form der Beseitigung. Was lag also näher, jene Menschen, von denen ein böser Zauber ausging, in Asche zu verwandeln?

Als „Gnade“ galt es noch, vor dem Verbrennen erdrosselt oder enthauptet zu werden. Ein Zugeständnis, das man der späteren französischen Nationalheiligen Jeanne d’Arc nicht machte. Sie wurde am 30. Mai 1431 als vermeintliche Ketzerin lebendig verbrannt, letztlich aber aus politischen Gründen der Zeit. Zuvor war sie noch exkommuniziert worden. Einer ihrer Mitstreiter entging hingegen dem Feuertod: Der Serienmörder Gilles de Rais, das reale Vorbild des Ritters „Blaubart“, wurde am 26. Oktober 1440 in Nantes gehängt, da er von einem weltlichen Gericht schuldig gesprochen wurde, Kinder beiderlei Geschlechts bestialisch „aufgebrochen“, sexuell missbraucht und ermordet zu haben.

Das geistliche Gericht hatte ihn zuvor allerdings vom Vorwurf der Ketzerei freigesprochen. Zeit seines Lebens hatte er der Kirche Zuwendungen aller Art zukommen lassen. Sein Biograf Georges Bataille bescheinigt ihm „wahnwitziges Christentum" …

Verbrannt wurde auch „weltlich". Sehr oft waren Juden oder Menschen mit sexuell abweichendem Verhalten die Opfer. Letztere bestiegen bisweilen mit ihren Partnern den Scheiterhaufen oder wurden gemeinsam mit dem Tier verbrannt, mit dem sie gesündigt hatten. Hauptkandidaten für den Feuertod blieben jedoch Ketzer, Hexen und Zauberer.

In seiner „Kurzgefassten Verteidigung der Heiligen Inquisition" rechnet der Religionssatiriker Hans Conrad Zander aus den reichen Beständen der vatikanischen Archive vor: Allein die spanische Inquisition hat im 16. und 17. Jahrhundert 44.647 Verfahren durchgeführt. Davon endeten 1,8 Prozent mit einem Todesurteil. In weiteren 1,7 Prozent lautete das Urteil auf „Verbrennung in effigie". Symbolisch wurde dabei eine Strohpuppe, die den Verurteilten darstellte, dem Feuer übergeben. Etwa 1200 bis 2000 Hinrichtungen gehen insgesamt auf das Konto der spanischen Inquisition. Ein Drittel aller Prozesse endete mit einem Freispruch.

Bei der Inquisition bleibt wie in so vielen Fällen die Frage erlaubt, ob sie herrschende Strömungen ihrer Zeit eher vorantrieb oder nur kanalisierte. „So erfolgreich die Inquisition zeitweilig wirkte, so haben doch vor allem ihre Gegner ihr historisches Bild bestimmt", urteilt der Historiker Gerd Schwerhoff. Im konkreten Fall meint er wohl vor allem die englische Propaganda der frühen Neuzeit, deren Urheber, König Heinrich VIII., nach der Abspaltung eine möglichst blutrünstige katholische Kirche zeichnen wollte. Und gerade dieser König und Gründer der Anglikanischen Kirche kannte sich mit Bluttaten bestens aus. Zwei seiner sechs Ehefrauen ließ er hinrichten. Dennoch war bei manchen Inquisitoren schon auch was dran am Sadismus und an der Lust, andere zu quälen. Das Motiv des blutdürstigen Inquisitors lastet schwer auf der Geschichte der Kirche.

Heutzutage lehnt die katholische Kirche die Todesstrafe tendenziell ab, stellt sie aber in letzter Konsequenz frei. Sie geht zwar nicht so weit wie der Aufklärerphilosoph Immanuel Kant, der meinte, dass es den Wert der sittlichen Person ausmache, dass ihr die Gerechtigkeit, die ihr aufgrund ihrer Tat zukomme, auch zuteil werde, also Gleiches mit Gleichem vergolten werde; aber sie kann offenbar auch ihren Kirchenlehrer Thomas von Aquin nicht völlig verwerfen, der die Todesstrafe als eine Art Selbstverteidigung des Staates gegen Verbrecher sieht, die sich aufgrund ihres Vergehens aus der Gemeinschaft ausgeschlossen und „sozialen Selbstmord" begangen haben. In der Praxis verurteilt der Papst allerdings immer wieder einmal Hinrichtungen in aller Welt.

Wie lange lebt ein Kopf allein?

Kaum eine Frage beschäftigt die am Köpfen Interessierten mehr als jene, wie lange ein vom Rumpf getrennter Kopf noch lebt, fühlt, denkt und Sinneseindrücke wahrnimmt. Nach der Enthauptung der Charlotte Corday während der Französischen Revolution ergriff ein Mann ihren Kopf und ohrfeigte diesen. Und siehe da – das abgeschlagene Haupt errötete, und zwar auch an jener Backe, die gar nicht berührt worden war! Die Umstehenden interpretierten es als Schames- oder Zornesröte der Sterbenden. Der deutsche Anatom Samuel Thomas Sömmering meinte zu dieser Zeit, dass der Schmerz beim Abschlagen des Kopfes ungeheuer groß sein müsse, da der Hals wegen der knöchernen Wirbelsäule dabei nicht abgeschnitten, sondern zermalmt werde.

1803 experimentierte der Arzt Johannes Wendt in Breslau an einem abgeschlagenen Haupt herum, und auch andere Mediziner, vor allem in Deutschland und Frankreich, unternahmen Versuche, stimulierten die Köpfe mit Zink- und Silberplatten und fuhren ihnen in die Augen, um ihre Reaktionen zu testen. Immerhin gab es „Teil-Erfolge". Wendt schrie den Geköpften mehrmals mit seinem Namen an, der öffnete die Augen, sah den Arzt an und versuchte offensichtlich zu sprechen. Dennoch wurde dadurch nicht bewiesen, ob diese Bewegungen bewusste oder unwillkürliche Reaktionen des sterbenden Kopfes waren. In Frankreich leitete 1880 ein Mediziner das Blut eines lebenden Hundes in den bereits ausgebluteten Kopf eines enthaupteten Mörders und wollte noch drei Stunden nach der Tötung des Mannes Reaktionen entdecken: „Dieses Gesicht möchte sprechen“, schrieb er in seinen Bericht.

Ob ein Kopf nun, nachdem er abgeschlagen wurde, weiterlebt oder nicht (die moderne Wissenschaft geht von einer maximalen weiteren Sauerstoffversorgung von 10 Sekunden aus) – den Akt der Enthauptung selbst wollte während der Französischen Revolution der französische Arzt Joseph-Ignace Guillotin möglichst schonend gestalten und entwarf einen „humanen“ Tötungsplan samt Werkzeug. Jeder Verurteilte sollte auf die gleiche Weise zu Tode kommen, unabhängig von Herkunft oder Stand, auch die Sippenhaft sei abzuschaffen. Ferner sollte beim Köpfen das unsichere und teuer zu pflegende Schwert durch das von ihm konstruierte Fallbeil ersetzt werden. Nach einem Entwurf des königlichen Leibarztes Antoine Louis, der sich an älteren Modellen aus England orientierte, einem Prototypen des deutschen Klavierbauers Tobias Schmidt und dem angeblichen Ratschlag des Königs selbst, die halbmondförmige Schneide durch ein funktionstüchtigeres schräg schneidendes Messer zu ersetzen, brachte Guillotin 1792 die schon bald nach ihm benannte „Guillotine“ zum Einsatz.

Etwas enttäuscht sollen die Schaulustigen schon gewesen sein über die vergleichsweise unspektakuläre erste Hinrichtung eines Raubmörders mit der Guillotine am 25. April 1792. Man war anderes, länger Dauerndes gewöhnt gewesen. König Ludwig XVI. sollte jedenfalls bald Gelegenheit dazu bekommen, die Schärfe der Schrägklinge zu testen.

Technik und Chemie

Überhaupt ersetzte die Technik zusehends die Meisterhenker. Der klassische Soldatentod ist und bleibt die Erschießung. Wo ein ganzes Kommando feuert, braucht es nicht das Geschick des Einzelnen, und die moralische Schuld wird auf eine ganze Gruppe von Menschen geladen, die ihrem Opfer außerdem nicht zu nahe kommen. „Ach, was schießt ihr schlecht!“, soll der Tiroler Freiheitsheld Andreas Hofer ausgerufen haben, als ihn 1810 in Mantua die erste Salve verfehlte. Zur Not muss ein Gnadenschuss dem Leben des Angeschossenen ein Ende setzen. Mittlerweile ist das Erschießen neben dem Hängen die häufigste Hinrichtungsmethode. Dabei gibt es eine Unzahl von Varianten: Die Engländer banden afghanische Rebellen an die Mündung ihrer Kanonen und rissen die Gefesselten in Stücke. Bei praktisch allen Genoziden der Neuzeit sind Erschießungen ein Hauptmittel zum grausigen Zweck.

Michael Kahr nennt auf seiner Internetplattform über die Todesstrafe mehrere Methoden der Erschießung: „So wird diese Art der Vollstreckung vor allem im asiatischen Raum wie z. B. China durch einen direkten Genickschuss vollzogen. Der Verurteilte wird auf den Hinrichtungsplatz geführt. Dort gibt ein Militäroffizier zumeist von hinten den tödlichen Schuss ab. In Vietnam und Thailand zum Beispiel starben Menschen im Feuerhagel von Maschinengewehren. In afrikanischen Ländern wie etwa Nigeria oder Uganda wurde der Delinquent an einen Pfahl gebunden, worauf nach einem Zeichen eine Gewehrsalve sein Leben beendete.

Auch in der Deutschen Demokratischen Republik (DDR) wurden Menschen nach einem Todesurteil erschossen. Gerade in den letzten Jahren, in denen man noch die Todesstrafe anwandte, starben die meisten durch den sogenannten ‚unerwarteten Genickschuss‘. Hierbei wurde der Delinquent, ohne dass er auf seinen Tod vorbereitet war, in einen dafür vorgesehenen Raum gebracht. Man erzählte ihm, dass dies zur medizinischen Untersuchung sei. An der Wand war ein Maßband zur Messung der Körpergröße angebracht. Der Delinquent stellte sich davor und auf der anderen Seite wartete der Henker auf den tödlichen Befehl. Genau auf der Höhe des Kopfes war eine Öffnung für die Pistole vorgesehen."

Mehr an technischer Raffinesse brauchte es schon beim elektrischen Stuhl: Der abessinische Herrscher Kaiser Melink II. war von der neuen Erfindung sehr angetan und bestellte im Jahre 1890 drei der neuen technischen Wunderwerke direkt beim Erfinder Harold P. Brown. Etwas zu voreilig, wie sich herausstellte – im ganzen Land gab es noch keine Elektrizität. Kaiser Melink II. begnügte sich damit, einen der teuren Stühle als Thron zu benutzen ...

Der erste Todeskandidat, der am 6. August 1890 im Auburn-Gefängnis in New York auf dem elektrischen Stuhl hingerichtet wurde, war der Mörder William Kemmler. Diese erste „Elektrokution" endete wie einige nach ihr mit einer Katastrophe. „Weit schlimmer als der Galgen: Kemmlers Tod ein Grauen erregendes Spektakel", titelte danach zum Beispiel die „New York Times". „Horror", „Ekel", „Leid" und „Schande für die zivilisierte Welt" waren die dominierenden Worte der ersten Absätze der Reportage. Denn wider Erwarten hatte der Strom zunächst versagt, und es hatten sich Szenen abgespielt, von denen der Times-Reporter meinte, sie seien mit Worten nicht hinreichend zu beschreiben. Nachdem das Tötungsverfahren planmäßig begonnen und der Todeskandidat die Vorbereitungen mit stoischer Ruhe über sich hatte ergehen lassen, wurde um 6.42 Uhr der Strom in der Stärke von 2000 Volt für 17 Sekunden angestellt.

Doch Kemmler starb nicht! Hektische Betriebsamkeit! Nun wurde der Strom abermals angestellt, und die Zeugen konnten, „geschockt von dem entsetzlichen Anblick", ihre Augen nicht abwenden. Für wie lange Kemmler Teil des Stromkreislaufes war, vermochte niemand mehr zu sagen, denn die Abläufe waren völlig außer Kontrolle geraten: Die Elektrizität strömte, Kemmlers

Blutgefäße begannen zu platzen, die Haare und das Fleisch unter den Elektroden verschmorten, und die Presse kommentierte: „Kemmler wurde buchstäblich zu Tode geröstet." Um solches künftig zu vermeiden, wurde der elektrische Stuhl weiterentwickelt. Nach wie vor dauern solche Exekutionen aber manchmal mehrere Minuten, und die „Verbesserungs"-Diskussionen gehen weiter, von der Frage, ob Gleich- oder Wechselstrom bis zur Stärke der Stromstöße.

Seit 1924 richten einige Bundesstaaten der USA Menschen auch in Gaskammern hin. Am 2. Juli 1930 wurde Robert H. White auf einem Stuhl sitzend in der Gaskammer hingerichtet. Auf die Frage des Gefängnisdirektors nach seinem letzten Wunsch, antwortete White: „Bitte geben Sie mir eine Gasmaske, etwas anderes kann ich unter diesen Umständen nicht brauchen."

„Die Hinrichtung begann um 4.36 Uhr morgens, das Gas wurde um 4.37 Uhr und 30 Sekunden in die Gaskammer gegeben. Robert H. White atmete um 4.38 Uhr das Gas tief ein und wurde daraufhin sofort bewusstlos. Bei dieser Hinrichtung waren 53 Zuschauer anwesend", zitiert Michael Kahr ein zeitgenössisches Protokoll. Hinrichtungsspezialisten schwärmten von der „Sauberkeit" dieser Methode – kein Blut, kein Kot, kein Urin … Mit einem Wort: sauber und schnell!

„Der Delinquent wurde einer tödlichen Menge Blausäure ausgesetzt", heißt es bei Michael Kahr. „Beim Betätigen des Mechanismus durch den Henker fielen Zyankalikapseln in einen Behälter mit Schwefelsäure. Bei der dann folgenden chemischen Reaktion dieser beiden Stoffe entstand Blausäure, die in einem Zeitraum von 20 Sekunden bis hin zu mehreren Minuten tödlich wirkte. Das Gas gelangte über Mund und Nase sowie über die Haut in den Körper, worauf im Körper lebenswichtige Stoffwechselprozesse unterbrochen wurden. Das Opfer begann zu husten und rang nach Luft. Es traten sofort Schwindel, Übelkeit, Atemnot und schwere Muskelkrämpfe auf. Der Delinquent erstickte innerlich. Vor der Hinrichtung bekam der Todeskandidat noch einen guten Ratschlag mit auf seinen letzten Weg: ‚Atmen Sie so tief wie möglich ein.'"

Doch auch hier, im „Aquarium", passierten mitunter Pannen. Ebenso wie beim letzten Schrei, der Giftspritze, die in den USA seit 1982 im Einsatz ist. Die Henker bleiben anonym, bisweilen sitzen drei von ihnen bereit. Zwei von ihnen betätigen in einem von dem Exekutionszimmer getrennten Nebenraum Scheinauslöser für die tödliche Exekution, nur einer ist „scharf" – keiner soll sein Gewissen über Gebühr belasten und jeder soll denken dürfen, dass nicht er es war, der den Delinquenten tötete. In Texas, dem US-Bundesstaat mit dem Hinrichtungsrekord, enthält die tödliche Injektion Thiopental-Natrium, Pancuroniumbromid und Kaliumchlorid. Der anwesende Arzt darf, um seinen ärztlichen Eid nicht brechen zu müssen, nur dabei sein, um den Tod des Delinquenten festzustellen. Verstopfte Kanülen oder verfehlte Venen können auch bei der Giftspritze den Tod grausam hinauszögern.

Helden, Stümper, Märtyrer

Königin Elizabeth I. von England hatte es geschafft. Sie hatte ihre Rivalin, die schottische Königin Maria Stuart nach 18 Jahren im Oktober 1586 zum Tod verurteilen lassen. Das Spektakel ihrer Enthauptung fand am 8. Februar 1587 nicht im Freien, sondern vor 300 geladenen Gästen im großen Festsaal des Schlosses Fotheringhay bei London statt. Maria Stuart hielt ihren Hals aufrecht hin und erwartete das Schwert. Doch da kannte die französische Usancen gewohnte Stuart-Königin die englischen Sitten schlecht! Man hieß sie ihren Kopf auf einen Klotz legen. Der Henker hieb ihr mit einer kurz gestielten Axt den Kopf ab. Doch schön langsam und mit Pannen. Der erste Hieb traf ihr Hinterhaupt. Sie stöhnte. Der zweite traf zwar den Hals, doch der Kopf war noch am Halse dran. Wie mit einem Messer arbeitete sich der stümperhafte Scharfrichter durch den Rest von Haut und Gewebe. Dann erst fiel das Haupt der stolzen Schottenkönigin. Maria Stuart wurde durch ihre Hinrichtung erst so richtig populär und ging in die Literatur ein. Einer ihrer Nachfahren, König Karl I., wurde am 30. Januar 1649 ebenfalls geköpft. Er gab dem Laienhenker, der ihn mit dem Beil enthauptete, selbst das Zeichen zum tödlichen Schlag, und der ihn Hinrichtende traf auch präzise. Alexandre Dumas hat diesem Vorgang in den „Drei Musketieren“ ein literarisches Denkmal gesetzt. Wie die Könige wurden auch gehenkte Räuber bisweilen zu Berühmtheiten, und das mit Langzeitwirkung.

Curd Jürgens etwa machte in der Verfilmung von Carl Zuckmayers literarischer Vorlage den Banditen „Schinderhannes“ auch im 20. Jahrhundert wieder berühmt. Der historische Schinderhannes hieß Johannes Bückler und wurde mit 19 seiner Komplizen 1803 in Frankfurt am Main mit der Guillotine exekutiert. Neben dem Schafott vor der Stadt standen 20 Särge bereit. Die Legendenbildung begann schon während der Hinrichtung, als Groschenhefte verkauft wurden, die ein überhöhtes Bild des Verbrechers zeichneten und auch seinen Ruf eines „Robin Hood vom Hunsrück“. Ähnlich hartnäckig hielt sich die Legende um den Piraten Klaus Störtebeker, der am 10. Juli 1402 mit 70 seiner Gefolgsleute in Hamburg geköpft wurde. Störtebeker, so sagt die Fama, habe den Hamburger Stadtrat gebeten, all seine Kameraden zu begnadigen, an denen er nach seiner Enthauptung kopflos noch vorbeilaufen könne, was dieser auch genehmigt hätte. Und – o Wunder – der enthauptete Pirat hätte es geschafft, noch an fünf seiner Kollegen vorbeizugelangen. Dann hätte ihm einer der Piraten ein Bein gestellt. Er hätte seinen Kommandanten nicht überleben wollen. Edelmut, wohin das Auge blickt!

Keinerlei Romantik kann man hingegen den wilden „Hinrichtungen“ abgewinnen, die seit 2002 teilweise auf Videofilm festgehalten von islamischen Terrorgruppen an Ausländern wie Daniel Pearl oder Nick Berg vorgenommen werden. Hier überschreiten wir bereits eine Grenze. Die Grenze zum eindeutigen Mord.

Fernöstliche Spezialitäten

Aus den lange Zeit vom Rest der Welt abgeschotteten Ländern des Fernen Ostens gelangten erst spät Details grausamster Hinrichtungsmethoden an das europäische Ohr und Auge. Chinesische Hochverräter wurden in schweren Fällen bei lebendigem Leib zerstückelt und mit einer Droge bis zum bitteren Ende am Leben und bei Bewusstsein erhalten. Fotos vom Boxeraufstand zu Beginn des 20. Jahrhunderts belegen es.

Im alten Japan konnte „Seppuku“, die „Selbsttötung“, als Strafe vom Gesetz auferlegt werden. Ein ehrenvoller, ein feierlich begangener Tod für einen angesehenen Samurai vor geladenen Gästen, die auch als Zeugen für das ehrenhafte Handeln des Delinquenten fungierten. Eine stille, nahezu wortlose Zeremonie.

Der Delinquent nahm den Dolch, ein 24 Zentimeter langes Samurai-Schwert, auch „Wakizashi“ genannt, und schlitzte seinen eigenen Unterleib auf, zunächst von links nach rechts und dann ein kurzes Stück nach oben. Dann zog er das„Wakizashi“ heraus, streckte seinen Kopf nach vor, und der „Kaishaku“ schlug das Haupt mit seinem Schwert ab.

Der „Kaishaku“ war kein Henker, sondern eher ein Sekundant, meistens ein sehr guter Freund oder Verwandter. Als Beweis für den Tod diente danach das blutige „Wakizashi“.

Ein Augenzeugenbericht schildert ein „Seppuku“ aus dem Jahr 1703: „Wir (die sieben Repräsentanten) wurden eingeladen, den japanischen Zeugen ins ‚hondo‘, in die Haupthalle des Tempels, zu folgen, wo die Zeremonie stattfinden sollte. Es war eine eindrucksvolle Szene. Eine große Halle mit hoher, von dunklen, hölzernen Säulen getragener Decke. Von der Decke hingen Unmengen jener vergoldeten Lampen und Verzierungen herab, wie sie buddhistischen Tempeln eigen sind. Vor dem Hochaltar, wo der mit schönen weißen Matten bedeckte Boden um drei oder vier Zoll erhöht war, lag eine Decke aus scharlachrotem Filz. Große, in regelmäßigen Abständen aufgestellte Kerzen gaben ein solch mattes geheimnisvolles Licht, dass man gerade eben das Geschehen erkennen konnte. Die sieben Japaner nahmen ihre Plätze an der linken Seite des Podiums ein, die sieben Fremden auf der rechten. Weiter war niemand anwesend. Nach einigen Minuten angstvoller Erwartung trat Taki Zenzaburo, ein kräftiger Mann von 32 Jahren mit edlem Gesicht, in die Halle. Er trug das Festgewand mit den besonderen, hanfenen Flügeln, das bei feierlichen Gelegenheiten stets getragen wird. Ihn begleiteten ein ‚kaishaku' und drei Offiziere, die den ‚jimbaori' trugen, den Kriegsrock mit den goldenen, gewebten Aufschlägen. Der ‚kaishaku' ist durchaus nicht gleichbedeutend mit unserem Henker. Sein Amt ist das eines Edelmannes; in vielen Fällen übernimmt es ein Verwandter oder Freund des Verurteilten. In diesem Fall war der ‚kaishaku' ein Bruder Taki Zenzaburos, den seine Freunde aus ihrer Mitte aufgrund seiner hervorragenden Fechtkunst ausgewählt hatten.

Mit dem ‚kaishaku' zu seiner Linken schritt Taki Zenzaburo langsam auf die japanischen Zeugen zu, und beide verbeugten sich vor ihnen; dann grüßten sie die Fremden auf die gleiche Weise, vielleicht sogar noch ehrerbietiger. Auf beiden Seiten wurde der Gruß erwidert. Langsam und mit großer Würde bestieg der Verurteilte das Podium, warf sich zweimal vor dem Hochaltar nieder, setzte sich auf den Filzteppich, so dass er dem Altar den Rücken zukehrte; der ‚kaishaku' befand sich zu seiner Linken. Einer der drei Offiziere trat nun hervor. Er trug ein Gestell, wie es für Opferzeremonien im Tempel verwendet wird; auf diesem lag, in Papier gewickelt, das ‚wakizashi', das kurze Schwert beziehungsweise der Dolch der Japaner, 24 Zentimeter lang, die Spitze und Schneide so scharf wie ein Rasiermesser. Dieses Kurzschwert reichte der Offizier, niederkniend, dem Verurteilten, der es respektvoll entgegennahm, mit beiden Händen über sein Haupt erhob und dann vor sich ablegte.

Nach einer weiteren tiefen Verbeugung sagte Taki Zenzaburo das Folgende mit einer Stimme, die nur einen Hauch Erregung und Zögerlichkeit verriet, wie man sie wohl von einem Mann erwarten konnte, der ein schmerzliches Bekenntnis ablegt, während sich in seinem Gesicht und in seiner Haltung nichts davon widerspiegelt: ‚Ich allein gab unerlaubterweise den Befehl, auf die Fremden bei Kobe zu schießen; ich tat dies zum zweiten Mal, als sie zu entfliehen versuchten. Wegen dieses Verbrechens schlitze ich mir den Leib auf und bitte die Anwesenden, mir die Ehre zu erweisen, davon Zeuge zu sein.‘

Der Sprecher verbeugte sich einmal, ließ seine Oberkleider bis zum Gürtel hinabrutschen und saß dann bis an die Hüfte nackt da. Sorgsam steckte er, der Sitte gemäß, die Arme unter seine Knie, um so ein Kippen nach hinten zu vermeiden – denn ein edler Japaner muss sterbend nach vorn fallen.

Ruhig und mit fester Hand ergriff er den Dolch, der vor ihm lag. Er betrachtete ihn nachdenklich, beinahe liebevoll, schien noch einmal seine Gedanken zu sammeln, stieß sich den Dolch dann unterhalb des Gürtels tief in die linke Seite, zog ihn langsam auf die rechte Seite und vollzog einen leichten Schnitt nach oben, indem er ihn in der Wunde umdrehte. Während der ganzen furchtbaren Aktion bewegte sich kein Muskel in seinem Gesicht. Als er den Dolch herauszog, beugte er sich vornüber und streckte den Hals vor. Da trat zum ersten Mal der Ausdruck von Schmerz in sein Gesicht, doch äußerte er nach wie vor keinen Ton. In diesem Augenblick sprang der ‚kaishaku‘ auf, der neben ihm gekniet und jede seiner Bewegungen konzentriert beobachtet hatte. Er schwang sein Schwert in der Luft – ein Blitzen – ein schwerer, hässlicher Schlag – ein krachender Fall. Mit einem Schlag hatte er den Kopf vom Rumpf getrennt.

Totenstille folgte, nur unterbrochen vom hässlichen Geräusch des Blutes, das aus dem leblosen Haufen vor uns strömte, der vor einer Minute noch ein tapferer, ritterlicher Mann gewesen war.

Einfach schrecklich.

Der ‚kaishaku‘ machte eine Verbeugung, wischte sein Schwert mit einem Stück Papier ab, das er zu diesem Zweck bereithielt, und zog sich vom Podium zurück. Der blutige Dolch wurde feierlich als Beweis für die Selbsttötung fortgetragen.

Die beiden Vertreter des Mikado verließen nun ihre Plätze, kamen uns fremden Zeugen entgegen und riefen, dass das Todesurteil für Taki Zenzaburo treu erfüllt worden wäre. Die Zeremonie war zu Ende, und wir verließen den Tempel."

Ganz und gar nicht ritterlich verlaufen Hinrichtungen im modernen Japan. Die Justiz verhängt dort in jüngster Zeit immer öfter die Todesstrafe. Nach der jüngsten Bestätigung eines Todesurteils durch das Oberste Gericht hat sich die Zahl der Todeskandidaten im vergangenen Jahrzehnt auf knapp 100 nahezu verdoppelt.

Der Anstieg erkläre sich nicht mit einer vermeintlich höheren Kriminalitätsrate, sagen Menschenrechtsgruppen, sondern der Hauptgrund sei eine zunehmend reißerische Berichterstattung in den Medien, die das Sicherheitsgefühl der Bevölkerung zerstöre. Vor diesem Hintergrund lasse sich die Justiz dazu verleiten, immer härtere Urteile auszusprechen und der Bevölkerung damit ein größeres Sicherheitsgefühl zu geben.

Das japanische Strafrecht sieht 18 Straftaten vor, die mit der Todesstrafe geahndet werden können, zum Beispiel für Mord, Raub, Vergewaltigung mit Todesfolge und dem vorsätzlichen Töten einer Geisel.

In Japan werden Hinrichtungen wie Staatsgeheimnisse behandelt. Die Öffentlichkeit wird meist erst im Nachhinein über das Ereignis informiert, ohne Angabe von Details und Verlauf. Auch der Verurteilte selbst bekommt den Exekutionstermin erst ein paar Stunden zuvor mitgeteilt. Wenn man die Dauer der Inhaftierungszeit beachtet, die zum Tode Verurteilte von dem Tag ihres Urteilsspruches bis zur Hinrichtung zu erwarten haben, lässt Japan die USA weit hinter sich. In den japanischen Todeszellen sitzen Menschen, deren Todesstrafe mitunter vor über 20 Jahren ausgesprochen wurde. In der Regel vergehen zwischen dem Urteil und der Vollstreckung über 15 Jahre.

Bitte zu Tisch: die Henkersmahlzeit und das Buhlen um die Gunst der Todgeweihten

Der treffliche österreichische Historiker Wolfgang Scheffknecht hat ein kulinarisches Spezialgebiet der Extraklasse. Er befasst sich mit der letzten Speise der Todeskandidaten, der Henkersmahlzeit.

Als 1772 in Augsburg einem „armen Sünder" das Todesurteil verlesen wurde, erhielt dieser, wie es die „Carolina" von 1532 vorschrieb, bis zu seiner Hinrichtung drei Tage Zeit, um sich auf sein Ende vorbereiten zu können. Während dieser Zeitspanne wurde ihm nicht nur eine intensivere geistliche Betreuung zuteil, sondern er kam auch in den Genuss materieller Begünstigungen. Unter anderem wurde ihm bis zu seiner Hinrichtung bessere Verpflegung gewährt. Über die Speisenfolge der insgesamt neun besonderen Mahlzeiten, die dem Delinquenten zwischen der Urteilsverkündigung und der Hinrichtung gereicht wurden, sind wir durch eine Abschrift der Rechnung des Augsburger Stubenwirts genauestens informiert:

Am Mittwoch erhielt er zum Mittagessen Suppe, Rindfleisch, Kraut und „Würstel", „Kälberne Vögelen", Salat und „Eyrhabr", zum Abendbrot Suppe und eingemachtes Lammfleisch. Am Donnerstag wurden ihm zum Frühstück Kaffee und „Schmalzbrezen", mittags eine Suppe, bayerische Rüben mit Rindfleisch, Butternudeln, gebackener Fisch und Presskopf sowie abends eine Suppe, „Castronbraten", Salat, „Jmmennester" und ein Achtel „Pomeranzen Rosolir" gereicht. Am Freitag verzehrte er zum Frühstück wiederum Kaffee und „Schmalzbrezen", zum Mittagessen Suppe, Butterpastete mit Kalbfleisch „alle batterie", ein gebratenes Huhn, Salat und Konfekt sowie zum Abendbrot „Bratköttl und etwas Gebratenes". Die endgültig letzte Mahlzeit des Delinquenten, das Frühstück am Samstag, bestand aus Kaffee, „Schmalzbrezen", einem Kapaun in Reis, einem Wildvogel mit Salat, drei „Butter Dörtl" und Brot. Auch an den Getränken wurde nicht gespart. Für Mittwoch und Donnerstag werden jeweils eineinhalb Maß Neckarwein („Neckerwein"), für Freitag „dreyquarbout Neckerwein" und für Samstag eine nicht näher bezeichnete Menge Bier, zwei Maß „Neckerwein" und eine Maß „Muscat Wein" verzeichnet, die übrigens auf dem Weg zum Richtplatz, während des sogenannten „Ausführens", gereicht wurde. Für alle diese Speisen und Getränke wurde die stattliche Summe von 16 Gulden 58 Kreuzer ausgegeben, wobei nicht nur bei der Quantität, sondern auch bei der Qualität der Speisen einer Steigerung festzustellen ist, je näher der Tag der Exekution rückte. Wurden am Mittwoch für Speis und Trank 2 Gulden 58 Kreuzer ausgegeben, so waren es am Donnerstag bereits 4 Gulden 5 Kreuzer, am Freitag 4 Gulden 52 Kreuzer und am Samstag 5 Gulden 3 Kreuzer, wobei zu berücksichtigen ist, dass an diesem Tag lediglich eine Mahlzeit, das Frühstück, gereicht wurde.

Der Brauch, den wir gemeinhin als „Henkersmahlzeit" oder „Henkersmahl" bezeichnen, begegnet uns seit dem Spätmittelalter im gesamten deutschen Kulturraum, und nicht nur dort eben, dem zum Tode Verurteilten kurz vor der Hinrichtung bessere Kost zu reichen. Nicht überall kam nur der Delinquent in den Genuss dieser Gunst. Die wenigen bildlichen Darstellungen von Henkersmahlzeiten, die sich aus der frühen Neuzeit erhalten haben, spiegeln diese Unterschiede wider: Eine Zeichnung aus dem Saalbuch der Stadt Volkach, die aus dem Jahr 1504 stammt, zeigt uns den Delinquenten, wie er in den Stock geschlossen seine Henkersmahlzeit einnimmt, während sich von der Seite her offensichtlich seine Bekannten und Verwandten zu einem letzten Besuch nähern.

Bei dem zum Tode Verurteilten sollte eine versöhnliche Stimmung hervorgerufen werden. Man wollte ihm das Sterben erleichtern. Tatsächlich ist die Henkersmahlzeit nur eine der Vergünstigungen, die in der frühen Neuzeit einem zum Tode Verurteilten gewährt wurden. Außerdem lässt sich die Verlegung in eine komfortablere Zelle, die Ausstattung mit neuen Kleidern oder die Möglichkeit, Besucher zu empfangen, belegen. „Auf den ersten

Blick scheint es allerdings erstaunlich", schreibt Wolfgang Scheffknecht, „dass auch Schwerstverbrechern, z. B. Raubmördern, die oft mehrere grausame Morde auf ihr Gewissen geladen hatten, diese Gnade nicht verwehrt wurde. Auch scheint dieser ‚naive Versuch, dem Delinquenten das Sterben zu erleichtern', nicht recht zu den brutalen Strafen und Hinrichtungsritualen zu passen, die schließlich darauf folgten." Nun, gerade die Schwerstverbrecher wollte man nicht vergrämen. Scheffknecht nennt den Grund und gibt Beispiele:

„Äußerte beispielsweise der Verurteilte noch auf dem Schafott den Unmut über das Urteil, beschimpfte oder verfluchte er gar die Richter und den Henker, so konnte das fragile Gebäude der Gerechtigkeit buchstäblich in sich zusammenfallen. Die Menschen der frühen Neuzeit besaßen einen fast unerschütterlichen Glauben an die magische Wirkung eines Fluches, der von einem Sterbenden ausgestoßen wurde. Derartige Verwünschungen schienen sich immer zu erfüllen. 1477 verfluchte in Augsburg Leonhard Vittel unmittelbar vor seiner Hinrichtung den Bürgermeister mit den Worten: ‚Du Schwarzer Erz-Dieb, aufs Jahr wirst du hängen!' Bürgermeister Ulrich Schwarz starb auch binnen Jahresfrist, wie uns die Chronik berichtet.

Wie sehr derartige Verfluchungen den Charakter von sich selbst erfüllenden Prophezeiungen hatten und noch immer haben, kann ein jüngeres Beispiel zeigen. 1955 wurde in den USA Barbara Graham wegen Mordes zum Tode verurteilt. Ein Fall, der damals auf der ganzen Welt großes Aufsehen erregte, weil Graham die ihr vorgeworfene Tat nie gestanden hatte und aufgrund eines Indizienprozesses verurteilt wurde. – Ihre Geschichte wurde übrigens verfilmt! Unmittelbar vor ihrer Hinrichtung, am 3. Juni 1955, soll sie folgenden Fluch ausgestoßen haben: ‚Ich will euch wissen lassen, dass alle Personen, die für mein Todesurteil verantwortlich sind, in kurzer Zeit sterben müssen. Das ist mein Fluch.' Im Januar 1976 – man beachte das Datum – berichteten zwei deutsche Tageszeitungen unter der Schlagzeile ‚Fluch der Todeskandidatin', die

Verwünschung Grahams habe sich fast völlig erfüllt, denn bisher seien acht von neun der betroffenen Personen gestorben. Wohlgemerkt zwanzigeinhalb Jahre nach der Hinrichtung Barbara Grahams!

(...)

War der Glaube an die Gerechtigkeit des Gerichts etwa durch eine Verfluchung einmal erschüttert, war nicht selten auch das Leben der Richter und des Scharfrichters in Gefahr.

Aber selbst durch Kleinigkeiten konnte der Henker aus der Fassung gebracht werden, z. B. dadurch, dass der Delinquent die Henkersmahlzeit ausschlug, den letzten Trunk ablehnte, auf die Bitte des Scharfrichters um Entschuldigung nicht reagierte, die Beichte verweigerte oder nach der Verkündigung des Urteils einfach nicht mehr redete. Wie empfindlich Richter und Scharfrichter in diesem Zusammenhang waren, zeigt sich wohl am eindrucksvollsten darin, dass man peinlich genau darauf achtete, ob der zum Tode Verurteilte sein letztes Gebet, meist ein ‚Vater unser', auch wirklich korrekt sprach. Dabei ging es vor allem darum, ob er den Satz ‚Vergib uns unsere Schuld, wie auch wir vergeben unseren Schuldigern' vollständig sagte und nicht etwa das ‚wie auch wir vergeben unseren Schuldigern' wegließ."

Die meisten Delinquenten waren zudem arme Teufel. Diesen Menschen wurden nun in ihren letzten Lebenstagen mitunter Delikatessen vorgesetzt, die sie normalerweise nicht einmal vom Hörensagen kannten, und von denen sie nicht zu träumen wagten. Auch schöne neue Kleidung für den letzten Gang verfehlte seine Wirkung nicht, da die Armen in der Regel nur ein einziges Gewand hatten, das sie ihr ganzes Leben lang trugen. Heute sieht das entsprechend anders aus, sagt Wolfgang Scheffknecht:

„In den USA wird der zum Tode Verurteilte auch heute noch drei Tage vor der Hinrichtung in die Todeszelle verlegt. Von diesem Zeitpunkt ab werden ihm gewöhnlich alle Wünsche bezüglich Essen, Trinken und Rauchen erfüllt, sofern sie realisierbar sind. Es gibt allerdings eine Einschränkung: Alkohol ist meistens bis unmittelbar vor der Exekution tabu. Dabei lässt sich – nicht nur, was die Wahl der Speisen betrifft – eine gewisse Modernisierung der ‚letzten Gnade' beobachten. Der Juwelier Leslie Gireth, der wegen Mordes an seiner Geliebten im kalifornischen Staatsgefängnis San Quentin in die Gaskammer geschickt wurde, bat in der Nacht vor seiner Hinrichtung um zwei Hamburger, zwei Flaschen Cola sowie um seine Lieblingsmusik ‚Clair de Lune' von Claude Debussy. Der wegen Mordes zum Tode verurteilte Farrington Hill verzichtete, ebenfalls in San Quentin, auf das ihm zustehende ‚last meal', auf Alkohol sowie auf den Zuspruch durch einen Priester und wünschte sich stattdessen eine Schallplatte, er wollte die ‚G'schichten aus dem Wienerwald' von Johann Strauß hören und brachte damit die Gefängnisleitung in erhebliche Schwierigkeiten, da sich diese Aufnahme nicht im Besitz der Strafanstalt befand und die Musikgeschäfte schon längst geschlossen waren. Daraufhin wurden die Mitglieder eines Orchesters aus den Federn geholt. In der Kantine des Gefängnisses spielten sie das gewünschte Stück ohne Noten auf Band, so dass dem Delinquenten gegen zwei Uhr in der Früh die bestellte Musik zur Verfügung gestellt werden konnte. Auch diese Episode zeigt, wie ernst die Wünsche zum Tode Verurteilter nach wie vor genommen werden."

Die letzte Mahlzeit kann allerdings auch einen Sabotageeffekt haben. Ein letztes Mal ist Wolfgang Scheffknecht am Wort:

„In den Nürnberger Malefizbüchern finden wir einen bemerkenswerten Eintrag über einen Delinquenten namens Sebastian Geßner, einen ‚Säufer und Vielfraß', über den unter anderem berichtet wird, er habe ‚im Loch so viel gegessen, dass er hiervon an dem Galgen mitten entzwei geborsten; das obere Teil blieb hangen, das untere fiel herunter'. Diese kleine Episode zeigt deutlich, wie der Brauch der Henkersmahlzeit besonders in Zeiten, da ein großer Teil der Bevölkerung latent von Nahrungsmittelknappheit bedroht war, die Fantasie der Menschen anzuregen imstande war. Auch darin zeigt sich ihr ursprünglicher Stellenwert."

Ausgewählte Literatur:

Georges Bataille, Gilles de Rais. Leben und Prozess eines Kindermörders, Gifkendorf 2000.

Michael Kahr, www.todesstrafe.de

Karl Bruno Leder, Todesstrafe. Ursprung, Geschichte, Opfer, München 1986.

Jürgen Martschukat, Geschichte der Todesstrafe in Nordamerika. Von der Kolonialzeit bis zur Gegenwart, München 2002.

Inazo Nitobe, Buschido. Die sieben Tugenden des Samurai, München 2005.

Wolfgang Scheffknecht, Henkersmahlzeit. Bemerkungen zu Ursprung, Geschichte und Funktion der „letzten Gunst“, Vortragsmanuskript 1996.

Gerd Schwerhoff, Die Inquisition. Ketzerverfolgung in Mittelalter und Neuzeit, München 2004.

Harald Seyrl (Hrsg.), Die Erinnerungen des österreichischen Scharfrichters, Wien 1996.

Ingo Wirth, Todesstrafen. Eine geschichtliche Spurensuche, Leipzig 2004.

Hans Conrad Zander, Kurzgefasste Verteidigung der Heiligen Inquisition, Gütersloh 2007.

Köpferollen im Namen der Freiheit: die Blutbäder der Französischen Revolution

Das Tagebuch des Henkers

„Ich will nicht! Ich will nicht!“ Laut gellen am 18. Dezember 1793 Schreie durch die Kanzlei des Pariser Gerichtsgebäudes. Eine dickliche 50-jährige Frau stützt sich an der Wand ab und droht vor Angst umzukippen. Es ist Madame Dubarry, eine einfache Modistin, die es vor Jahrzehnten zur einflussreichen Mätresse König Ludwigs XV. gebracht hat. Als sie nun im Vorraum den Henker von Paris bemerkt, stößt sie einen Schrei aus und wirft sich auf die Knie. Makaberes Detail: Besagter Henker, Charles-Henri Sanson, ist vor über zwanzig Jahren ihre Jugendliebe gewesen. Erneut soll er heute Hand an sie legen; nicht in zärtlicher Absicht, sondern kraft seines Amtes. „Wo sind die Richter?“, heult sie, doch ihr Prozess ist schon vorbei. Das Urteil: Tod auf der Guillotine, wegen Konspiration mit den Feinden Frankreichs, der Republik, der Revolution. In Wirklichkeit besteht ihr „Verbrechen“ darin, die Geliebte eines Königs gewesen zu sein.

Widerwillig erscheinen zwei Richter im Vorraum. „Ich habe noch nicht alles gestanden“, stammelt die Dubarry. Sie will ihr bereits verwirktes Leben noch ein paar Minuten verlängern. Hofft sie auf Begnadigung in letzter Minute, als sie nun verrät, welchen Privatpersonen sie ihr Vermögen anvertraut hat und wo diese aufzufinden wären? Ungerührt warten die Richter, bis sie ausgesprochen hat, dann erklären sie der Frau in rauem Ton, dass sie die Schmach ihres vergangenen Lebens durch einen mutigen

Tod austilgen möge. Wie vernichtet bleibt die Dubarry auf ihrem Stuhl sitzen. Ein Gehilfe hält den Augenblick für günstig, ihr die Haare abzuschneiden. Sie springt auf, wehrt sich. Zwei Männer drücken sie in den Stuhl zurück, binden sie. „Nun ließ sie alles mit sich geschehen, weinte jedoch, wie ich niemals jemanden weinen sah“, schreibt Henker Sanson in sein Tagebuch.

Gemeinsam mit seinem Sohn und seinen Gehilfen bringt er Madame Dubarry und andere Verurteilte in einem Leiterwagen zur Richtstätte. Der Weg dorthin ist von einer riesigen Menschenmenge gesäumt. Die blutrünstigen Schaulustigen pflegen Flüche auszustoßen, wenn in diesen Tagen des Revolutionsterrors Verurteilte vorbeigeführt werden, pflegen die Verurteilten zu beschimpfen, zu verhöhnen.

Nicht so bei der Dubarry. Die Menschen senken die Köpfe. Es bleibt totenstill, als sie ruft: „Gute Bürger, befreit mich, ich bin unschuldig! Ich gehöre dem Volk an wie ihr, gute Bürger! Lasst mich nicht sterben!“ Liegt es daran, dass diese einfache Frau einst ein Symbol für den höchsten denkbaren Aufstieg in eine aristokratische Welt, wenn auch mit zweifelhaften Mitteln, war und sich die Menschen nun daran für ein paar Minuten erinnern?

Sanson weint. Der Henker weint! „Der Anblick dieser unglücklichen Frau erinnerte mich an unsere Jugend, die uns ein solches Schicksal nicht hätte vermuten lassen.“ Bete, Marie Jeanne, bete! „Mon dieu, mon dieu“, murmelt sie, die alle alten Gebete vergessen hat. Beim Anblick der Guillotine fällt sie in Ohnmacht. Sanson entscheidet, dass sie, die laut Befehl nach allen anderen an diesem Tag hinzurichten wäre, sofort an die Reihe kommt. Als ihr Jugendfreund sie berührt, kommt sie wieder zu sich. „Nicht gleich! Noch einen Augenblick!“, ruft sie. Vier starke Männer braucht es, um die Gefesselte auf das Blutgerüst zu schleppen. Die Dubarry wehrt sich nach Kräften, stößt und beißt die erschrockenen Gehilfen. Die Umstehenden sind bestürzt, einige der Zaungäste laufen nach allen Seiten davon. Noch jenseits des Flusses hört man die lauten Schreie der Delinquentin, ehe es gelingt, sie festzuschnallen. Sanson bringt eine seiner schwersten Hinrichtungen zu Ende.

*

Wer diese Mutter und ihr Sohn sind, die sieben Tage vor der Dubarry hingerichtet werden, ist nicht überliefert. Aristokraten gibt es nur mehr wenige in Paris. Sind es Bürger, die im Gespräch mit Feinden der Revolution erwischt wurden? Oder ehemalige Bediente von Adeligen oder Bürgern, die vor der Revolution geflüchtet sind? Oder schlicht Bauern, die ihre Steuern nicht oder nicht in voller Höhe entrichten konnten?

Zwei namenlose Opfer.

Wir wissen von ihnen nur, dass sie sich so fest aneinanderklammern, dass man sie gewaltsam trennen muss, um sie fesseln zu können. Als sie das Haar ihres Sohnes unter der Schere fallen sieht, erhebt die Mutter ein klägliches Geschrei. „Hat die Republik nicht schon genug Köpfe bekommen?“ Ihr Jammern übertönt das Pferdegetrappel und das Geräusch des Henkerwagens. Ihr Sohn versucht sie damit zu trösten, dass er zufrieden ist, mit ihr sterben zu können. Sie wird zuerst hingerichtet. Noch auf der Plattform der Guillotine fragt sie den Henker flehentlich: „Nicht wahr, er wird begnadigt werden?“ In ihrer Verzweiflung hat sie sich eingeredet, ihr Sohn werde nur mitgeführt, um sie zu quälen. Sanson hat nicht den Mut, ihr zu widersprechen.

*

Ein eleganter Engländer erscheint bei Sanson und bietet ihm zehn Pfund Sterling, wenn er ihn einen Tag lang beim Guillotinieren helfen lässt. Der Henker ist erstaunt. „Ist Ihr Nationalhass auf die Franzosen so groß, dass Sie französische Köpfe rollen sehen wollen?“ – „Wahrlich“, antwortete der Brite, „ich liebe weder Frankreich noch die Franzosen. Aber das hat nichts damit zu tun. Ich will diese Revolution, mit der sich die ganze Welt beschäftigt, selbst sehen. Und dazu muss ich wenigstens einer Hinrichtung aus der Nähe beiwohnen." – „Verrückter Engländer! Wir liegen mit Ihrem Vaterland im Krieg! Wenn Sie als Spion erwischt werden, so auffällig wie Sie sind ...!" Doch der Gentleman ist fest entschlossen, auch ohne Sansons Hilfe das Schafott zu besteigen. „Nehmen Sie sich in Acht, dass Sie nicht wider ihren eigenen Willen hinaufkommen!", ruft ihm der Henker nach.

Wenig später inspiziert Sanson vom Gefängnis abfahrende Karren mit Verurteilten, darunter der bleiche und verwirrte Jacques-René Hébert, selbst bis vor Kurzem eine Stütze der Schreckensherrschaft. Als der Henker um die Wagen herumgeht, bemerkt er einen Gehilfen, der ihm fremd ist. Es ist – der Engländer von neulich! Um nicht erkannt zu werden, hat er die Mütze tief ins Gesicht gezogen, aber sein blonder Bart verrät ihn. Er hat Sansons Gehilfen bestochen, und das hat gewirkt. Bis zur Hinrichtung schafft es der Schaulustige trotzdem nicht. Sanson wahrt den Schein und schickt den vermeintlichen Gehilfen unter einem Vorwand mit einem der Karren weg. Der Ertappte schneidet eine giftige Grimasse. Er begreift nicht, dass Sanson ihn vor dem sicheren Erkanntwerden bewahrt hat, so auffällig, wie er sich benommen hat.

Ausnahmsweise hat Sanson ein Leben gerettet.

Eine Stunde später tötet er wieder, und zwar jenen Hébert, der selbst ein radikaler Bluthund der Revolution gewesen ist und im Prozess gegen Marie Antoinette als Zeuge nicht davor zurückgeschreckt war, die Königin der Blutschande mit ihrem kleinen Sohn zu bezichtigen, um den Hass auf die Königin zu schüren. Jetzt wird er als weinende und schwitzende Jammergestalt durch die Straßen zum Richtplatz geführt, beschimpft und begeifert von verwilderten Männern, Frauen und Kindern, die sich noch gestern an seinen radikalen Reden und Schriften begeilt haben. Hébert hört es nicht mehr, denn er ist vollkommen fertig und blickt nur starr vor sich hin. Als man ihn vom Karren steigen lässt, ist er so ermattet, dass er sich aufs Pflaster setzen muss. Gnädige Ohnmacht befällt ihn, als man ihn festschnallt und seinen Kopf unter das Messer legt. Sanson gibt seinem Assistenten Rivière das Zeichen „Los!“ Nichts. Rivière reagiert nicht. Er genießt es sichtlich, im Mittelpunkt des Interesses zu stehen. Die Menge schreit und johlt. Da springt Sanson selbst hinzu und löst das Seil, welches das Messer aufgezogen hält.

Begeisterte Rufe erschallen – „Es lebe die Republik!“

Leben im alten Frankreich: für die meisten kein Honiglecken

Charles-Henri Sansons Notizen geben ein wohl klischeehaftes, doch nichts desto weniger realistisches Bild einer blutdürstigen Französischen Revolution wieder. Der Tod unter der Guillotine wird zum Sinnbild der massenhaften Hinrichtung schlechthin. Doch bereits vor der Revolution von 1789 war das Leben in Frankreich für die meisten kein Honiglecken, stand die Todesstrafe auf so manches Delikt, das uns heute grotesk vorkommt.

Der überhebliche Spruch, dass das hungernde Volk doch Kuchen essen solle, wenn es kein Brot hätte, stammt nachweislich nicht von Marie Antoinette, der legendär schönen Frau König Ludwigs XVI. von Frankreich, der dieses Diktum dennoch beharrlich nachgesagt wird. Das böse Wort geisterte schon durch Frankreich, noch ehe „die Österreicherin“, wie die Tochter Maria Theresias von ihren Feinden verächtlich genannt wurde, je einen Fuß auf französischen Boden gesetzt hatte. Es wurde vom Volksmund mal dieser, mal jener Fürstin zugeschrieben, um Prunk und Verschwendung am prächtigsten Herrscherhof Europas, in Versailles anzuprangern.

Empörende Dinge erzählte man sich da: Die Hofgesellschaft verwendete angeblich Berge von Salz, um sommers darauf Schlittenfahrten zu unternehmen, während Paris und ganz Frankreich Mangel an Salz litten. Modeschriftsteller und Pamphletisten setzten noch eins drauf und verbreiteten lüsterne Geschichten von sexuellen Ausschweifungen sonder Zahl am Hofe des schwachen Königs. Am ärgsten triebe es dabei – natürlich – Marie Antoinette, deren Beinamen „Autrichienne" (eben: Österreicherin) auf Französisch als doppeldeutiges Wortspiel herhielt: „Chienne", das ist die „Hündin" … Und tatsächlich wirft die Königin von Frankreich mit Geld nur so um sich, worüber das allerhöchste Kassabuch beredte Auskunft gibt. Für die 400.000 Livres zum Beispiel, die sie 1776 für ein Paar Diamantohrgehänge ausgibt, oder die 250.000 Livres, die sie wenig später für ein Armband bezahlt, könnte man in dieser Zeit des Mangels locker ein paar hungernde Dörfer und Regionen durchfüttern; zwar kein Vergleich zu der zusammengerechneten Staatsschuld, aber genug, um den Hass gegen „die da oben" zu schüren. Dazu kommt noch die peinliche „Halsbandaffäre", eine Betrugsgeschichte rund um ein wertvolles Geschmeide, in die die Königin schuldlos hineingezogen worden war, was aber kaum wer glauben mag.

Klatsch und Tratsch konzentrieren sich auf den Hof und sein Umfeld. Hauptumschlagplatz für die Geschichten, gewissermaßen der Vorläufer von Talkshows und Bunten Blättern, ist das „Palais Royal" in Paris, ein vom Cousin des Königs, dem Herzog von Orléans umgebautes und für das Volk geöffnetes altes Schloss mit Flaniermeile, Lokalen, Limonadenbuden und Bordellen. Hier wird die Revolution ihre untergründige und dann brodelnde Gärung erhalten.

Eng ist das Leben aber nicht nur für die Armen, sondern auch für Teile des Adels und das Bürgertum, vor allem unter dem Vorgänger Ludwigs XVI., seinem Großvater Ludwig XV. Das allerchristlichste Königtum ahndet tatsächliche oder vermeintliche Lästerungen der Würde von Herrscher und Religion mit drakonischen Strafen, die heutzutage eher aus bestimmten islamischen Ländern bekannt sind.

So werden 1766 zwei blutjunge Aristokraten in Abbeville Opfer einer Intrige, als ein bösartiger Neider sie bei der Behörde denunziert: Die beiden eleganten Teenager hätten nicht den Hut vor der Monstranz mit dem Allerheiligsten gezogen, als diese einer kirchlichen Prozession vorangetragen wurde. Noch dazu ist einer der beiden, der Chevalier de la Barre, dafür bekannt, aufklärerische Literatur zu lesen und mit anderen jungen Leuten auszutauschen.

Sein Freund D'Ettalonde beteuerte, sie seien zu einem Essen geladen und daher in Eile gewesen. Daher – und nur deshalb – seien sie an der Prozession vorübergehastet. Doch die Mühlen des Gerichts mahlen unbarmherzig. In einem viel beachteten Prozess werden die beiden Jünglinge zu grausamen Strafen verurteilt. François-Jean Lefebvre, Chevalier de la Barre wird nach langwieriger Folter am 1. Juli 1766 in Abbeville im Büßerhemd öffentlich zur Schau gestellt und mit Schildern behängt: „Gottloser, Lästerer, abscheulicher und verdammenswerter Frevler". Er muss vor der Kirche niederknien. Hier wird ihm die Zunge herausgeschnitten. Die Rechnung des Henkers für diese „Extraleistung" ist bis heute erhalten. Schließlich wird ihm am Richtplatz der Kopf abgeschlagen, was noch als Gnade gilt, denn so wird hernach der tote und nicht der lebendige Leib des Chevaliers auf dem Scheiterhaufen verbrannt. Mit ihm verbrennt man das „Philosophische Wörterbuch" Voltaires, das De la Barre bewiesenermaßen besessen und gelesen hat – ein Umstand, der sich strafverschärfend auswirkt! De la Barre ist zum Zeitpunkt seiner Hinrichtung 20 Jahre alt.

Sein Freund D'Ettalonde hat mehr Glück – ihm gelingt die Flucht nach Preußen. Die Hinrichtung an ihm wird symbolisch an einer Puppe vollzogen. Diese Urteile stammen zwar von einem Provinzgericht, wurden aber vom Höchstgericht in Paris und König Ludwig XV. persönlich bestätigt. Dem sind organisierte Bittprozessionen frommer Leute vorangegangen, die eine recht harte Bestrafung der beiden Übeltäter verlangten. Kirche, König und Justiz haben einmal mehr klargestellt, dass sie kraft ihrer Macht jedem, der aufmuckt, die Hölle auf Erden bereiten können und werden.

Alle fassbaren Maße hatte bereits 1757 die Hinrichtung des glücklosen Attentäters auf Ludwig XV. gesprengt. Robert-François Damiens war nach bestialischer Folter unter unmenschlichen Qualen lebendig gevierteilt worden. Und das nicht im angeblich so finsteren Mittelalter, sondern zu einer Zeit, da das gebildete Frankreich bereits die aufgeklärten Schriften Voltaires, Diderots und D'Alemberts liest und die modernste Enzyklopädie ihrer Zeit geschrieben wird, kurzum, im Zeitalter der Aufklärung! Der Modeschriftsteller Voltaire ist es auch, der sich gegen dieses und andere ähnliche Urteile zutiefst öffentlich empört und immer wieder für die Geschundenen Partei ergreift, bis er schließlich aus Frankreich in die Schweiz ausweichen muss.

Bereits 1764 schrieb er: „Alles, was ich sehe, wirft Saat für eine Revolution, die unfehlbar eintreten wird, deren Zeuge zu sein ich aber nicht die Freude haben werde. Die Franzosen kommen spät zu allem; aber schließlich kommen sie doch. Die Aufklärung hat sich derart verbreitet, dass sie bei der nächsten Gelegenheit eine Explosion herbeiführen wird, und dann wird es heftigen Lärm geben. Die jungen Leute sind glücklich zu preisen, sie werden große Dinge zu sehen bekommen."

Da hilft es auch nichts mehr, dass Ludwig XVI. wohl auch im Eindruck der Justizgrausamkeiten unter seinem Großvater und Vorgänger Ludwig XV. gleich nach seinem Regierungsantritt die Folter abschafft und fast alle noch einsitzenden zum Tode Verurteilten begnadigt. Seine Reformpolitik wird den jungen König, der als Freimaurer noch dazu mit aufgeklärtem Gedankengut zumindest vertraut war, nicht retten.

Trotzdem ist die Französische Revolution nicht auf den Konflikt Aufklärung gegen Kirche, Arme gegen Reiche oder Volk gegen den König zu reduzieren. Die Fronten verlaufen nicht so klar und eindeutig.

Das Frankreich Ludwigs XVI., der mit 19 Jahren den Thron erklommen hatte, war praktisch an den Rand des Ruins gekommen, denn die großen Grundbesitzer zahlten kaum Steuern: Der Adel gar nicht, die Kirche leistete nur geringe freiwillige Abgaben, und auch die meisten Städte hatten Steuerprivilegien. So finanzierten in erster Linie die Bauern den Staat, was aber bei Weitem nicht ausreichte, da sie auch noch an ihre adeligen oder kirchlichen Grundherren Abgaben zu entrichten hatten. Der zögerliche, aber keineswegs dumme König wollte das ändern und die Profiteure dieses Systems dazu bringen, auf ihre Privilegien zu verzichten und fortan Steuern zu zahlen. Dazu brauchte er die Unterstützung des zahlenmäßig so großen wie einflusslosen Teils der Bevölkerung. Frankreich war eine absolute Monarchie, der König Alleinherrscher, der sich allenfalls von bestimmten Einrichtungen beraten ließ. Das einzige dieser Gremien, in dem das Volk eine gewisse Vertretung fand, waren die sogenannten „Generalstände“, in denen neben Adel und Geistlichkeit der „Dritte Stand“, also der Rest mit seinen Abgeordneten, saß. Seit 1614 hatten die Generalstände nicht mehr getagt, und nun im Mai 1789 berief der König sie auf Ratschlag seines tüchtigen Finanzministers Jacques Necker erstmals wieder ein, sehr zur Freude des Dritten Standes, aber auch aufgeklärter aristokratischer und kirchlicher Gegner der absolutistischen Herrschaftsform. Weder der König noch seine Berater ahnten, dass sie damit eine Schleuse öffneten, die das Königtum hinwegfegen und nicht nur den König auf die Guillotine bringen sollte.

Denn bei der Diskussion der Finanzmisere blieb es nicht. Gemeinsam mit „Überläufern“ aus Adel (darunter der intrigante Verwandte des Königs, der Herzog von Orléans) und Geistlichkeit formierten sich die 600 Abgeordneten des Dritten Standes schließlich gegen den anfänglichen Widerstand des Königs zur „Nationalversammlung“, um einen modernen Staat aus der Taufe zu heben. Zumindest war das die Absicht der gebildeten, meist bürgerlichen Abgeordneten. Bereits vor dem Zusammentritt der Generalstände (die von gerade einmal fünf Millionen Wahlberechtigten unter den 25 Millionen Franzosen gewählt worden waren) hatte sich die Stimmung allerdings so aufgeheizt, dass mancherorts Arbeiter damit begannen, Unternehmer und Grundherren zu lynchen – ein Vorbote drohender Anarchie.

In der Nationalversammlung gründeten sich radikale und gemäßigte Klubs, darunter der „Jakobinerklub“, aus dessen Kreis sich die extremistischen Elemente der Revolution speisen würden. Nach und nach nahm die Nationalversammlung dem König die Initiative aus der Hand, und Ludwig XVI. verhielt sich so ungeschickt wie nur irgend möglich: Mal befahl er der Versammlung auseinanderzugehen, dann wich er zurück und begrüßte ihr Zusammentreten; schließlich ließ er wieder diskret Soldaten aus dem Umland in Marsch setzen, um sie gegen Paris und Versailles vorrücken zu lassen. Als er Necker und andere Reformminister entließ, lief das Fass über: Im Palais Royal rief der 29-jährige Rechtsanwalt Camille Desmoulins, ein Günstling des Herzogs von Orléans, seine Zuhörer dazu auf, sich gegen die Soldaten des Königs zu bewaffnen. Und Zuhörer hatte er genug, denn Paris war voll von arbeitslosen Landflüchtlingen und bitterarmem städtischen Proletariat.

Das Massenschlachten beginnt

Von nun an, dem 11. Juli 1789, entwickelt sich die Revolution zu einem Blutbrunnen, der jahrelang sprudeln wird. Desmoulins' Demonstranten aus dem Palais Royal stoßen heftig mit den königlichen Truppen (noch dazu Deutsche und Schweizer, also verhasste Ausländer) zusammen. Da gibt es die ersten Toten. Dann zieht sich die gelinde gesagt verschüchterte Polizei aus der Stadt zurück! Daraufhin bewaffnet sich auch das situierte Bürgertum und stellt eine Bürgergarde auf. Sie soll die Ordnung in der Stadt aufrechterhalten. Das ist der bereits radikalisierten, brodelnden Masse alles zu wenig. Am 13. Juli sucht sich die Menge ein Symbol der Unterdrückung und findet es in der im Osten der Stadt gelegenen Festung Bastille, einem Gefängnis mit denkbar schlechtem Ruf, in dem Gefangene des Königs ohne Gerichtsverfahren jahrelang zu verschwinden pflegen. Und diesen Schandkerker gilt es nun zu erstürmen, befinden die Radikalen!

Ob jeder, der hier mitläuft, weiß, dass es ein Gefängnis ist, das fast ausschließlich dem Adel vorbehalten ist? Dort sitzen außerdem zu dieser Zeit nur sieben oder acht Häftlinge ein, darunter neben Geldfälschern und einem Geisteskranken der halbnärrische Marquis de Sade, der auf Bitten seiner Schwiegermutter festgehalten wird und schon eine ganze Zeit lang von den Mauern herab mit lauten Schreien die Menge aufgehetzt hat. Der bereits gewarnte Kommandant De Launey hat die Bastille hoch gesichert. Größte Stärke sind die dicken Mauern und die schweren Geschütze, dazu eine Besatzung aus 32 Schweizern und 82 Invaliden, die in der Festung Dienst tun und nun auf den Mauern verteilt stehen. Obwohl sich auch die Menge mit 28.000 Gewehren und zwanzig Geschützen bewaffnet hat, bleibt die Bastille uneinnehmbar. Doch dann kommt der 14. Juli, an dem die noch so junge Revolution ihre Lauterkeit bereits verlieren wird. Denn eine Abordnung der bürgerlichen Wahlmänner der Nationalversammlung, die eine eigene Stadtverwaltung gebildet haben, sichert De Launey zu, dass die Bastille nicht angegriffen wird, wenn der Kommandant seine Kanonen zurückzieht. Freudig nimmt dieser an und lädt die Unterhändler zum Frühstück ein.

Doch kaum sind sie weg, erscheint ein anderer Mann bei De Launey. Es ist Thuriot, ein Bulldog von einem Mann, der mit drohender Miene die Bastille im Namen des aufgehetzten Mobs zur Übergabe auffordert. (Es ist übrigens derselbe Thuriot, der Jahre später als Konventspräsident den Weg zu Robespierres Hinrichtung frei machen wird.) Und einige Verwegene beginnen bereits an den Zugbrücken zu sägen und erste Tore aufzubrechen. Sie dringen in einen äußeren Hof ein, wo sie ein gutes Ziel für die Besatzung der Bastille abgeben, die nun zu feuern beginnt. Die Revolution hat ihr erstes Blutbad.

Die Wut der wogenden Menge ist unvorstellbar. Erste Racheakte werden gerade noch verhindert: Drei aufgegriffene Invaliden, die von Tobenden in Stücke gerissen zu werden drohen, werden im letzten Moment von Besonnenen gerettet, ebenso ein junges

Mädchen, das für De Launeys Tochter gehalten wird und das Wütende lebendig verbrennen wollen. Der Zorn richtet sich auch gegen die bürgerlichen Wahlmänner der Stadtverwaltung, die zuvor mit dem Festungskommandanten verhandelt haben. Nun werden auch sie mit dem Tod bedroht.

Fünf Stunden lang schießen indes die Schweizer Scharfschützen aus dem Schutz ihrer Schießscharten, töten 83 Anstürmende und verwunden 88. Da bitten um vier Uhr nachmittags die Unteroffiziere der Invaliden den Kommandanten De Launey darum, jeden Widerstand zu beenden und die Bastille zu übergeben. De Launey weiß, was ihm blüht, und er überlegt, die 135 in der Festung gelagerten Pulverfässer in die Luft zu sprengen, um so möglichst viele mit sich in den Tod zu reißen! Als man ihm die bereits brennende Lunte entreißt, versucht er sich mit einem Messer selbst zu töten, was zwei Unteroffiziere gerade noch verhindern. Die Schweizer bitten in einem hinausgereichten Billett um Schonung ihres Lebens, was ihnen von irgendwelchen Führern, die die Menge überhaupt nicht im Griff haben, auch zugesagt wird.

Als die Dämme bersten, die Verteidiger die Bastille verlassen, werden sie geradezu geschlachtet. Dabei haben es die Schweizer Söldner leichter, zu entkommen, da sie Kittel tragen, die sie wie Gefangene oder Bediente aussehen lassen. So müssen vor allem die Invaliden den Zorn büßen, also gerade jene Mitglieder der Besatzung, die den Festungskommandanten zum Aufgeben bewogen haben. Sie werden durch die Straßen gejagt und regelrecht ausgeweidet, zumindest aber an Laternen aufgeknüpft. Vergeblich versuchen zwei Besonnene, den Festungskommandanten De Launey davor zu retten, gelyncht zu werden. Man versucht ihm den Kopf abzuschneiden, doch die Messer sind zu stumpf. Schließlich holt man einen Fleischerburschen, der sein Handwerk versteht und an dem halb geköpften De Launey die grausame Tat vollendet, die dann darin gipfelt, dass dessen Kopf an einer langen Pike im Triumph durch die Stadt getragen wird; ein Schauspiel, an das man sich in Frankreich wird gewöhnen müssen.

Während die Bastille Stein für Stein demoliert wird, bilden sich im Palais Royal erste selbst ernannte Tribunale, die nun Todesurteile gegen jeden aussprechen, der ihrer Meinung nach Schuld an den Toten des Tages hat oder auch nur zur Zurückhaltung mahnt. Der Einzige, der sich kraft seines reinen Gewissens einem dieser Tribunale freiwillig stellen will, ist der vermitteln wollende Bürgermeister Flesselles, der freilich am Weg zum Palais Royal von einem jungen Mann erkannt und erschossen wird.

25 Kilometer entfernt, in Versailles, wird König Ludwig XVI. von den Vorgängen in Paris informiert. „Das ist also eine Revolte?“, fragt er seinen Kammerherrn. „Nein Majestät“, antwortet dieser, „das ist eine Revolution“.

Von der Lynchjustiz zu Robespierres organisiertem Terror

Die Französische Revolution durcheilt in der kurzen Zeitspanne von zehn Jahren (1789–1799) sämtliche politischen Modelle, die danach bis ins 21. Jahrhundert in Europa herrschen oder wüten werden. Von der absolutistischen Monarchie zum Versuch eines Konstitutionalismus mit König, hin zu einer Republik, die zunächst liberal, dann radikal wird, in die Diktatur einer kleinen Gruppe übergeht, danach eine lauwarme Phase der Stagnation durchläuft und schließlich von einem Militärdiktator namens Napoleon übernommen wird. Rechnet man großzügig noch das Kaiserreich von 1804 dazu, nehmen diese eineinhalb Jahrzehnte zusammen mit den anarchistischen Zwischenphasen alle Staats- und Regierungsformen der kommenden 200 Jahre europäischer Politik vorweg.

Trotzdem ist im kollektiven Gedächtnis der Welt vor allem *eine* Assoziation dieser Französischen Revolution übrig geblieben: jene des „Terreurs“, der verhältnismäßig kurzen Schreckensherrschaft, die in den Jahren 1792 bis 1794, da sie wütete, vorsichtig geschätzt 15.000 bis 20.000 Menschen allein in Paris auf die Guillotine schickte; im übrigen Frankreich sollen es noch einmal so viele gewesen sein. Die Niederschlagung diverser Aufstände mit eingerechnet soll die Schreckensherrschaft 100.000 Menschenleben gekostet haben.

Wie konnte eine Revolution, die noch im August 1789 die „Erklärung der Menschenrechte“ erließ, in derartige Blutbäder ausufern? Zunächst einmal steht fest, dass die ganze Bewegung aus vielen verschiedenen und teilweise unausgegorenen Ideen kam. Eine politische Tribüne im heutigen Sinn musste sich erst formieren, es gab zwar politische Klubs inner- und außerhalb der Nationalversammlung, die aber noch nicht mit geschlossenen Fraktionen heutiger Parlamente oder modernen Parteien vergleichbar waren. Jeder Abgeordnete machte zunächst im Prinzip, was er wollte, selbst die Grenzen zwischen „links“ und „rechts“ waren noch nicht vollends abgesteckt. Oder was sollte man von einem Maximilien de Robespierre halten, der einerseits einen unbarmherzigen Kampf gegen Aristokratie und die Kirche führte, deren Kirchtürme er als „undemokratisch“ abtragen lassen wollte und wie nach ihm Mao Tse-Tung die Staatsbürger beiderlei Geschlechts in eine Staatsuniform zu stecken beabsichtigte, und andererseits die Gleichheit des Besitzes ablehnte und den Reichen ihr Vermögen zusicherte, die deutschen Bewohner des Elsass auszurotten vorschlug, da sie nicht die „Sprache der Republik“, also das Französische sprachen, und der auch sonst den Hass auf fremdländische Einflüsse schürte? Garniert war das Ganze mit einer lauthals verkündeten eisenharten „Moral“, die jene der bigottesten Religionsfanatiker übertraf. Hier nach heutigen Maßstäben nach „rechts“ und „links“ zu suchen, ist müßig, oder wie der Dichter Ernst Jandl so trefflich formuliert hat:

„Manche meinen lechts und links
Kann man nicht velwechsern
Werch ein illtum!“

Dass gegen Ende der Revolution sich dann genau das Links-Rechts-Schema (nach der parlamentarischen Sitzordnung) gebildet haben wird, ist ein weiterer Beweis für die große Bedeutung dieses welthistorischen Geschehens.

Robespierre, der hochtalentierte Anwalt aus Arras, stand für Tugendterror, der sich auf das Gedankengut des aufklärerischen Schriftstellers Jean-Jacques Rousseau berief. Dessen radikales Weltbild kannte einen Gemeinwillen („volonté générale"), dem sich alle Bedürfnisse des Einzelnen unterzuordnen hatten. Diesen Gemeinwillen legten in Rousseaus Vorstellung nicht Mehrheiten in Volk und Parlament fest, sondern diejenigen, die im Besitz der reinen Wahrheit waren, also der absoluten Tugend! Genau deshalb wird Robespierre auf dem Höhepunkt der Macht, im Prozess gegen den König im Jänner 1793 wütend, als zwei Deputierte im Konvent eine Volksbefragung über das weitere Schicksal des abgesetzten Monarchen fordern. „Ich glaube nicht an das Mehrheitsprinzip!", schreit Robespierre. „Auf dieser Erde war und ist die Tugend, vor allem die politische Tugend, stets in der Minderheit. Ich fordere daher, dass der Konvent erklärt: Louis Capet ist schuldig und verdient den Tod. Nichts anderes hat in dieser Stunde der Konvent zu erklären, denn nichts anderes ist derzeit wichtiger. Wer das nicht begreifen will, ist ein Verräter und verdient ebenfalls nichts anderes als den Tod. Ich wiederhole: den Tod! Wer Ohren hat, der höre!"

Louis Capet, das ist der Name, mit dem die Revolution den König nach seiner Absetzung anspricht, und dieser Mann muss also sterben, weil er dem Gemeinwillen im Wege steht. Dazu kommt, dass er bezichtigt wird, mit ausländischen Mächten gegen das revolutionäre Frankreich zu konspirieren und noch dazu mit seiner Familie einen Fluchtversuch aus dem Land unternommen hat, der freilich gescheitert ist.

Sehr bald, nachdem sich die Revolution durchgesetzt hat, liegt Frankreich mit so gut wie ganz Europa im Krieg, teils selbst erklärt, teils aufgezwungen. Die konservativen Mächte lassen sich die schrittweise Abschaffung der Monarchie und die gefährliche Ausbreitung republikanischen Gedankengutes über die Grenzen hinweg nicht gefallen. Sie drohen mit scharfer Rache, wenn dem König und seiner Familie etwas zustoßen sollte, helfen aber nicht wirklich, ihn aus seiner misslichen Lage zu befreien. Dabei mag der Ehrgeiz der beiden Brüder Ludwigs mitspielen, die sich im sicheren Ausland, in das sie sich abgesetzt haben, selbst Chancen auf den Thron ausrechnen – nach der erhofften Niederschlagung der Revolution selbstverständlich.

Was ist seit dem Fall der Bastille alles geschehen? Noch im Juli 1789 hat die Nationalversammlung alle feudalen Rechte von Adel und Kirche aufgehoben. Dem einfachen Volk nützt das vorerst wenig: Die Versorgungswege brechen vielfach zusammen, in Land und Stadt herrscht Hungersnot. Noch ist Frankreich eine Monarchie, an einer Verfassung wird gearbeitet. Der König wird gezwungen, von Versailles nach Paris zu übersiedeln. Man will ihn in greifbarer Nähe haben. Die Kirche wird faktisch verstaatlicht und dem Einfluss des Papstes entzogen, die Geistlichen, die sich weigern, den Eid auf die Verfassung abzulegen, werden verfolgt und eingesperrt. In dieser Situation versucht der König 1791 zu flüchten, wird jedoch aufgegriffen und im Triumph nach Paris zurückgebracht. Von nun an lebt er in seinem Sitz, den Tuilerien, als Gefangener, er gilt als Unsicherheitsfaktor.

Bis dahin war auch der radikale Agitator Maximilien de Robespierre ein Anhänger der konstitutionellen Monarchie gewesen. Im Jakobinerklub, dem er angehört, hatte er sogar die Abschaffung der Todesstrafe gefordert. Das gilt nun nicht mehr. Der noch machtlose Abgeordnete wandelt sich zum scharfen Republikaner und Tugendhüter. Wenig später zwingt die neue gesetzgebende Versammlung den König, dem erst seit wenigen Wochen im Amt befindlichen Kaiser Franz in Wien den Krieg zu erklären, der sofort Unterstützung von Preußen erhält. Die Gefahr von außen radikalisiert das Klima noch weiter. Als die schwache Armee unter Druck gerät, stürmt der Pariser Pöbel, darunter die berüchtigten spitzzüngigen und vulgären „Fischweiber“, die Tuilerien und beschimpft die königliche Familie. Die zur Verteidigung des Königs angetretenen Schweizergardisten werden kurzerhand verstümmelt und zerstückelt, ein Küchenjunge, der sich an der Verteidigung des Herrscherpaares beteiligt, wird in Butter eingewickelt und lebendig verbrannt.

Am 10. August 1792 wird die Monarchie abgeschafft. In der Republik ist aus Ludwig XVI. der Bürger Louis Capet geworden, der samt seiner Familie inhaftiert wird; doch mindert das seine Rolle als Symbol des alten Systems keineswegs, ganz im Gegenteil. Die Nervosität steigt. Von allen Seiten wird Frankreich militärisch bedrängt, die Welt ringsum nimmt das revolutionäre Geschehen, den Sturz der alten Ordnung nicht hin, und sie hat die besseren Armeen, denn viele fähige Offiziere und Generale des Königreiches haben Frankreich verlassen, oder sind gar übergelaufen. Ein zusammengestoppeltes französisches Volksheer steht lang gedienten militärischen Profis und gut gerüsteten Söldnern gegenüber. Erklärt haben diesen Krieg freilich die bürgerlichen Politiker der Revolution selbst, die „gemäßigten“ Revolutionäre, die man gemeinhin „Girondisten“ nennt, da mehrere von ihnen aus der Gironde stammen. Sie haben den Krieg vom Zaun gebrochen, um die revolutionären Massen für sich zu gewinnen und zugleich von nach innen gerichteter Randale abzuhalten, und geraten nun immer mehr unter Zugzwang. Denn ihre Gegner in der neu geschaffenen gesetzgebenden wie ausführenden (eine Gewaltenteilung gibt es hier nicht) Versammlung, dem Konvent, sind die „Montagnards“, zu Deutsch die „Bergpartei“, so genannt nach den oberen Rängen, die sie in der Sitzordnung einnimmt.

Zusammen mit der besonders radikalen Pariser Stadtsektion sind ihre Führer imstande, gewaltigen Druck auf den Nationalkonvent auszuüben, in dem nach wie vor die Girondisten die Mehrheit haben. Besonders tut sich dort der Rechtsanwalt Georges Jacques Danton hervor. Er ist es gewesen, der den Sturm der Tuilerien und die Inhaftierung des Königs mit initiiert hat. So lebenslustig wie charismatisch ist Danton ein mächtiger Mann, der kein Parlament braucht, um Massen in Bewegung zu setzen. Und er tut es auch. Im September 1792 „erlaubt“ er dem Pariser Pöbel, in die Gefängnisse einzudringen und die darin inhaftierten Priester und Aristokraten ohne jeden Urteilsspruch bestialisch abzuschlachten! Der Lohn: sechs Livres pro Mörder und Nase sowie Unmengen von Wein – ein beliebter Grundstoff für revolutionäre Aufwallung in jenen Tagen. In einem wahren Mordrausch werden die Gefängnisse geleert. Nicht nur politische Gefangene, auch Prostituierte und kriminelle Jugendliche werden zu Tode gequält und abgeschlachtet. Der gemütlich wirkende, dickliche Danton hat sich mit den „Septembermorden“ seinen Platz als Blutsäufer in der Geschichte gesichert.

Das Entsetzen bei der Mehrheit des Konvents ist groß, die Nervosität steigt.

Und die Gironde beschließt, dem abgesetzten König den Prozess zu machen. Aber die „Rechte“ hat sich verrechnet. Mit dem Prozess gegen den König ebnet sie ihren Gegnern, den Montagnards, den Weg und schaufelt sich das eigene Grab. Aus dem Kreis der Bergpartei arbeitet sich eine Gestalt empor, die in jeder Hinsicht großartig wirken wird. Sie wird die Revolution bis zum Anschlag hochfahren und ihr zugleich den Garaus machen: Maximilien de Robespierre.

Robespierre und St. Just – Priester und Erzengel des Terrors

Der 1758 in Arras geborene Robespierre war ein begabtes Kind gewesen. Als bester Schüler Frankreichs ausgezeichnet, studierte er Jura und wurde Anwalt. Eigentlich in aristokratischen Diensten stehend, klagte er schon damals über die Entrechtung der Bauern gegenüber den Grundherren. Der politische Mensch Robespierre war wie geschaffen für eine politische Karriere. Er gehörte bereits 1789 zu den Delegierten der Generalstände und fiel danach in der Nationalversammlung mit starken Sprüchen und radikalen Forderungen auf: Abschaffung der Privilegien der Kirche, allgemeines Wahlrecht für Männer, Beseitigung der Sklaverei in den Kolonien und – man höre – die Abschaffung der Todesstrafe …

Schon 1790 wurde er Präsident des Jakobinerklubs und schloss sich 1792 der radikalen Pariser Stadtsektion, der „Commune" an. Im Konvent der Republik formierten sich die Jakobiner 1793 neu. Michelet, der große Geschichtsschreiber der Revolution, nennt es die Stunde der „dritten Generation" der Jakobiner: Die erste hatte noch aus freisinnigen Aristokraten bestanden, die zweite, die Robespierre bereits anführte, war von bürgerlichen Freiberuflern getragen, die dann aber zusehends in höhere Positionen der neuen Staatsverwaltung gekommen waren und nun Platz machte für die dritte Generation, die, wie Michelet es formuliert, „Robespierre aufreiben sollte und sich mit ihm."

Es waren junge, besonders fanatische Männer, oft von geringer Bildung, dafür mit umso stärkerem Glauben. Zuerst einmal vergötterten sie den eisenharten Robespierre, der um einiges älter war als sie. Älter? Robespierre war auf dem Höhepunkt seiner Macht gerade einmal 35 Jahre alt! Sein Hassobjekt Ludwig XVI. wurde 1793 38 Jahre, Septembermörder Danton 35. Es waren also nach heutigen Begriffen relativ junge Menschen, die sich hier politische Kämpfe bis aufs Messer lieferten und den Lauf der Welt veränderten. Die Nachdrängenden waren dennoch zum Teil noch jünger und bar jeder materiellen Rücksicht quasi-religiös fanatisch. Hätten sie einem Gott gehuldigt, hätte man sie Gotteskrieger, Kreuzfahrer oder militante religiöse Fundamentalisten nennen können.

Neben Robespierre, der noch zu Lebzeiten von seinen Kritikern und Gegnern völlig entmenschlicht und zum Stereotyp des Bluthundes erklärt wurde, war es vor allem einer dieser sehr jungen Männer, der zum Einflüsterer des Terrorregimes wurde, und der die Fantasie der Revolutionsvoyeure geradezu grotesk beflügelte und immer noch beflügelt: Saint-Just, der strahlend schöne „Erzengel des Terrors“!

Wie viele Menschenleben auf sein Konto gehen, ist nicht feststellbar. Schön soll er jedenfalls gewesen sein, der junge Louis-Antoine de Saint-Just.

Knarrend öffneten sich die Türen des klerikalen Saint-Nicolas-Internats des Oratorianerordens in Soissons, um einen rebellischen Schüler in die Freiheit zu entlassen. Der 1767 geborene Knabe aus gutem Haus in Nièvre, der seinen Vater früh verloren hatte, war derjenige Zögling gewesen, der eine Schülerrevolte angezettelt, das Kolleg beinahe in Brand gesteckt und dennoch das Rhetorik-Seminar glänzend bestanden hatte. Seine Lehrer werden nicht unglücklich gewesen sein, den Rebellen loszuwerden, der bereits zu Schulzeiten schlüpfrige Verse schrieb, die er später zu einem epischen Gedicht im Stil des Aufklärers und Vielschreibers Voltaire erweiterte. „Organt“ sollte die berühmteste literarische Hervorbringung des Freigeistes Saint-Just werden, der heute in den Lexika als „Schriftsteller“ verzeichnet ist.

Ehe es so weit war, riss der so verzweifelte wie abenteuerlustige 18-Jährige wegen einer unglücklichen Liebesgeschichte von zu Hause aus, nahm das Familiensilber mit nach Paris und wurde dort auf Betreiben seiner Mutter von der Polizei festgenommen und für ein halbes Jahr unter Kuratel gestellt – in einer Mischung aus Haft und Nerventherapie für höhere Söhne. Das war 1786, der König und das alte System waren noch an der Macht, die der ständig im Widerstreit gegen Autoritäten aller Art stehende Freidenker Saint-Just bereits hasste wie die Pest. Zur für ihn vorgesehenen Rechtswissenschaft fühlte er sich kaum hingezogen und veröffentlichte stattdessen im April 1789 sein Poem „Organt“, das so wenig Aufmerksamkeit erregte, dass es nicht einmal bei einer Großrazzia der Polizei beim Pariser Buchhandel im Juni 1789 beschlagnahmt wurde – es war schlicht nirgends vorrätig! Saint-Just hatte alle seine Ersparnisse investiert und war pleite, das Familiensilber dahin. Das auf 7800 Verse aufgeblähte satirische Werk lässt den Hass auf den König und die „Österreicherin“ Marie Antoinette aus jeder Zeile hervorquellen. Detailverliebt beschreibt Saint-Just die angeblichen Ausschweifungen am Hof des Königs, tut das aber noch umständlicher als sein Zeitgenosse De Sade, der in seinen Werken ebenfalls zur Langatmigkeit tendiert. Lieblingsfeindin ist dabei die Kirche, deren Internat der junge Mann entronnen ist. Hier wird Saint-Just brutal pornografisch: Alte Nonnen opfern lüsternen Mönchen ihre jüngeren Mitschwestern, um ihr eigenes Leben vor den Eindringlingen zu retten. Die naiven Nonnen empfangen ihre Vergewaltiger, als wären diese Engelswesen, die ihnen eine Prüfung auferlegen:

„Susanna fällt, Billois hält sie umklammert,
er legt sie hin, er schwört und hebt mit lästerlicher Hand
empor sein klösterlich Gewand.
Draus sprießt hervor, ich weiß nicht was.
Susanna glaubt, sie müsst es küssen
und führt das hehre Ding
an ihren Mund mit keuschestem Gewissen.“

War der Autor dieser Zeilen, der nur wenige Jahre später den Tod so vieler Menschen anordnen würde, ein Lüstling mit Hang zur sexuellen Gewalt? Geilte er sich an selbst entworfenen Orgien von Blut und Tränen regelrecht auf?

Nun, solche pornografischen Schlüpfrigkeiten entsprachen durchaus dem Geschmack der Zeit und Saint-Just lag damit im Trend französischer Modeschriftsteller. Trotzdem wuchern im „Organt“ die phallischen Symbole besonders üppig. Ständig bohren sich Lanzen in Leiber und lässt der junge Autor seine Kastrationsängste deutlich erkennen. Entmannt wird fleißig im „Organt“. Von den christlichen Glaubensvorstellungen abgestoßen, sieht der wohl attraktive, doch im realen Leben bis dahin von Geliebten eher zurückgewiesene Saint-Just die Frau nur noch als Objekt. Immer finden seine viehisch vergewaltigten zarten Frauenfiguren am Ende Befriedigung und umarmen ihre Peiniger. Zugleich – wie paradox! – gibt er in einem anderen Werk einen ganz offenen Einblick in eine zutiefst verunsicherte und liebesbedürftige Seele: *„Wer immer ihr seid, möget ihr doch, wenn ihr dies Buch lest, das Herz seines Autors lieben!"*. Schreiben ist für Saint-Just Therapie.

Das Motto des „Organt" ist ein Wort des im Wahnsinn verstorbenen Dichters Gilbert: *Hast du, junger Mann, dem gesunden Verstand Lebewohl gesagt?"*

In dieser psychischen Verfassung betritt Louis Antoine de Saint-Just die Bühne der Französischen Revolution, blond, blass, elegant, von fast mädchenhafter Anmut. Seine Art sich zu kleiden, die ungewöhnlich hochgebundene Schalkrawatte werden zur Mode einer bestimmten Phase der Revolution. Er ist 23 Jahre alt, als er sich im August 1790 Robespierre mit einem schwärmerischen Brief *(„Sie, den ich nur wie Gott, nämlich aus Ihren Wundern kenne ... Sie sind keineswegs nur der Deputierte einer Provinz, sondern der Republik und der ganzen Menschheit!")* nähert, 24, als er es endlich schafft, zu dem Verehrten in dessen kleine Zwei-Zimmer-Mansarde in der Rue Saint-Honoré vorzudringen. Robespierre, der Unnahbare, der dem Kontakt mit Menschen grundsätzlich skeptisch gegenübersteht, ist entzückt. Er wird Saint-Just ab sofort vertrauen. Bis zum Ende.

Tod dem König!

Um es kurz zu machen, denn es war ja auch ein kurzer Prozess: Ludwig XVI. wird Ende 1792 in einem großen Königsprozess vor Gericht gestellt. Und es liegt von Beginn an nahe, dass er sterben wird. Denn jede Revolution stellt sich früher oder später einmal die Frage, wann man ihr ein Ende setzen muss. Die gemäßigten Republikaner, die, bar aller Königstreue, das Erreichte retten und in keine uferlose Situation geraten wollen, versuchen zuvor mehr oder minder verstohlen, wenigstens das nackte Leben des Königs zu retten; alle, die weiter gehen wollen, sehen in Verurteilung und

Tod eine Chance, die Revolution zu vollenden. Und sie werden sich durchsetzen. Der Respekt vor dem König, vor allem jede Rücksicht auf den Menschen Louis Capet, ist geschwunden. Man wirft ihm vor, mit seinen verwandten und befreundeten ausländischen Monarchen konspiriert zu haben, was zweifellos zutrifft, indes in seiner Situation auch nicht weiter verwunderlich ist. Aber vor allem ist er kein Mensch mehr, sondern ein Symbol, das fallen muss. Die Tugendwächter, die rationale Vernunft und Menschlichkeit an die Stelle religiösen Eifers setzen wollten, kurieren nicht den Virus der irrationalen Entmenschung, sondern sie heben die Fieberkurve; trotzdem wird alles penibel juristisch durchargumentiert: Der König hat durch seinen Landesverrat jene Verfassung gebrochen, in der die Unantastbarkeit seiner Person festgelegt ist, wodurch er auch keinen Anspruch mehr auf sie hat.

Der Prozess gegen Ludwig XVI. an der Jahreswende 1792/93 ist ein Musterbeispiel politischer Prozesse in den Diktaturen der darauf folgenden 200 Jahre. Falsche Zeugenaussagen, Druck von außen, eine allgemeine Atmosphäre der Angst („Wer Angst hat, ist verdächtig“, sagt Robespierre so treffend), Demütigung der Angeklagten, und vor allem: ein von vornherein feststehendes Urteil. Ob es wirklich feststeht?

Robespierre und St. Just sind noch nicht so sicher, dass alles glattgehen wird. Der König hat ärgerlicherweise während seiner Gefangenschaft viele Sympathien gewonnen, die Wachmannschaften in seinem Gefängnis, dem „Temple“, sind so von seiner menschlichen Umgangsform eingenommen, dass sie ständig ausgewechselt werden und ihre Zuwendung bis hin zum Beihilfeversuch zur Flucht sogar mit dem Tod auf der Guillotine büßen müssen. Im Gegensatz etwa zum Abgeordneten Danton, der ständig teuer und gut schlemmt, säuft und hurt, fällt der als Fresser verleumdete König durch maßvolles Verhalten auf, wovon sich die Wächter täglich überzeugen können. Ähnliches gilt für die vormals so verhasste Marie Antoinette, die in der Haft zu menschlicher Größe als Ehefrau, Witwe und Mutter emporwächst. Demütigungsversuche und Verleumdungen schlagen fehl und bewirken in weiten Teilen der Öffentlichkeit das Gegenteil.

Die Gironde droht zu schwächeln. Noch in der alten Nationalversammlung hat zuvor die radikale Minderheit des Jakobiner- und des ihm verwandten Cordeliers-Klubs mit ihren lediglich 136 von 686 Abgeordneten die Stimmung mit Drohungen (zum Beispiel mit Vermögenseinzug der wohlhabenderen Gemäßigten) die Stimmung zugunsten der Abschaffung der Monarchie wenden können. Wird das im neuen Konvent abermals gelingen? Noch dazu, wo es nun nicht mehr um die Krone, sondern um den Kopf des Königs geht? Zwar hat man dem Dritten noch den Vierten Stand hinzugefügt, jenen der Besitzlosen; aber wird das ausreichen, um sich gegen die Gironde und das Zentrum durchzusetzen?

In dieser Situation treten Robespierre und St. Just mehrmals vor den Nationalkonvent und werden am Rednerpult bahnbrechende Vorbilder für verbrecherische Regimes der Neuzeit liefern. An die Stelle von anarchischer Lynchjustiz oder – zuvor im alten Regime – fanatischer Folter im Namen Gottes tritt nun das wohlkalkulierte und -organisierte atheistische Staatsverbrechen.

Es beginnt mit einer Auseinandersetzung darüber, wer an der fortgesetzten Hungersnot im Land schuld ist. Der Konvent erkennt, dass er Verräter braucht, die bestraft werden müssen. Hier hakt die extreme Linke (ab sofort kann man getrost von einer solchen sprechen) ein und beschuldigt die Girondisten, die noch dazu Anstoß an den bestialischen Septembermorden genommen haben. Einer der lautesten Schreier, der Tierarzt und Publizist Marat, erklimmt das Podium und wirft den Girondisten deshalb mangelnden Patriotismus vor. Die gut gekleideten Herren erschrecken zutiefst: Mangelnder Patriotismus ist ein todeswürdiges Verbrechen in diesen Tagen, das Opfer kosten wird. Die Deputierten wollen dieses Opfer jedenfalls nicht sein. Ein anderes muss her. Der Bürger Capet bietet sich an.

Einige Girondisten wollen den König retten. Einer ihrer Deputierten wendet ein: „Bürger, geben wir uns doch keinen Illusionen hin! Wir sind in dieser Causa die Richter, doch zugleich auch die Klägerpartei. Wollt ihr wirklich, dass sich eine große Nation wie Frankreich durch die Anwendung despotischer Maximen entwürdigen soll ...? Ludwig XVI. ist bereits gerichtet und strenger bestraft worden, als es die Verfassung festlegt." Ein anderer girondistischer Abgeordneter aus der Vendée nennt Ludwig theatralisch einen „blutrünstigen Tyrannen", der „für seine Missetaten büßen" müsse, doch stehe es der Versammlung nicht zu, über einen geheiligten König zu Gericht zu sitzen.

Die Stimmung droht angesichts solcher Reden zu kippen. Doch Robespierre setzt die Abgeordneten abermals unter Druck, viele der Gemäßigten fürchten eine Anklage wegen unpatriotischen Verhaltens. Um den revolutionären Geist anzuheizen, beantragt er in derselben Sitzung, die katholischen Feiertage und die Sonntage abzuschaffen. Widerwillig stimmt die eingeschüchterte Gironde zu. Parallel dazu versorgt die radikale Bergpartei den Mob von Paris mit Alkohol und sogar Kanonen. Draußen vor den Toren des Konvents werden Barrikaden errichtet. „Zu unseren Füßen soll des Tyrannen Blut fließen!", singen die Betrunkenen. Robespierre erklärt nun, dass die Verurteilung Capets die einzige Möglichkeit sei, die öffentliche Ruhe wiederherzustellen. So wogt die Verhandlung unschlüssig hin und her.

Und nun, es ist der 3. Dezember 1793, holt Robespierre zum entscheidenden Prankenhieb aus. „Niemand soll herrschen!", droht er. „Niemand soll oben sein. Die Revolution war bis jetzt eine bürgerliche. (...) Die Revolution ist bisher am Volk vorbeigegangen. Warum? Weil viele Deputierte im Saal die Tugend des Volkes verachten, jene Tugend, im rechten Augenblick das Rechte zu tun. Ich wiederhole daher: Diesem Herrn Capet braucht man keinen Prozess zu machen. Das Volk hat ihn schon längst zum Tod verurteilt. Ja (...) ich verlange seine Hinrichtung, aber nicht wegen seiner Schwächen, sondern wegen seiner Stellung. Ludwig muss sterben, damit das Vaterland leben kann. (...) Damit es (...) dazu kommen kann, muss vorerst dieser Herr Capet sterben; aber ohne Prozess! Ich wiederhole: ohne Prozess! Ludwig muss sterben! Er muss (…) sterben!“

Ebenso spricht St. Just. Im Gegensatz zu Robespierres leidenschaftlichen Worten besticht seine Rede durch Eiseskälte, hervorragende Rhetorik und geradezu unmenschliche Ruhe.

„Ich fordere den Kopf des Königs (…). Wozu erst mühsam begründen zu wollen, warum Herr Capet zu sterben hat? Wozu? Muss man denn begründen, warum die Sonne nach einem langen Tag unterzugehen hat? Muss man begründen, warum man Tiere schlachtet und Unkraut ausreißt? Man muss nicht begründen (…) des Langen und des Breiten (…), warum Capet zu sterben hat. Er hat zu sterben, kurz und bündig. Wer von den Deputierten zweifelnd überlegt und grübelt, warum (…) weshalb (…). Der ist bereits verdächtig, und ich sage: Der ist bereits selber schuldig, wie dieser Capet. Könige sind a priori schuldig. Warum? Einfach weil sie Könige sind. Das ist so logisch wie das Alphabet. Wer das nicht begreifen will, ist ein Verräter. Ich fordere den Kopf des Herrn Capet. Ich fordere aber auch die Köpfe der Verräter, der Verräter des Volkes! (…) Nicht Ludwigs Taten waren an sich verdammenswert, sondern schlicht und einfach die Tatsache, dass er König gewesen ist. Ich sage es mit aller Deutlichkeit: Es ist wirklich für einen sogenannten König unmöglich, in Unschuld zu regieren! Ein solcher hat keine andere Funktion, keine andere Pflicht nach den Ansichten des Volkes zu erfüllen, als den Feinden des Volkes in das Paradies der Kopflosen zu folgen. (…) Ja, wir fordern den Kopf des Capet, obwohl es bessere und schönere Köpfe gibt als diesen!“

Da regen zwei Deputierte eine Volksbefragung über das Schicksal Ludwigs an.

Wir erinnern uns, in dieser Situation sind wir Robespierre schon begegnet. Leidenschaftlich lehnt er die Volksbefragung ab, da die politische Tugend immer eine Minderheitenposition sei. Er weiß, dass die Landbevölkerung Ludwig retten würde, weiß, dass die publizistische Walze der Hetzblätter der Marats und Héberts nur in Paris Entscheidendes vermag. Ein König im Gefängnis oder im Exil würde ein König bleiben.

„Die Partei, die Partei, die hat immer recht (…), denn wer kämpft für das Recht, der hat immer recht (…)“, wird es hundertsechzig Jahre später in einem kommunistischen Kampflied heißen …

Vor allem St. Justs demagogisches Redetalent zieht auch Teile der Gironde in seinen Bann. Dass er den Humanismus zu Grabe trägt, fällt ihnen gar nicht mehr auf. Revolutionschronist Michelet spricht davon, dass die Vergötzung der Stärke zum Sündenfall der Revolution wird: Der Konvent „spürte die Herrenhand und erschauerte vor Freude.“

St. Just bestimmt fortan die Tonlage des Königsprozesses. Dennoch werden er und Robespierre vorerst überstimmt: Es wird zumindest einen Prozess geben.

Nun beauftragt der Konvent ausgerechnet Robespierre und seinen Freund St. Just, die ihr Urteil bekanntlich schon gefällt haben, mit der Anklageerhebung.

Die beiden arbeiten schnell: Am 11. Dezember ist die Anklage fertig.

Mehrmals in diesem Prozess wird der König angehört, doch das ist nur mehr eine Formalität, obwohl er Teile des Konvents durchaus zu rühren vermag.

St. Just donnert warnend in den Saal, es sei kein weiter Weg von der Gnade gegenüber dem Tyrannen zur Gnade gegen die Tyrannei!

Tatsächlich sorgen sich auch die Gemäßigten nicht um das Leben des Menschen, sondern um die politischen Folgen der Hinrichtung eines Symbols: ewiger Konflikt mit den Mächten Europas und eine stärker werdende Linke. In sein Tagebuch notiert St. Just: „Die Rechte wünscht den Tod des Königs, und doch haben die Dummköpfe auf ihrer Seite Ludwig verteidigt. (…) Sie wollen den Tod des Königs, weil sein Leben ihrem Ehrgeiz im Wege steht, aber sie wollen für sich auch den Anschein von Menschlichkeit wahren. Sie sind daher blind und taub gegenüber ihren eigenen Plänen.“

Nach 37 Stunden Abstimmung wird am 17. Januar 1793 das Urteil gefällt: Von 749 Deputierten des Konvents fehlen dabei 28. Mit 53 Stimmen Mehrheit wird die Hinrichtung Ludwigs beschlossen, darunter auch die Stimme des Herzogs von Orléans, Cousin des Königs, der sich nun Philippe Egalité nennt und, obwohl er der Linken angehört, selbst von der Deportation bedroht ist und wenig später ebenfalls auf der Guillotine enden wird. Erst drei Tage später, am 20. Januar, teilt man Ludwig offiziell mit, dass er am nächsten Tag hingerichtet werden soll.

König Ludwigs letzter Gang

Louis Capet, König Ludwig XVI. von Gottes Gnaden und abgesetzter König nach der Revolution Beschluss, hat Tränen in den Augen. Allerdings nicht aus Angst, sondern vor Rührung. Denn es wird ihm eine letzte Gnade zuteil, auf die er nicht zu hoffen gewagt hat: Sie lassen einen Priester zu ihm. Einen echten, katholischen Priester. Edgeworth de Firmont, den Beichtvater seiner Schwester Elisabeth, einen Iren, der nicht den Eid auf die Verfassung der Republik geleistet hat und sich als verfolgter Romtreuer aus seinem Versteck gewagt hat. Der nimmt ihm die letzte Beichte ab.

Dann kommt der Abschied von der Familie. Seit sechs Wochen hat man sie von ihm im Temple getrennt. Das letzte Wiedersehen ist erschütternd. Eine Viertelstunde lang weinen alle. Seinem 8-jährigen Sohn Louis, der für die Königstreuen ab morgen König Ludwig XVII. sein wird, nimmt der Vater das Versprechen ab, seinen Tod nicht zu rächen und sich immer um die 14-jährige Schwester Marie Thérèse und seine Mutter zu kümmern. Marie Antoinette, die ihren Gemahl in diesen ernsten Wochen erst recht wahrhaft zärtlich zu lieben gelernt hat, da er sich nicht mehr schwächlich, sondern tapfer zeigt, wirft sich ihrem Mann weinend in die Arme. „Darfst Du die Nacht über bei uns bleiben? Ich flehe Dich an …!“ Ein Wunsch, der sinnloserweise nicht genehmigt wird. Hier besteht doch keine Verabredungsgefahr mehr zur Flucht … Oder doch? Unzählige Gerüchte machen seit Bekanntwerden des Todesurteils die Runde. Sogar Henker Sanson bekommt es mit der Angst zu tun, denn er hat nicht nur Angebote zur Befreiung des Königs in letzter Minute bekommen, sondern auch Todesdrohungen: Er möge sich ja nicht widersetzen, wenn beherzte Royalisten Ludwig direkt vom Blutgerüst in die Freiheit entführen würden. Welch Ironie, dass Henri Sanson selbst im Grunde königstreu gesonnen, indes der Republik in seiner blutigen Profession genauso zu Diensten ist wie vordem jenem Herrscher, den er nun mit dem Fallbeil töten soll …

Am nächsten Morgen, dem 21. Januar 1793, hört Ludwig um sechs Uhr auf dem Boden kniend die Messe. Seine Familie will er nicht noch einmal besuchen – zu groß wäre der Schock für Frau und Kinder. Seinem Kammerdiener reicht er seinen Ehering: „Geben Sie diesen Ring, wenn alles vorbei ist, der Königin. Das ist der letzte Dienst, um den ich Sie bitte." Seinen Siegelring mit dem Wappen Frankreichs hinterlässt er seinem Sohn. Das Siegel des Königtums.

Von draußen Trommelwirbel. Kavallerie reitet in den Hof des Temple. Hufgetrappel. Schnaubende Pferde. Kommandorufe. Um genau acht Uhr morgens tritt der Kommandant der Garde mit einigen Deputierten ein. Alle tragen den Hut auf dem Kopf. Ludwig bemerkt es, fordert den seinen und setzt ihn auf. An einen der Deputierten wendet er sich: „Monsieur …"

„Bürger heißt das jetzt!", unterbricht ihn der Kommandant der Garde.

„Bürger", verbessert sich Ludwig ruhig, „übergeben Sie bitte dieses Päckchen mit meinen letzten Habseligkeiten der Königin, das heißt meiner Frau!"

„Ich bin nicht hierhergekommen, um Ihre Botengänge zu erledigen! Ich bin nur hier, um Sie zur Guillotine zu geleiten, wie Sie es verdienen." Der König ist an den Falschen geraten, Jaques Roux, einen abgesprungenen Priester des neu hinzugekommenen Vierten Standes und Führer dessen extrem linken Randes, der

„Enragés“, der „Tollwütigen“. Ein anderer Deputierter übernimmt das Päckchen.

Draußen regnet es, ein kalter, unfreundlicher Tag.

Ungefähr zur gleichen Zeit, kurz nach acht Uhr, da sich die verschlossene Karosse mit dem König und dem mutigen irischen Priester auf den Weg aus dem Temple macht, verabschiedet sich Scharfrichter Henri Sanson von seiner Frau und seinem Sohn. Auch dort fließen Tränen. So viele Morddrohungen gegen Sanson sind eingegangen, dass seine Frau fürchtet, ihn nicht mehr lebend wiederzusehen. Schweren Herzens fährt Henri Sanson mit seinen Brüdern Charlemagne und Louis Martin zum Platz, an dem die transportable Guillotine diesmal aufgerichtet worden ist, zum Place de la Revolution, der früher Place Louis XV. geheißen hat. Was wohl der längst verstorbene autokratische Großvater des heute Hinzurichtenden, König Ludwig XV., zu diesem Tag gesagt hätte? Doch auch die gesät haben, sind bei der Ernte nicht mehr dabei: Voltaire, Rousseau …

Unter ihren Regenmänteln tragen die Brüder Sanson Degen, Dolche, vier Pistolen und jede Menge Pulver und Kugeln. Die Angst ist groß. Noch vor dem Wagen mit dem König treffen sie auf dem Richtplatz ein. Fast eine Stunde haben sie gebraucht, um sich durch die Volkshaufen zu zwängen. Die Guillotine ist von Sansons Gehilfen Gros und Barré längst aufgerichtet worden: fünf Meter hoch, dreißig Zentimeter breit das Fallbeil.

Henri Sanson blickt bang in die Richtung, aus welcher der Wagen kommen muss, zum Ausgang der Rue Madeleine. Da sprengt eine Reiterabteilung heran, dann noch eine und eine dritte. 1200 Soldaten zu Pferd geleiten den König. Die letzte Eskorte. Es ist zehn Minuten nach zehn.

„Es wurde mir schwarz vor den Augen, ein förmliches Zittern überfiel meine Glieder“, vertraut Sanson seinem Tagebuch an. Er weiß, dass er in wenigen Minuten nicht nur seinen König henken, sondern das Schicksal Frankreichs und der Weltgeschichte entscheidend beeinflussen wird.

Der König entsteigt mit dem Priester und zwei Gendarmen dem Wagen. Wohin Sanson vom Gerüst auch sieht, erblickt er nur Soldaten. Hinter einem Meer von Waffen das Volk, staunend, schweigend. Der Platz gleich um das Schafott ist leergefegt und mit Kanonen umstellt. Sein letztes gutes Wort legt der König für den Beichtvater ein, dem aus seinem Dienst keine Verfolgung erwachsen soll.

Henri und Charlemangne erstarren vor der Präsenz des Königs, der vollkommen gefasst an den Fuß der Treppe tritt. Vielleicht haben sie aber auch Angst davor, was geschehen könnte, wenn sie die Majestät anrühren? Der befürchtete Befreiungsversuch? Am schnellsten reagiert Louis Martin, der jüngste der Brüder Sanson. Er will dem König die Überkleidung abnehmen. „Das ist unnütz!" Ludwig zeigt erstmals Nervosität. „Man kann mit mir zu Ende kommen, wie ich da bin." Aber die Vorschrift gebietet es auch, ihm die Hände zu binden ... „Genug!", sagt der König barsch. „Ihr werdet nicht wagen, die Hand an mich zu legen! Da, nehmt, da ist mein Rock, aber rührt mich nicht an!" So legt er selbst den Rock und die Halsbinde ab. „Das Binden der Hände ist unbedingt notwendig. Die Hinrichtung ist sonst unmöglich." Sanson wendet sich an den Priester. „Bitte, Herr Abbé ..." Mit leiser Stimme, die nur die Zunächststehenden hören können, richtet Edgeworth an den König die Worte: „Sire, willigen Sie auch in dieses letzte Opfer, durch das Sie sich im Voraus der Belohnung Gottes versichern werden." Sofort bietet Ludwig seine Arme dar und sagt: „Macht, was ihr wollt. Ich werde den Kelch bis zur Neige trinken."

Trommelwirbel. Von seinem Beichtvater gestützt, steigt er die sehr steilen Stufen zum Schafott hinauf. Als er auf der Plattform angekommen ist, wendet er sich jener Seite zu, wo er die größten Volkshaufen sieht und gibt durch eine Kopfbewegung den Trommlern ein befehlendes Zeichen zu schweigen. Fast alle gehorchen. Nur einige Stimmen rufen: „Henker, tut eure Pflicht!" „Franzosen!", ruft der König mit rotem Kopf und starker

Stimme, „ihr seht euren König bereit, für euch zu sterben. Könnte doch mein Blut euer Glück besiegeln. Ich sterbe ohne Schuld an alledem, dessen man mich angeklagt. Ich vergebe allen, die meinen Tod verschuldet haben. Ich bete zu Gott, dass mein Blut, das jetzt vergossen wird, niemals über Frankreich kommen möge, und ihr, unglückliches Volk …" Erneuter Trommelwirbel erstickt seine Worte. Sehr schnell binden Sanson und seine Helfer ihn auf das aufrechte Brett und bringen ihn in einem Augenblick in die waagrechte Position. Der hölzerne Kragen der Planke schließt sich um seinen Hals. Im selben Moment zieht Sanson das Halteseil und das Fallbeil saust herab.

Ludwigs Nackenmuskulatur ist stark. Der Sterbende stößt einen lauten Schrei aus. „Sohn des heiligen Ludwig, steig auf zum Himmel!", vernimmt man die tiefe Stimme des Priesters.

Ein siebzehnjähriger Gardist springt hinzu, ergreift den Kopf, dessen Lippen noch zucken und zeigt ihn der Menge hinter dem Meer von Soldaten. Dabei stößt der Junge laute Flüche aus. „Vive la République!", kommt es zur Antwort. Es bleiben vereinzelte Rufe.

Der Körper des Königs wird, den Kopf zwischen den Beinen, in einen Korb gelegt, zum Madeleine-Friedhof gebracht und dort in eine Grube geworfen und mit Kalk übergossen. Bereits auf dem Schafott haben Soldaten und andere Leute, sei es aus Gehässigkeit oder aus Verehrung, ihre Waffen, Papier oder Wäschestücke in das frische Blut getaucht. Reliquien eines neuen Märtyrers.

Die Hinrichtung des Königs ließ – so oder so – Paris und Frankreich erschauern. Nur einige der ihr folgenden Selbstmorde sind dokumentiert. „Eine Frau sprang in die Seine, ein Perückenmacher schnitt sich den Hals ab, ein Buchhändler wurde verrückt, ein früherer Offizier starb vor Erregung", bilanziert Revolutionschronist Michelet, und weiß über den unglücklichen Ludwig zu sagen: „Durch das Unglück besser als durch die Königswürde geweiht, wurde er ein poetischer Gegenstand."

Erbärmlicher als Vieh: der Tod der Aufständischen in der Vendée

Doch es bleibt nicht bei der Guillotine als Tötungsinstrument: Die Revolution wird mit blanken Säbeln, Gewehren und gar mit bloßen Händen gewaltsam fortgesetzt.

Nach dem Tod Ludwigs XVI. flammen an allen Ecken und Enden Aufstände von Königstreuen oder von Girondisten auf. Von Gemäßigten geführte Städte wie Lyon, Bordeaux und Toulon werden zum Teil dem Erdboden gleichgemacht, die Bewohnerschaft wird dezimiert. Nun geht es längst nicht mehr nur den Aristokraten an den Kragen (nur 8 Prozent der Guillotinierten sind von Adel, über 30 Prozent sind Bauern). Das Fallbeil arbeitet viel zu langsam, um mit den Vergeltungsmaßnahmen an den Aufständen nachzukommen. Finsterere Hinrichtungsmethoden kommen auf: Die Reaktionäre werden ertränkt oder mit Schrotbüchsen hingerichtet. Längst sind es nicht mehr Henker, die hier walten, sondern Politkommissare, oder einfache Soldaten, die sich am langsamen Ausbluten der Angeschossenen weiden ...

Am schlimmsten ergeht es aufständischen Regionen wie der Vendée. Es beginnt mit einem Bauernaufstand, den einfache königstreue Männer wie Cathelineau anführen. Später wird der Adel mitgerissen, deren berühmtester Führer Larochejacquelein ist.

Erst in den letzten Jahrzehnten wurde nach 200 Jahren die Aufarbeitung dieses grausigen Kapitels französischer Geschichte vorgenommen – erschreckende Details kamen zutage!

Besonders beliebt wird in diesen Tagen der Jahre 1793 und 94 die Leichenschändung. Die Revolutionstruppen graben sogar den Leichnam des im Kampf gefallenen und bereits begrabenen Marquis de la Rouerie, eines Freundes George Washingtons, aus, um ihm noch nachträglich den Kopf abzuschlagen. Von der ökonomisch sparsamen Hinrichtungsmethode ist das mechanische Köpfen fast zum schamanischen Austreibungsritual der angeblich kernrationalen Revolution geworden. Der französische Historiker

Reynald Secher hat in den 1980er-Jahren versucht, die Grausamkeiten in eine Dissertation an der Pariser Sorbonne zu packen. Im Vorwort dazu heißt es, dass „der Autor sich sehr zurückgehalten habe und das Fürchterlichste hier gar nicht geschildert werden konnte."

Schon in den Städten beginnt der Horror. In Arras werden die geköpften Leichen von Männern und Frauen nackt in obszönen Stellungen zu „batteries nationales" zusammengelegt, was – ganz im Sinn De Sades – dem Publikum ein großes Vergnügen bereitet. Nach De Sade nennt auch Jean-Baptiste Carrier, der Kommissar des Konvents in Nantes, seine Hinrichtungsmethode „Le flambeau de la philosophie": Massenhaft werden die Gefangenen auf Booten auf die Loire hinausgebracht, durch geöffnete Klappen in den Fluss hinuntergelassen und ersäuft. Lebende Männer und Frauen, zu „republikanischen Hochzeiten" zusammengebunden! Sind nicht genügend Frauen und Mädchen vorhanden, gestaltet Carrier diese „Eheschließungen" kurzerhand päderastisch, wobei besonderes Augenmerk darauf gelegt wird, die betreffenden Kinder nicht an ihre Eltern gebunden zu ertränken, sondern sie mit fremden „Partnern" vor den Augen ihrer Mütter sterben zu lassen. Carrier büßt im Dezember 1794, nach dem Sturz Robespierres, seine Verbrechen selbst auf der Guillotine; viel zu spät für seine Opfer – 16.000 sollen es in vier Monaten gewesen sein.

An eine echte Ausrottung der Bevölkerung denkt der Konvent im Fall der aufständischen Vendée und der ihr benachbarten Gebiete. Die ganze Region wird offiziell in „Vengée" („gerächt") umbenannt. Am Ende sind bis zu 30 Prozent der Bevölkerung tot, darunter auch „Patrioten" – eine verräterische Landschaft ist ausgelöscht.

General Westermann berichtet dem neuen Leitungsgremium, dem „Wohlfahrtsausschuss":

„Es gibt keine Vendée mehr, meine republikanischen Mitbürger. Sie ist unter unseren Säbeln gestorben mitsamt den Frauen und den Kindern. Ich habe sie gerade in den Sümpfen und Wäldern von

Savenay begraben. Im Sinne eurer Befehle wurden die Kinder unter den Hufen der Pferde zertrampelt, die Frauen abgeschlachtet, damit sie keine Briganten mehr in die Welt setzen. Die Straßen sind voller Leichen; mancherorts bilden sie ganze Pyramiden. In Savenay finden Massenerschießungen statt, denn es kommen immer wieder Briganten, die sich ergeben. Wir nehmen keine Gefangenen, denn man müsste ihnen das Brot der Freiheit geben, doch das Erbarmen hat nichts mit dem Geist der Revolution zu tun."

Auch Westermann wird seine Taten nicht lange überleben und neben Danton auf dem Blutgerüst enden.

In Le Mans fetzen die revolutionären Blauröcke („bleus") den in der Stadt versteckten Frauen, Greisen und Kindern mit Bajonetten die Kleider vom Leib, schänden die Frauen und deren Leichen. In Angers lässt man Ärzte die Köpfe von Gehenkten für die Zinnen der Stadtmauern präparieren. Sie kommen aber nicht nach, und die aufgepflanzten Häupter verwesen zu schnell. Kurzerhand köpft man noch ein paar Häftlinge, darunter eine 82-jährige Äbtissin. Die Häute der Gehenkten werden gegerbt und zu Bucheinbänden und Reithosen gefertigt. Die Beweise dafür liegen vor. Protokolle dokumentieren die Übersiedelung der Menschenhautgerberei von Mendon nach Pont-de-Cé.

In der Normandie werden kranke Frauen in Spitälern geschändet und langsam zu Tode gequält. Die „bleus" führen ihnen Schießpulver in die Scheiden ein, und bringen es dann zur Explosion. Erinnerungen an die literarischen Fantasien De Sades, aber auch St. Justs werden wach. Frauen und Kinder werden in Backöfen geschmort. Um das Vergnügen zu steigern, werden sie in die kalten Rohre gepresst, die erst dann geheizt werden. Die infernalischen Schreie der Opfer machen den vorgesetzten General Mergeau-Desgraviers fast wahnsinnig, doch er kann diese Unterhaltung seiner demokratischen Armee nicht verhindern. Ein anderer General, Turreau, gibt hingegen sogar noch den Befehl zu „Promenades" („Spaziergängen") wie diesen. Er ist ehrenvoll auf der Ostseite des Arc de Triomphe in Paris verewigt.

In der Vendée ist aus Humanität endgültig Bestialität geworden, dort, wo die Blauröcke Kinder aus den Fenstern werfen und mit Bajonetten auffangen, und wo Menschen an Baumästen aufgehängt und mitten entzwei geschnitten werden (wes letzteres meistens beim Versuch bleibt, da der menschliche Körper bekanntlich sehr stark ist). Ein republikanischer Priester, Abbé Morellet, schlägt vor, eine „boucherie nationale" zu errichten und die Leichen der Guillotinierten an Nationalfeiertagen als „patriotische Eucharistie" zu reichen.

Parallel läuft der Krieg gegen die restaurativen europäischen Mächte. Zu Österreich und Preußen hat sich nach der Hinrichtung des Königs noch England gesellt. So war die Zwangsaushebung von 300.000 Soldaten auch der unmittelbare Anlass für die ersten konservativen Bauernaufstände gewesen. Frankreich besteht in diesen Tagen zum Großteil aus Soldaten, Agitatoren und Opfern. Bei der Strafaktion gegen die Stadt Toulon zeichnet sich ein junger Artillerieoffizier aus: Napoleon Bonaparte ...

Den bestialischen Exzessen steht eine in ihren Berechnungen nüchterne Diktatur zur Seite, die sich nach und nach ihrer Gegner entledigt und sich zum Schluss selbst auffrisst.

Der Tod Marie Antoinettes und das Ende der „Gemäßigten"

Wir erinnern uns: Es war die gemäßigte Rechte, die Gironde, gewesen, die den Krieg vom Zaun gebrochen hatte. Eine ihrer Größen ist General Charles François Dumouriez. Einst Jakobiner, wechselte er zur Gironde, wurde 1792 Außenminister und befehligte dann erfolgreich die republikanische Nordarmee, die wichtige Siege einfuhr. Dumouriez und seinen Soldaten gelang die Eroberung der Österreichischen Niederlande, des heutigen Belgien. Dieser Kriegsheld nun sieht sich wie so mancher große Soldat in der Geschichte nach und nach auf dem falschen Pferd sitzen. Einem Rommel nicht unähnlich, befallen ihn Zweifel an der Sache, für die er kämpft. Er nimmt seinen ganzen Mut zusammen und will seine Armee zum Marsch auf Paris vorbereiten, um dem Terror ein Ende zu setzen. Das Vorhaben misslingt und Dumouriez läuft in einer militärisch prekären Phase voller Niederlagen ins Ausland zum Feind über.

Die Gironde ist längst weich geklopft, sie will auf einmal den Frieden. Genug Revolution, befindet sie. Stabilisierung ist angesagt, meinen ihre Abgeordneten im Konvent – ein tödlicher Fehler. Die Rechte unternimmt außerdem die Flucht nach vorne und verlangt als Reaktion auf Dumouriez' Verrat, dass die mit dem Feind paktierenden Abgeordneten nicht mehr den Schutz parlamentarischer Immunität genießen sollen. Damit will sie vor allem Danton treffen, der über Lagergrenzen hinweg ein enger Freund Dumouriez' ist, und mittelbar auch Robespierre, den Herrn und Meister der Linken. Diese lassen sich das nicht bieten und schlagen zurück: Sie fordern ihrerseits die Absetzung der girondistischen Abgeordneten durch das Volk, da diese samt und sonders Verräter seien. Immerhin ist Dumouriez einer der ihren gewesen. Wieder einmal entscheidet die Macht der Straße. Ende Mai 1793 besetzen nach entsprechenden Aufrufen von Jakobinerchef Marat 80.000 Anhänger der Pariser Sektion die Tuilerien. 29 girondistische Abgeordnete werden am 2. Juni unter Hausarrest gestellt. Damit ist jeder Rest an parlamentarischer Demokratie beseitigt.

Die Gironde versucht nun, die ihr nahestehenden ländlichen Sektionen gegen das Pariser Regime aufzuwiegeln – vergeblich. All das – man stelle sich vor – mitten in einem Zweifrontenkrieg gegen die alliierten Mächte!

Ankläger St. Just entfaltet seine ganze rhetorische Kraft. Er konstruiert am Rednerpult eine gigantische Verschwörung von Girondisten, verräterischen Generälen und Königstreuen gegen die Regierung, an deren Stelle der kleine Sohn des hingerichteten Königs als Ludwig XVII. hätte gesetzt werden sollen. Die Girondisten tun das, was man in Parlamenten gemeinhin macht, wenn man angeschuldigt wird: Sie erheben Zwischenrufe! Als das nichts hilft, begehen sie den nächsten Fehler: Sie flüchten aus Paris in ihre Departements. Der Beweis für ihren Verrat ist endgültig erbracht, donnert St. Just. Die Zahl der Beschuldigten wächst auf 75. 32 von ihnen wird schließlich der Prozess gemacht, der „Wohlfahrtsausschuss", dem vor allem Robespierre, St. Just und der querschnittgelähmte Agitator Couthon angehören, übernimmt kraft einer neuen Verfassung die Macht im Staat. Sichtbares Zeichen sind die Abschaffung der christlichen Zeitrechnung, deren Jahreszahlen und Monatsnamen durch römische Ziffern und neue, heidnische Monatsbezeichnungen ersetzt werden, und der neu eingeführte „Kult der Vernunft", der das Christentum ersetzen soll. Die Diktatur ist perfekt und sie schärft das Fallbeil. Henker Sanson bekommt mächtig viel zu tun.

Zunächst macht man sich daran, die menschlichen Relikte der alten Zeit zu beseitigen. Dazu gehört vor allem einmal die Witwe Ludwigs XVI., Marie Antoinette. Hatte man in Frankreich den König aus politischen Gründen gehasst, so hasst man „die Österreicherin" ganz persönlich. Um ihr Schmerz zuzufügen, hatte man sie im Lauf der letzten Jahre nicht nur bespuckt und gedemütigt, man hatte auch ihre Lieblingshofdame, die Prinzessin Lamballe bestialisch ermordet, sie ausgeweidet und ihren abgeschnittenen Kopf an einer Pike aufgespießt, nur um ihn der Königin so vorzuführen. Dass nebenbei ein Arrangement aus den Geschlechtsteilen der Lamballe in einer kannibalischen Prozession mitgeführt wurde, sei nur am Rande erwähnt, und auch, dass die Innereien der Unglücklichen gegrillt und verspeist wurden.

Nun sitzt Marie Antoinette, ihres Sohnes beraubt, allein mit ihrer Tochter als Gefangene unter missgünstigen Bewachern. Den kleinen Ludwig hatte man ihr genommen und ihn einem ausgesucht proletarischen Bürger zur „republikanischen" Erziehung übergeben, die dem Kind neben einer enormen Gewichtszunahme und einem Hodenbruch auch einen raschen Tod beschert: Der Junge wird 1795 10-jährig sterben.

Am 1. August 1793 wird die Untersuchung gegen die „Witwe Capet“ eröffnet, und sie wird wie eine gewöhnliche Kriminelle in die Conciergerie überstellt. Tag und Nacht bewachen sie zwei Gendarmen, die hinter einem Paravent das Zimmer mit ihr teilen. Trotz der vollkommenen Wehrlosigkeit der alleingelassenen Frau hat Chefankläger Fouquier-Tinville seine liebe Not, eine taugliche Anklage zusammenzubasteln. Je näher man auf die der Königin zur Last gelegten Tatsachen eingeht, desto weniger Beweise findet man für die Verbrechen, von denen man so fest überzeugt gewesen ist.

Doch Marie Antoinette hat auch noch Freunde: Ein royalistischer Befreiungsversuch aus dem Gefängnis wird entdeckt und führt zu einer noch strengeren Aufsicht. Als endlich die Anklage fertig ist, steht als Hauptanklagepunkt darin zunächst einmal die „Verschwörung gegen Frankreich“, begangen mit „dem Mann, den man König von Böhmen und Ungarn tituliert“ (gemeint ist der Kaiser in Wien), dem sie Millionen hätte zukommen lassen, um Krieg gegen die französische Republik zu führen. Weitere Punkte sind die Schädigung des Nationalschatzes durch Prunksucht. Abscheulichster Anklagepunkt ist die angebliche Blutschande, die sie gemeinsam mit der Schwester des Königs, Madame Elisabeth, mit ihrem kleinen Sohn getrieben haben soll, und den nicht einmal alle fanatischen Königinnenhasser zu glauben bereit sind.

Mittlerweile weißhaarig (sie ist 37 Jahre alt!) und mit rot geränderten Augen, tritt sie in einem schäbigen schwarzen Kleid vor ihre Richter. Sie hört die Anklage und bemerkt zu ihrer Verteidigung, dass ihr die vorgeführten Zeugen nicht ein einziges Vergehen hätten nachweisen können. Es sei unmöglich, dass man sie, die Gemahlin Ludwigs XVI., für die Handlungen eines Königs verantwortlich mache, den die Verfassung selber für unverantwortlich erklärt.

Trotzdem befinden die aufgebotenen Geschwornen nach einstündiger Beratung die Königin als schuldig in allen Punkten. Einstimmig wird sie zum Tod verurteilt. Mit stoischer Ruhe hört Marie Antoinette das Urteil und den ausgelassenen Applaus der Zuhörer, die ihren nahen Tod feiern.

Die Sitzung hatte von neun Uhr morgens bis spät in die Nacht gedauert, in der die Angeklagte weder zu essen noch zu trinken bekommen hatte. Ein Gendarm namens Busne wird danach gemaßregelt, weil er ihr ein Glas Wasser gereicht hat.

In ihrem Abschiedsbrief an ihre Schwägerin Madame Elisabeth schreibt Marie Antoinette: „Ich bin verurteilt worden, nicht, eines schmachvollen Todes zu sterben – der gebührt nur den Verbrechern –, sondern Deinen Bruder wiederzusehen. Ich hoffe dieselbe Festigkeit wie er zu zeigen. (...) Mein Sohn soll niemals die letzten Worte seines unglücklichen Vaters vergessen: Er trachte niemals danach, unsern Tod zu rächen".

Im Büro des Anklägers Fouquier-Tinville hat sich unterdessen Scharfrichter Henri Sanson eingefunden, um die Details der Hinrichtung zu besprechen. „Sind die Vorkehrungen zum Feste schon getroffen?", fragt ihn der gut gelaunte Fouqier-Tinville. Sanson bittet darum, dass er Marie Antoinette so wie vordem den König im verschlossenen Wagen zur Richtstatt bringen darf. „Was?", schreit ihn der Ankläger an, „du verdienst selber, auf die Guillotine zu gehen! Ein Karren ist noch viel zu gut für die Österreicherin!"

Schweren Herzens begibt sich der insgeheim königstreue Sanson mit seinem Sohn zur Place de la Revolution und überwacht den Aufbau der Guillotine. Danach gehen sie in die Conciergerie. Im „Saal der Toten", dem fürchterlichen Wartesaal für die Delinquenten, sitzt Marie Antoinette auf einer Bank, den Kopf gegen die Mauer gelehnt. Als sie Sanson und die Eskorte sieht, erhebt sie sich. Sie ist vollständig weiß gekleidet, und von außerordentlich bleicher Gesichtsfarbe. Nur ihre Lippen glänzen rot und ihre Augen funkeln. Die beiden Sansons grüßen die Königin ehrerbietig – eine riskante Geste in diesen Tagen. „Ich bin fertig, meine Herren", sagt sie, „wir können aufbrechen". Ohne Aufforderung reicht sie Charles-Henri Sanson die Hände zum Binden. Ein republikanisch vereidigter Priester drängt sich ihr auf, er wolle sie begleiten. Von Rom abgefallene Geistliche hat sie stets abgelehnt, jetzt sagt sie: „Wie es Ihnen beliebt, mein Herr."

Bislang ruhig geblieben, erschrickt sie dennoch vor dem offenen Karren, der ihr letztes Fahrzeug sein wird. Nun öffnen sich die Tore der Conciergerie. Eine Orgie an Beschimpfungen ergießt sich von den Quais und Brücken über die Unglückliche. Drei Minuten lang kommt der Karren überhaupt nicht vom Fleck, denn nun drängen Volk und Gendarmen an das Gefährt und die Verwünschungen werden immer bedrohlicher. Dann geht es dennoch weiter, die beiden Sansons können den Karren vorwärts zum Richtplatz lenken. Aufrecht steht Marie Antoinette mitten im Wagen, der sie begleitende Revolutionspriester spricht beständig auf sie ein; sie ignoriert ihn. Viel interessierter betrachtet sie die Hausnummern in der Rue Saint-Honoré. In dieser Straße wartet ein romtreuer Priester, der ihr versprochen hat, ihr an ihrem Todestag die Absolution aus der Ferne zu spenden. Als sie die Hausnummer sieht, erkennt sie den Priester in Zivil an einem Geheimzeichen, neigt die Stirn und betet. Als sie auf der Place de la Revolution ankommt, seufzt sie: „Meine Kinder!"

Charles-Henri Sanson flüstert ihr zu: „Mut, Madame!", als er ihr vom Karren herabhilft. Erstaunt antwortet sie: „Ich danke, mein Herr, ich danke." Weitere Hilfe lehnt sie ab und geht allein die Stufen zum Schafott hinauf. Als sie einem Gehilfen versehentlich auf den Fuß tritt, bittet sie ihn um Verzeihung. Während sie auf das Fallbrett gebunden wird, ruft sie: „Lebt wohl, meine Kinder! Ich werde euren Vater wiedersehen!"

Was an der jüngsten Tochter Maria Theresias sterblich ist, wird an diesem 16. Oktober 1793 am Madeleine-Kirchhof in der Kalkgrube versenkt. Ihre verbliebenen Kleider werden unter den Armen der Hospitäler verteilt.

Nachdem im Jahr darauf auch Madame Elisabeth hingerichtet wird, ist die engere Familie des Königs, sieht man von seinen beiden Brüdern im Exil ab, ausgelöscht. Nur Marie-Thérèse, die Tochter des Königspaares, wird den Schrecken jener Tage noch lange im Herzen tragen: Sie stirbt erst 1851 in Österreich.

Auf das Ende Marie Antoinettes folgt jenes der Gironde, der „gemäßigten Rechten". Bereits seit 31. Mai befinden sich ihre

Häupter in Haft. Jene, die nicht in ihre Departements geflohen sind, kann man nur ihrer politischen Meinung wegen den Prozess machen. Schließlich werden sie wegen „föderalistischer Umtriebe“ angeklagt, die sich gegen die Unteilbarkeit der Nation gerichtet hätten. Der Prozess beginnt in gewohnter Manier, die Zeugen sind „blutgierig wie eine Koppel Jagdhunde“, wie Sanson bemerkt. Wie in einer Arena werden die Angeklagten direkt von den Zeugen befragt und angeschrien.

Trotzdem kommt der Prozess nicht vom Fleck. Fouquier bittet auf Anraten Robespierres den Konvent, ihn von der Bindung an die gesetzlichen Formen zu befreien, was auch prompt genehmigt wird. Was Wunder, dass Schuldsprüche und Todesurteile nur mehr eine Frage von Stunden sind.

Am frühen Morgen des 30. Oktober inspiziert Sanson wieder einmal Personal und Gerät. Fünf Fuhrwerke und zehn Gehilfen wird er diesmal für seine Arbeit brauchen. Der Wartesaal der Toten ist stark bevölkert. In Gruppen stehen die Verurteilten zusammen und plaudern wie Freunde, die eine lange Reise trennen soll. Ein Gerichtsdiener ruft alle Namen auf. „Hier!“, antwortet jeder der Todgeweihten. „Anwesend!“, ruft der Abgeordnete Vergniaud, „und wenn Ihr mir versichert, dass unser Blut ausreichen wird, die Freiheit zu befestigen, so seid gegrüßt!“ Schließlich rufen alle: „Es lebe die Republik!“ Als ein Gehilfe dem Abgeordneten Ducos das Haar abschneidet und ihn dabei schmerzhaft reißt, bemerkt dieser zu Sansons Sohn: „Es ist zu hoffen, dass deine Guillotine besser schneidet als deine Schere!“

Das Volk, das die Straßen säumt, ist diesmal ratlos. Sind es nicht die besten Köpfe der Republik, die hier rollen sollen? Die Girondisten sind gefasst, einige scherzen sogar noch auf den Karren. Sie singen die Marseillaise, das Lied der Revolution. Es ist eine merkwürdige Stimmung, die nicht recht zu einer Massenhinrichtung passen will.

Schon fällt der erste Kopf.

Der Gesang der anderen wird lauter.

Nach der sechsten Hinrichtung sind Kopfkörbe und Fallbrett mit Blut überschwemmt. Sanson ordnet eine Unterbrechung an. Eimer mit Wasser werden ausgegossen, das Messer mit einem Schwamm gereinigt.

Der Gesang wird schwächer, aber um nichts weniger nachdrücklich, als sich die Reihen nach und nach lichten.

Als der Vorletzte guillotiniert wird, fürchtet Sanson, dass der Letzte, Vigée, ohnmächtig werden würde, doch weit gefehlt. Er sing noch das Lied des freien Mannes, als man ihn auf das Brett bindet und den Kopf mit dem Halsband befestigt. In dreiundvierzig Minuten sind 20 Gründer der Republik hingerichtet worden.

Wenig später wird auch die Muse der Gironde, die geistvolle Madame Roland hingerichtet. Ihr letzter Blick gilt der Kolossalstatue der Freiheit auf dem Revolutionsplatz. „O Freiheit, wie hat man dir mitgespielt!“, sagt sie laut und verneigt sich vor dem Sinnbild, ehe ihr Kopf fällt.

Die Panne mit Bailly, die Friedhöfe des Schreckens und das Ende der Radikalen

Schon im Juli des blutigen Jahres 1793 hatte eine Girondistin, ein junges Mädchen aus Caen das Recht in ihre eigenen Hände genommen: Charlotte de Corday d'Armont reist nach Paris und will eigenhändig dem Terror ein Ende setzen. In der Provinz gilt der Publizist Jean-Paul Marat als größter Blutsäufer von allen. Corday geht hin und ersticht ihn, als er gerade im Bad sitzt.

Als Sanson die ungewöhnlich schöne Frau zum Blutgerüst geleitet, bemerkt er, dass sich unbekannte Leute unter seine Gehilfen gemischt haben. Noch ehe er etwas dagegen unternehmen kann, steigt die Verurteilte schnell die Treppe hinauf und wirft sich selbst auf das Fallbrett. Nach dem frisch abgeschlagenen Kopf greift plötzlich ein Zimmermann namens Legros, zeigt ihn der Menge und – ohrfeigt ihn! Da errötet das Antlitz der Guillotinierten. Allgemeines Grauen macht sich breit. Legros wird später ein strenger Verweis erteilt und Sanson widerruft wütend Zeitungsmeldungen, wonach einer seiner Gehilfen sich dieser Schmähung schuldig gemacht hätte.

Als das Jahr 1793 zur Neige geht, schmoren bereits achttausend teils sehr prominente Gefangene in den Gefängnissen, weil sie vom Wohlfahrtsausschuss verdächtigt werden, das Vaterland zu verraten, darunter prominente Generäle wie Hoche oder Kellermann.

Chefankläger Fouqier-Tinville verfällt in einen Blutrausch. In Hochstimmung schlägt er vor, die Guillotine künftig im Gerichtssaal direkt aufzustellen. Selbst in dieser Atmosphäre fragt man ihn im Konvent, ob er verrückt geworden sei.

So zahlreich rollen nun die Köpfe, dass die Bestattung der vielen Leichen schön langsam zum Problem für die öffentliche Gesundheit der Stadt Paris wird. Im Frühjahr 1794 schlägt die Verwaltung des Friedhofs St. Marguerite Alarm: Es ist ein heißes Jahr und der Zuwachs an Guillotinierten so stark, dass man fürchtet, es könnten Seuchen ausbrechen. Noch dazu sind hier der König und die Girondisten bestattet. Die öffentliche Fantasie wuchert. Die Anrainer im Madeleine-Viertel halten einander bereits für krank. Daraufhin schließt die Kommune den Friedhof und lässt die Guillotinierten fortan in Monceaux bestatten. Danton und Desmoulins werden diesen Friedhof „einweihen", doch davon später.

Das alles geschieht freilich im Verborgenen. Nach außen hin lässt die Behörde die Leichen weiterhin zum Acker nach Madeleine bringen und erst nächtens nach Monceaux überführen. Was ist der Grund? Ist Madeleine einfach dazu bestimmt, die Helden der Revolution samt und sonders in seiner Erde zu bewahren? Revolutionschronist Michelet spricht von „Liebe und Fanatismus", die sich an Namen wie Danton und Desmoulins binden.

Tatsache ist, dass es neue Proteste hagelt, als dann doch bekannt wird, dass der neue Friedhof der Revolutionsopfer in Monceaux liegt. Die Nachbarn beschweren sich über den Leichengeruch. Als die „Belieferung“ von Monceaux mit Guillotinierten nach zehn Wochen endet, hören die Klagen schlagartig auf. Die „gewöhnlichen“ Bestattungen werden allerdings nicht weniger gerochen haben. Ein psychologisches Moment? Die vom Fallbeil Getöteten sind eben auch im Tod nicht mit anderen Verstorbenen zu vergleichen. Niemand will sie in seiner Nähe wissen …

Als sich der Enthauptungsbetrieb erneut steigert, beschließt man gar, mitten auf dem Bastilleplatz zu bestatten, dann an der Barriére du Trone am Ende der Arbeiterviertel, der Faubourgs, was der öffentlichen Gesundheit nicht gerade dienlich gewesen sein wird! Ganze vierzig Tage lang wird am großen Friedhof in den Faubourgs bestattet, und die dortige Arbeiterbevölkerung sieht nun aus nächster Nähe zu, wie hier ganze kopflose Familien in die Grube gesenkt werden, einfache Menschen, die in die Mühlen der Revolutionsjustiz geraten sind, Greise, Frauen, halbe Kinder. Die Bitterkeit unter den Armen wächst angesichts der täglichen Leichenlieferungen in ihr Viertel; und die Abscheu vor Robespierre und seiner Regierung.

Ein weiterer Friedhof liegt in einer anderen Sektion der Faubourgs in einem ehemaligen Klostergarten, den ein Spekulant gekauft hat, der ihn für gutes Geld an begüterte oder begünstigte Gefangene als Nobelgefängnis vermietet! Vor deren Nasen hebt man nun große Gruben aus, und die todgeweihten Gefangenen werden tagtäglich zu Zeugen kopfloser Bestattungen. Nachts spielen sich unglaubliche Szenen ab. Unter freiem Himmel beraubt man die Leichen ihrer Kleider, um sie zu verkaufen! Ein erhalten gebliebener Brief eines protokollführenden Beamten enthält die Bitte, die Kommune möge ihm doch wenigstens einen kleinen Bretterschuppen in den Garten stellen, denn der Wind blase immer das Licht aus. Die Beamten müssten so mit „ihren“ Guillotinierten im Finstern bleiben, was die Leichenfledderer begünstige …

Nach wenigen Wochen sind weite Teile der Faubourgs ein stinkender Leichenacker, auf dem die Blutpfützen nicht mehr abfließen können. Stadtbaumeister Poyet macht den Vorschlag, das Blut in einem Schubkarren mit doppelten Bleiwänden aufzufangen, der jeden Tag nach den Hinrichtungen weggefahren werden könnte.

Im heißen Juli 1794, nach dem Revolutionskalender „Thermidor“ (= Hitzemonat), ist die Situation in jeder Hinsicht unerträglich. Flüssige Fäulnisstoffe kochen in der Sommersonne …

Nun flüchten selbst die Totengräber von den Friedhöfen.

Am 8. Thermidor wird die Stadtverwaltung davon benachrichtigt und beschließt, noch ein paar Tage mit dem Aushub eines neuen Friedhofs außerhalb der Stadt zu warten und während der Beerdigungen Thymian, Salbei und Wacholder über den Gruben zu verbrennen. Am 8. Thermidor beschließt sie das, die Kommune …

In knapp über einem Jahr verhängt der Hüter der Moral, Robespierre mithilfe seines Revolutionstribunals 1220 Todesstrafen, nämlich zwischen dem 10. März 1793, dem Tag der Gründung des Tribunals, und dem 10. Juni 1794, als das sogenannte „Prairial“ (= Juni)-Dekret in Kraft tritt, das praktisch alle Grundlagen des Rechtsstaates beseitigt, den Angeklagten keinen Rechtsbeistand mehr zugesteht und die Immunität aller Abgeordneten aufhebt.

Bei der Vollstreckung passieren bisweilen schreckliche Pannen. Einer der wohl unglücklichsten Verurteilten dieser Zeit ist Jean Sylvain Bailly, freisinniger Literat und einer der herausragendsten Astronomen seiner Zeit. Dass die Revolution keinen rechten Sinn für wissenschaftliche Leistungen hat, wird schon bei dem Prozess gegen den bedeutenden Chemiker Lavoisier klar, der als ehemaliger Steuerpächter wegen „Erpressung“ zum Tod verurteilt wird. „Sie verurteilen da einen großen Gelehrten zum Tod!“, ruft sein Verteidiger. „Die Republik braucht keine Gelehrten!“, kommt es zur Antwort.

Bailly wird freilich nicht in seiner Funktion als Astronom hingerichtet, sondern in seiner Eigenschaft als ehemaliger Bürgermeister von Paris. Man wirft ihm unberechtigtes Vorgehen gegen wütende Massen vor und noch einige verschwörerische Absichten, wie die angebliche Hilfe beim Fluchtversuch des Königs. Naheliegenderweise wird er auf die Guillotine geschickt. Hingerichtet soll er auf dem Marsfeld werden, wo er seinerzeit die Nationalgarde auf die Massen hat schießen lassen.

Als Sanson in der Conciergerie eintrifft, findet er einen nach außen hin gleichmütigen Bailly vor. „Fürchtet Ihr denn, dass ich den Schnupfen bekommen könnte?“, fragt er Sanson, der ihm geraten hat, seinen Rock anzuziehen, da der Morgen ein kalter sei.

Inmitten der tobenden Menge durchfährt der Wagen mit dem nach wie vor gelassenen Gelehrten und seinem Henker den Quai. Bailly unterhält sich mit Sanson, erkundigt sich nach dessen Gehalt – ein alter Bürgermeister eben …

Da passiert es. Auf der Hälfte der Champs-Élysées hält der Wagen, da die Gehilfen in der Eile einige Bohlen vergessen haben, die auf den Wagen geladen werden müssen. Bailly steigt ab. Die wütende Menge, bestehend aus erprobten Hinrichtungsvoyeuren, will sich auf ihn stürzen! Nur mit Mühe gelingt es den Gendarmen, ihn zu schützen. Da der Wagen nun mit den Brettern vollgeladen ist, muss Bailly zu Fuß gehen! Durch die unmittelbare Berührung mit dem Delinquenten steigert sich die Wut des Mobs zur Raserei. Der Weg ist schlecht, Verurteilter, Henker, Gehilfen waten durch Schlamm und Dreck. Ein fünfzehnjähriger Bursche bekommt den Rock Baillys zu fassen und reißt den Ex-Bürgermeister zu Boden. Der Rock wird in tausend Stücke zerrissen. Noch einmal retten die Gendarmen den todgeweihten Mann. Nun lädt man den bleichen 57-jährigen Astronomen wieder auf den Karren, der allerdings von den Tobenden mit Steinen und anderen Wurfgeschossen beworfen wird.

Drei- bis viertausend nicht weniger aufgewiegelte Menschen warten schon auf dem Marsfeld, als Henker und Opfer dort ankommen. Jetzt ist es an Sanson, bleich zu werden, da er sieht, wie sich die drohende Menge hinter ihnen schließt – sie sind eingekesselt. Zwanzig Rädelsführer, wilde Gestalten, stürzen auf Sanson zu und schreien ihn an: Nicht auf dem Marsfeld soll der Schurke sterben, wo das Blut seiner Opfer in die Erde gesickert ist. Und sie brechen eigenhändig die Guillotine ab! Mitten im Chaos steht Bailly im Hemd, blutend, dreckverschmiert, nur notdürftig gegen die Verwünschungen und Handgreiflichkeiten der Fischweiber und betrunkenen Männer geschützt. „Ach, ich hoffte, früher zum Ende zu kommen", sagt er zu Sanson. Sein Henker ist jetzt sein einziger Freund.

Ein besonnener Bürger, der erkennt, dass Bailly in Gefahr ist, gelyncht zu werden, schaltet sich ein: Bailly selbst solle entscheiden, wo sein Schafott zu stehen hat. Nun kommt es zu dem berüchtigten „Spaziergang", zu dem der Unglückliche in seiner letzten Stunde gezwungen worden sein soll. Er dient indessen nur dem Zweck, Henker und Opfer aus der unmittelbaren Gefahrenzone herauszubringen. Nach einer Dreiviertelstunde hält die Todesprozession am äußerst linken Ende des Marsfeldes, an der Flussseite. In einem Graben wird das Blutgerüst errichtet.

Bailly, aus vielen Wunden blutend, hat nichts mehr auf dem Leib als sein zerfetztes Hemd. Er klappert mit den Zähnen. „Du zitterst, Bailly?", fragt einer aus der Menge. „Mein Freund, ich zittere nur, weil mich friert", antwortet der Todgeweihte mit sanftmütiger Stimme. Zugleich verlassen ihn die Kräfte, und er sinkt halb ohnmächtig in die Arme eines Gendarmen. „Gebt mir zu trinken!", fleht er. Darauf wirft ihm der Mob flüssigen Kot ins Gesicht, doch ein Mensch erbarmt sich und flößt ihm ein wenig Wein ein. Vollkommen geschwächt wendet sich Bailly auf der Plattform an Sanson. „Schnell, mein Herr, sputen Sie sich, ich bitte darum!" Dabei lächelt er.

Doch noch hat die Qual kein Ende. Denn als Schandzeichen muss vor der Hinrichtung dessen, der das Blut des Volkes vergießen ließ, noch eine rote Fahne von der Hand des Henkers verbrannt werden. Der durchnässte Stoff will in dem schwach glosenden Feuerbecken nicht und nicht brennen. Ein Balken muss erst ins Feuer geworfen werden, bis der rote Fetzen endlich in

Flammen aufgeht. Bailly ist zum zweiten Mal beinahe in Ohnmacht gefallen. „Mut, Mut, Herr Bailly!“, sagt Sanson zu ihm, als er ihn festschnallt. Dieser wendet den Kopf nach rechts und sagt: „Jetzt bin ich dem Hafen nahe und …“ Aus.

All diese Exzesse sind den Radikalsten unter den Revolutionären immer noch zu wenig. Hebért und seine Anhänger, die „Hébertisten“, rufen zum Aufstand auf – sie werden 1794 ebenso guillotiniert wie zuvor ein anderer Zweig des linken Randes, die „Enragés“ mit ihrem Chef Jacques Roux.

Wer außer Robespierre und seinem engeren Kreis und ein paar verschüchterten Stillhaltern unter den Politikern ist noch übrig?

Sechs Tage nach der Hinrichtung Hebérts lässt der Wohlfahrtsausschuss George Danton und seine Anhänger, darunter Camille Desmoulins, den beredten Aufhetzer zum Sturm auf die Bastille, verhaften und nach kurzem Prozess am 5. April hinrichten. Lasterhaftigkeit und Bereicherung sind zwei der Punkte, die der Tugendwächter Robespierre Danton zur Last legt; in Wahrheit ist es die Kritik, die Danton an der schrankenlosen Blutorgie der letzten Monate gewagt hat. Dennoch lässt Georg Büchner Robespierre in seinem Drama „Dantons Tod“ sagen: „*Sie gehen alle von mir – es ist alles wüst und leer – ich bin allein.*“ Das ist natürlich nur Dichtung, aber es mag die Befindlichkeit des historischen Robespierre durchaus wiedergeben, der sich aber keine Sentimentalitäten gegenüber seinem ehemaligen Mitstreiter Danton gestattet.

St. Just verliest in bewährter Manier die Anklage, die zugleich das Urteil ist. Danton bleibt gelassen, Desmoulins hingegen regt sich furchtbar auf. Mit ihm viele Leser seiner Schriften. Camille Desmoulins zählt in Paris zu den populärsten Revolutionären. St. Just konstruiert eine „Verschwörung der Fremden“, an der Danton gemeinsam mit zwei Dänen, einem Spanier und zwei „Überraschungsgästen“ aus Österreich beteiligt gewesen sein soll. Letzteren werden wir uns ein wenig später zuwenden.

Fouquier-Tinville wirft Danton „zu wenig Hass“ gegen die Feinde der Republik vor. Wahrhaftig ein Anklagepunkt! Desmoulins will protestieren. „Lass sie ihr Handwerk treiben“, hält ihn Danton zurück, „sie vermögen nichts weiter, als uns zu töten; wenn sie uns entehren wollen, so biete ich ihnen Trotz.“ Dennoch hält er eine fulminante Verteidigungsrede nach der anderen. Seine letzten Ansprachen. Schließlich gerät er außer sich und verbaut sich selbst jeden Weg zum Freispruch „Schändlicher Robespierre!“, schreit er, „das Schafott verlangt nach dir! Du wirst deiner Strafe nicht entgehen, sondern mir folgen!“ Daraufhin setzt Tumult ein, die Angeklagten werden gewaltsam aus dem Gerichtssaal entfernt ...

Camille Desmoulins verzweifelte Frau Lucile hat zuvor noch versucht, Unterstützer für ihren Mann zu finden und im Konvent Stimmung für ihn zu machen, was ihr und ihrem Gemahl prompt von St. Just als strafverschärfend angerechnet wird. „Welcher Unschuldige hat sich jemals gegen das Gesetz empört?“, donnert der junge Ankläger. „Es bedarf keiner anderen Beweise ihrer Verbrechen als ihre Kühnheit. Die Unglücklichen bekennen ihre Verbrechen, indem sie dem Gesetz Widerstand leisten!“ Womit auch über Frau Desmoulins das Todesurteil gefällt ist.

„Heute hast du Hochwild“, sagt ein Gendarm zu Sanson, als dieser die Conciergerie betritt. Und man erwarte den Widerstand der Verurteilten gegen ihre Hinrichtung, so wie sie ihn vor Gericht geäußert haben. So sollten sie am besten einzeln ergriffen und hingerichtet werden. Tatsächlich wehrt sich Danton mit lauter Stimme schon gegen die vorgeschriebene Verlesung des Urteilsspruches: „An deinem Urteil ist nichts gelegen! Ich will es nicht hören! Und Revolutionäre richtet die Nachwelt, sie wird meinen Namen ins Pantheon und die eurigen auf das Hochgericht setzen!“ Von Gendarmen fortgezerrt, gelangt er in das Vorzimmer. Als er den Henker erblickt, wird Danton auf einmal ruhig. Er tritt auf Sanson zu, öffnet selbst Kragen und Hemd. „Verrichte dein Geschäft, Bürger Sanson!“ Danton hat ungewöhnlich hartes Haar, wie Pferdehaar, das nur schwer abzuschneiden ist. „Das ist der Anfang vom Ende!“, mault er, „jetzt wollen sie die Volksvertreter schubweise guillotinieren, aber Übrigbleiben ist nicht

Stärke ... Frankreich wird in einer Pfütze von Blut und Schmutz erwachen." Unterdessen wird der weinende Desmoulins hereingeführt, der allerdings völlig unvermutet zu toben beginnt, seine Wächter schlägt, im Kampf seine Kleider zerreißt und nur mit Mühe beruhigt werden kann.

„Die verdammten Schafsköpfe werden rufen, wenn sie uns vorbeikommen sehen: Es lebe die Republik! Binnen zwei Stunden wird die Republik ohne Kopf sein!", schreit Danton, während sich der Karren in Bewegung setzt. „Kennt ihr mich nicht mehr?", ruft Desmoulins dem umstehenden Volk zu. „Auf meine Stimme ist die Bastille gefallen! Ich bin der erste Apostel der Freiheit! Mir zu Hilfe, Volk des vierzehnten Juli, lass mich nicht ermorden!" Die Antwort ist höhnisches Gelächter. Nun sagt Danton deutlich, was er von seinem geliebten französischen Volk hält: „Schweig doch, schweig!", fährt er Desmoulins an, „hoffst du etwa, diese gemeine Kanaille zu rühren?"

Der Weg führt an einem Café vorbei, auf dessen Fensterbrett ein Mann sitzt, der die Verurteilten zeichnet. Es ist Jacques Louis David, der „Maler der Revolution". „Du da, Knecht!", schreit ihm Danton zu, „sag deinem Herrn, wie die Soldaten der Freiheit sterben!"

Auch an Robespierres Wohnhaus kommt der Karren vorüber, das Haus seines Vermieters Duplay, in dem auch St. Just und andere Radikale wohnen. Wie auf Kommando brüllen die Verurteilten die Mauern des Gebäudes an, dessen Türen und Fenster geschlossen sind. „Robespierre!", donnert Danton: „Es ist vergebens, dass du dich verbirgst! Auch du wirst an die Reihe kommen, und der Schatten Dantons wird in seinem Grab vor Freuden beben, wenn du an diesem Platz stehst!" So laut, mal grob, mal scherzend Danton ist, so sehr ändert sich sein Verhalten, als man auf den Platz einbiegt und er das Blutgerüst sieht. Er erblasst, seine Augen werden feucht und er murmelt etwas von seiner Frau und seinem Kind.

Das Messer verrichtet seinen blutigen Dienst an diesem Tag einmal mehr mit gnadenloser Schärfe. Unter vielen anderen stirbt auch General Westermann, der einst die Frauen und Kinder der Vendée ermorden ließ. Camille Desmoulins steckt dem Henker eine Haarlocke von sich zu, die Sanson Camilles Schwiegermutter übergeben soll. Als er das bluttriefende Messer aus der Nähe sieht, sagt er: „Das ist meine Belohnung, meine Belohnung."

Dann ist Danton an der Reihe und spricht zu Sanson: „Vergiss nur nicht, meinen Kopf dem Volk zu zeigen, solche Köpfe bekommt es nicht alle Tage zu sehen!"

Als der Henker Sekunden später diesem Wunsch entspricht, sind es nur mehr sehr wenige der vielen rund um die Guillotine, die ausrufen: „Es lebe die Republik!"

Zwei Österreicher auf der Pariser Guillotine

Mit Danton und Desmoulins stirbt an diesem 5. April 1794 auch ein Brüderpaar auf dem Schafott, das aus den österreichischen Erblanden stammt, und dessen Lebensgeschichte so schillernd wie sein Ende grausam ist.

Die Revolutionschronik bezeichnet die Brüder Junius und Emanuel Frey gerne als Deutsche, die von Robespierre der internationalen Verschwörung gegen Frankreich beschuldigt wurden: „Seit den ersten Tagen der Revolution leben in Paris zwei Schurken, deren vollkommene Verstellungskunst sie zu geeigneten Werkzeugen der Tyrannei gemacht hat", wettert er gegen sie.

Der ältere, Junius, ist 1753 in Brünn als Moyses Dobruszka als Sohn eines jüdischen Tabaksteuerpächters geboren, der jüngere, Emanuel, ist einer von elf weiteren Geschwistern. Moyses soll ursprünglich Rabbiner werden, studiert aber stattdessen an der Prager Jesuitenuniversität Poetik, wo er Schüler des bekannten Professors Franz Expeditus Edler von Schönfeld wird. Dieser ist es dann wohl auch, der Moyses 1755 zum Übertritt zum katholischen Glauben bewegt. Er nimmt den Namen seines Gönners an und heißt nun Franz Thomas Schönfeld. Bald darauf zieht der junge Poet und Philosoph nach Wien um. Im Gepäck hat er ein Empfehlungsschreiben seines Professors an Kaiser Joseph II. Er wird Bibliothekar im Theresianum. Parallel dazu betreibt er Geldgeschäfte, die sich heute nicht mehr genau nachvollziehen lassen. Jedenfalls erhebt Joseph II. ihn und seine Brüder schon 1778 in den Adelsstand: aus Moyses ist Franz Thomas Edler von Schönfeld geworden – etwas, das man anderswo als Baron bezeichnet. Sein literarisches Schaffen nimmt ab, sein Reichtum zu.

Als sein Gönner Joseph II. stirbt, hält es ihn und seinen zehn Jahre jüngeren Bruder Emanuel nicht mehr in Wien. 1792 reisen sie mit ihrem gesamten Barvermögen nach Straßburg, mitten hinein in die Revolution. Dort veröffentlichen die Brüder revolutionäre Aufrufe und kaufen sich um 500 Louisdor in den Jakobinerklub ein. Sie werben in ganz Lothringen für die Revolutionsarmee und geben sich als Freigeister und Atheisten. Ihre neuen Namen: Junius und Emanuel Frey. Auch wenn sie sich bestätigen lassen, beim Sturm auf die Tuilerien dabei gewesen zu sein, traut man ihnen in Paris, wo sie sich jetzt niederlassen, nicht. Reiche österreichische Barone *müssen* Spione sein. Sie sind fortan Bankiers mit Jakobinermütze. Ihre Schwester Leopoldine ehelicht den Revolutionär François Chabot – man heiratet sozusagen in die Revolution ein. Chabot will sie zu Ehrenbürgern und Befreiern Frankreichs erklären lassen, was im Konvent durchfällt. Sie werden dem Konvent immer verdächtiger: Ihre Bank wird gesperrt, um zu ergründen, wie aus angeblich armen Flüchtlingen in kurzer Zeit reiche Bankiers werden konnten. Schwager Chabot hilft und lässt die Bank wieder öffnen, was ihn das Vertrauen des Konvents kostet.

Zur gleichen Zeit erschüttert ein Finanzskandal die Republik: Die französische Ostindienkompanie wird der Korruption bezichtigt und vom Konvent aufgelöst. Die Freys wollen allerdings einen Passus in dem Auflösungsdekret haben, in dem der freie Verkauf von Aktien der Kompanie gestattet wird. Sie beabsichtigen, die durch die Auflösung entwerteten Aktien zu kaufen und dann die Kompanie wieder aufleben zu lassen, was sie zu

Millionären machen würde. Dieser Passus geht bei der Abstimmung indes nicht durch. Kurzerhand fälschen sie ihn rückwirkend hinein. Als alles auffliegt, werden sie verhaftet und zum Bestandteil der angeblichen Verschwörung mit Danton erklärt. Der gemeinsame Weg mit Chabot und den Dantonisten ist jener zur Guillotine.

Ob die Brüder Frey nun tatsächlich aus vollstem Herzen Revolutionäre waren oder doch nur skrupellose Geschäftsleute, die an einer Krisenrepublik gut verdienen wollten, bleibt ungeklärt.

Das schreckliche Ende des Schreckens: der 9. Thermidor

Robespierre hat den Bogen überspannt. Mit seinen Vertrauten St. Just und Couthon reizt er die Macht des Wohlfahrtsausschusses über die Maßen aus. Wir erinnern uns: Mit dem Dekret vom 10. Juni 1794 hat er alle Rechtsmittel für Angeklagte abgeschafft. Nicht einmal Abgeordnete genießen mehr einen Hauch von Immunität. Das wird dem Konvent zu viel. In allen Lagern hat Robespierre sich nichts als Feinde gemacht. Bei den emigrierten Royalisten und den vertriebenen Girondisten sowieso, aber auch die Häupter der Linken hat er schließlich abschlagen lassen. Am 26. Juli 1794 hält er im Konvent eine Rede, in der er eine weitere Säuberungswelle ankündigt. Die Abgeordneten sind entsetzt. Jeder kann nun zum völlig wehrlosen Opfer werden – nicht zuletzt sie selbst! Und eine breite Front beschließt nun, die großen Drei des Terrors: Robespierre, Saint-Just und Couthon zu stürzen. Doch auch die Verhassten haben noch Anhänger. Ein Kampf kündigt sich an.

An zwei Tagen, nach revolutionärem Kalender dem 9. und 10. Thermidor des Jahres II, verfestigt sich die Anti-Terror-Koalition. Robespierre gibt sich selbstbewusst und will eine weitere große Rede halten, in der er darzulegen gedenkt, warum er kein „Tyrann“ ist. Doch es ist zu spät – er wird niedergeschrien. Fast einstimmig beschließt der Konvent die Verhaftung der großen Drei. St. Just wird festgenommen, während er – kaltblütig mitten unter seinen Feinden sitzend – Schriftstücke bearbeitet. Als sich zwischen ihm und seinen Kollegen ein heftiger Wortwechsel entspinnt, will er die angefangenen Dokumente zurückziehen. Einer reißt ihm die Papiere aus der Hand und findet sein eigenes Todesurteil darauf! Umgehend wird St. Just dingfest gemacht und man beschließt, ihn die Nacht über gefangen zu halten. Der „Erzengel der Revolution" St. Just verpflichtet sich dazu, von den Schriftstücken keinen Gebrauch zu machen.

Am Morgen jedoch, als der Konvent wieder zusammentritt, entweicht er und flüchtet ins Rathaus. Dort ist alles versammelt, was in der Schreckensherrschaft Rang und Namen hat. Robespierre zögert, die Kommune, früher seine verlässlichste Stütze, um den Konvent unter Druck zu setzen, offiziell zur Erhebung aufzurufen. Noch heute ist das Schriftstück erhalten, das er nur mit „Rob…" unterzeichnet hat. Mitten im Wort befallen ihn Zweifel, und er setzt die Feder ab: Bei allem bisherigen Terror wäre der Sturm auf den Konvent, das französische Parlament, der endgültige Bruch mit dem Rechtsstaat. Rechtsstaat?! Der Bluthund Robespierre, der so viele Menschen auf dem Gewissen hat, zögert in diesem Moment, kurz nach halb drei Uhr morgens, da seine Feinde, die ihn ergreifen wollen, bereits auf der Treppe des Rathauses sind, diesen letzten Schritt zu setzen. Späte Skrupel? Oder ein Einsehen, dass es keinen Sinn mehr hat, die wenigen Getreuen noch zur Verteidigung aufzurufen? „Es bleibt uns also nichts mehr übrig als zu sterben?", sagt Couthon, als er sieht, dass Robespierre die Feder weglegt.

„So schreibt doch", rief ein anderer!

„Aber in wessen Namen?", die historisch gewordene Antwort Robespierres. Er weiß, er und die anderen sind verurteilt, und gemäß seinem eigenen Dekret haben sie keinen Anspruch auf Rechtsschutz, auf Verteidigung, ja nicht einmal auf einen Prozess.

Wie paradox! Eine Bewährungsprobe des demokratischen Legalitätsprinzips in höchster Not, mitten in einer Szene von

Mord, Blut und Terror. Und der Beweis, dass Legalität nichts mit Menschlichkeit zu tun haben muss, dass Rechtsstaatlichkeit nicht notwendigerweise mit Frieden und gutem Leben einhergeht. Maximilien de Robespierre, der Terrorist, der Staatsverbrecher, der Schänder der Humanität, steht, ob es uns passt oder nicht, an einem Beginn des republikanisch-demokratischen Legalitätsprinzips. „Er starb als ein großer Bürger", schreibt Michelet über ihn.

Um ihn scharen sich nun seine engsten Getreuen und einige Fanatiker, die mit ihm sterben wollen.

Es gibt kaum eine Szene der Revolution, die so detailgetreu und doch so vielgestaltig und unterschiedlich beschrieben wird wie die letzten Stunden Robespierres und seiner Anhänger. Wir begnügen uns mit Streiflichtern, die wir nach über zweihundert Jahren gerade noch wahrnehmen können, und die uns nicht als Blendwerk späterer Interpretatoren erscheinen.

Ein junger Gendarm namens Merda dringt ins Innere des Rathauses vor. „Es lebe Robespierre!", ruft er. Das genügt, um ihn vorzulassen! Erst in einem menschengefüllten Gang hindern ihn die Robespierristen am Weitergehen. Er kehrt um. Der Junge kennt sich im Rathaus nicht aus. Er muss einen Vertrauensmann haben, der sich bereits im Inneren befindet – wir kennen seinen Namen nicht, die Geschichte hat ihn verschluckt –, der ihm einen anderen Weg weist. Merda klopft an die Türe der Kanzlei. Als er eintritt, sieht er fünfzig aufgeregte Menschen. Nur einer sitzt ruhig auf einem Stuhl, den Kopf nachdenklich in eine Hand gestützt: Robespierre. Es ist der Augenblick, als er gerade die Feder hingelegt hat. „Ergib dich, Verräter!", schreit Merda und setzt ihm die Säbelspitze ans Herz. „Du selbst bist ein Verräter, und ich werde dich erschießen lassen", antwortet Robespierre. Merda schlägt das Herz bis zum Hals. In der Rechten den Säbel, zieht er mit der ungeübten linken Hand eine seiner Pistolen, zielt nach rechts, um den Feind in die Brust zu treffen. Doch die Kugel fährt ihm ins Kinn und zerschmettert die linke Seite des Unterkiefers. Robespierre sinkt in seinem Stuhl zusammen. „Es lebe die Republik", schreit Merda, indes hinter ihm bereits gleich gesinnte Grenadiere in den Raum dringen. Totaler Tumult. Mehr als 50 panische Menschen in der Kanzlei, und es werden mehr. Merda hat noch eine geladene Pistole. Die schießt er auf einen Träger ab, der den querschnittgelähmten Couthon in Sicherheit bringen will. Der Träger fällt. Couthon wird an den Beinen gepackt und zusammen mit Robespierre in einen Saal gezerrt. Merda nimmt Robespierre Uhr und Brieftasche ab und wird allgemein zu seinem persönlichen Sieg über den Tyrannen beglückwünscht. Er übergibt die beiden Ohnmächtigen einer Kompanie der linksextremen „Gravilliers", jener Arbeitergarden, deren Chefs Jacques Roux und Chaumette Robespierre einst hat hinrichten lassen. Theatralisch sagt Revolutionschronist Michelet über diesen Augenblick, da es mit dem links und rechts gleichermaßen gehassten Diktator zu Ende geht: „Die klassische Revolution, die Feindin des Sozialismus und der religiösen Erneuerung, erliegt hier in Robespierre. (...) Der Götzendienst war erledigt; es hatte sich herausgestellt, dass er ein Mensch, dass er nicht wahrhaft Gott war."

Nun folgen die in solchen Situationen üblichen Selbstmorde der verbliebenen Hoffnungslosen. Wir erwähnen die Namen nur der Ordnung halber. Lebas schießt sich eine Kugel in den Kopf, Coffinhal springt zum Fenster hinaus. Robespierres jüngerer Bruder zieht sich die Schuhe aus, steigt aus dem Fenster auf die Brüstung, geht ein, zwei Minuten über das Steingesims rund um das Gebäude. Unten am Greveplatz sieht er die Kanonen, die gegen das Rathaus gerichtet sind. Alles ist zu Ende. Er springt, bleibt zerschmettert liegen, überlebt allerdings.

Couthons misshandelter Körper wird zur Seine gezerrt. Seine potenziellen Mörder zögern aber dann doch, ihn zu versenken, als der Gelähmte mit sanfter Stimme zu sprechen beginnt: „Einen Augenblick, ihr Bürger, ich bin noch nicht tot."

Robespierre liegt unterdessen schwer verletzt auf einem großen Tisch mit einer flachen Kiste als Kopfkissen in einem Saal des

Wohlfahrtsausschusses und wird von drei bis acht Uhr morgens von Aufgebrachten verspottet. Um das aus seinem verletzten Mund rinnende Blut zu stillen, gibt man ihm ausgerechnet einen Beutel in die Hand, der mit den Lilien des gestürzten Königtums und einer Widmung an Ludwig XVI. versehen ist; denn schon wird daran gearbeitet, ihn als verkappten Royalisten hinzustellen! Neue starke Männer im Konvent verbreiten außerdem, er hätte sich selbst angeschossen. Es darf eben nicht sein, dass ein kleiner Gendarm wie Merda den Tyrannen erledigt hat, und nicht einer von ihnen. Um sechs Uhr kommt ein Chirurg, zieht dem Verletzten zwei oder drei Zähne und verbindet die zerschmetterte Kinnlade. Als Robespierre danach in die Conciergerie gebracht wird, steht er bereits auf der Hinrichtungsliste für denselben Tag.

Während all dies geschieht, löst sich Paris wie aus einem Krampf. In den Gefängnissen erklingen Freudengesänge, die Menschen sinken einander in die Arme, auf den Straßen, den Plätzen, in den Kerkern. Wer jetzt noch als Robespierrist gilt, wird zum Opfer der vorerst letzten Welle der Lynchjustiz in diesem blutigen politischen Spiel.

Zu viel Blut ist schon aus den Zeilen geflossen, machen wir es deshalb kurz.

21 werden noch am selben Tag, 83 an den folgenden Tagen hingerichtet.

Von fünf bis sechs Uhr nachmittags bewegt sich der Kondukt der Karren mit Schwerverletzten, Sterbenden, aus vielen Wunden Blutenden zum Richtplatz. Der Tumult rund um sie ist ungeheuerlich. Die Menschen ringsum schreien ihre Freude über das Ende des Terrors heraus, sie speien den verhassten Anhängern Robespierres ihre Verachtung ins Gesicht. Dieser selbst ist dick eingebunden, eine feste Kompresse stützt die zerschmetterte Kinnlade, die zusammen mit einer dicken Binde unter dem Kopf hochgebunden ist. Gendarmen reiten dem Karren zur Seite, stimmen in die Verwünschungen mit ein und zeigen der Menge mit den Degenspitzen die Verurteilten, die ja im vormedialen

Zeitalter kaum wer im Volk von Angesicht kennt. „Dieser ist Couthon! Und dieser hier der Robespierre!“, schreien sie. Als sie am Wohnhaus Robespierres vorbei kommen, hält der Zug, und in einem Teufelstanz drehen sich die Fischweiber, verspritzt ein Kind mit einem Besen Ochsenblut auf das Haus ... Robespierre schließt die Augen. Er, der gesät hat, erntet jetzt im Übermaß. Der mit ihm fahrende Sanson vermeint Tränen in seinen Augen zu erkennen. Am Abend desselben Tages wird Robespierres Vermieterin, die alte Duplay aus dem Gefängnis gezerrt, erwürgt und an einer Gardinenstange aufgehängt werden.

„Steig zur Hölle, Verbrecher, beladen mit dem Fluch aller Gattinnen und Mütter!“, faucht eine Frau und hängt sich geradezu an den Karren ...

Auf dem Blutgerüst reißt ein Gehilfe Sansons dem Todgeweihten unter dem Geschrei der Menge den Verband ab. Der Schmerz ist so entsetzlich, dass Robespierre einen schrecklichen Schrei ausstößt. Jede Farbe weicht aus seinem Gesicht, der Mund öffnet sich weit, Zähne fallen heraus, Blut quillt ihm aus dem Gesicht. Eilig stoßen sie ihn auf das Brett, nach kaum einer Minute fällt das Messer. Sansons Enkel wehrt sich noch viele Jahrzehnte danach gegen den Vorwurf, sein Großvater habe den Verwundeten unnötig quälen wollen: „Charles-Henri Sanson dachte allein daran, den Todeskampf derjenigen, deren Tötung das Gesetz ihm befahl, so schmerzlos wie möglich zu machen. Die Wunde Robespierres wurde durch eine breite Kompresse geschlossen. Ein doppelter Leinwandverband umhüllte die Stirn und den Nacken und hielt das ganze Verbandszeug fest. Ihn unter diesen Umständen hinzurichten, wäre entsetzlich gewesen; und ich habe genügend Grund zu behaupten, dass, so groß auch der Schmerz des Unglücklichen gewesen sein mag, er notwendig war, um ihm noch viel schrecklichere Leiden zu ersparen, und dass man nur tat, was die Menschlichkeit zu tun gebot.“

Menschlichkeit.

Ja, tatsächlich war die Zeit des Zungenherausreißens und Handabhackens vorbeigegangen. Die Tötung durch das Gesetz war mit der Französischen Revolution in ein neues Stadium getreten. Sie war „fortschrittlich“ geworden. Ähnlich wie in einer ganz anderen, früheren Zeit der „Hexenhammer“, der uns heute als fürchterliches Dokument der Grausamkeit in der Verfolgung von Hexen und Zauberern gilt, den Wildwuchs der Lynchjustiz eingedämmt hatte, sollte die industrielle Tötung von Staatsfeinden durch die Guillotine eine Form moderner Legalität herstellen, mit der wir im Prinzip noch heute leben. Was wir wohl davon zu halten haben?

Ausgewählte Literatur:

Georg Büchner, Dantons Tod, Stuttgart 1983.

Gerald Grassl (Hrsg.), Zum Schwarzen Mohren, Wien 1994.

Dieter Gutsmann/Heinrich Schuschnigg (Hrsg.), Von der Humanität zur Bestialität. Eine Bilanz der Französischen Revolution, Wien/München 1989.

Joachim Leithäuser, Voltaire. Leben und Briefe, Essen o. J.

Jules Michelet, Geschichte der Französischen Revolution, 10 Bde., Wien/Hamburg/Zürich o. J.

Alfred Plischnack, Napoleon vor Wien. Quellen und Augenzeugenberichte, Wien 2000.

Henri Sanson, Der Henker von Paris. Aus den Memoiren des Henri Sanson, Wiesbaden/Berlin o. J.

Günther Steinbach, Schicksalstage Europas, Wien 2002.

Hannes Stekl, Unterschichten und Obrigkeit im Wien des ausgehenden 18. Jahrhunderts, in: Richard Georg Plaschka et al. (Hrsg.), Österreich im Europa der Aufklärung. Kontinuität und Zäsur in Europa zur Zeit Maria Theresias und Josephs II., Wien 1985, S. 291 ff.

Bernard Vinot, Saint-Just, Stuttgart 1989.

Robert Widl, Marie Antoinette und die Französische Revolution, Mühlacker 2001.

Tödliches Österreich

Gerne hatte Onkel Willy die Geschichte erzählt. Oft und oft hatten wir sie gehört, ehe Onkel Willy für immer verstummte und wir sie einander selbst erzählen mussten.

Der Schah war begeistert gewesen, schilderte Onkel Willy. Unbedingt hatte der Staatsgast bei seinem längeren Besuch in Österreich-Ungarn einer Hinrichtung beiwohnen wollen. Weithin erzählte man sich Wunderdinge von der Effektivität der österreichischen Scharfrichter. Und so hatte man den persischen Herrscher samt seiner Entourage in Wien zur Exekution eines Verbrechers gebeten.

Der Perser war hingerissen. Der feierliche Ernst, die dunkelgekleideten würdigen Männer, die ruhig und besonnen ihres Amtes walteten – ganz anders als daheim im Morgenland. Und wie reibungslos das vonstatten ging! Rauf auf den Galgen, ein kurzer Ruck – bekam der Delinquent überhaupt mit, dass er starb?

Der Schah klatschte vor Freude in die Hände. Das wollte er gleich ein zweites Mal erleben. Suchend ließ er seine Augen herumwandern, bis sein Blick auf den Protokollführer der Hinrichtung fiel. Der war wohl am verzichtbarsten, dachte der Schah, weder eine Person von Stand noch einer der Henker. Schon zeigte er auf den Mann und äußerte den dringenden Wunsch, an diesem die schöne Zeremonie noch einmal vollzogen zu sehen. Das biedere, aber keineswegs tapfere Schreiberlein erblasste und flüchtete panisch auf und davon …

An dieser Stelle der Erzählung, von der wir bis heute nicht wissen, ob sie mehr des teuren Verwandten Fantasie oder der Realität entwachsen ist, pflegte Onkel Willy sich prustend vor Lachen auf die Schenkel zu schlagen.

Weniger erbaut (gewissermaßen„not amused“) war mehr als 150 Jahre zuvor Maria Theresia gewesen, als sie von ihrer Kalesche aus ständig Verbrecherleichen erblicken musste, da sie von ihrem Lustschloss „Favorita“ über den Wienerberg nach Schönbrunn fuhr. Dort, damals weit außerhalb der Stadt bei der „Spinnerin am Kreuz“, im heutigen zehnten Wiener Bezirk Favoriten, waren die Galgen errichtet, an denen die Körper der Hingerichteten längere Zeit hängen gelassen wurden. Kurzerhand ließ die Herrscherin die Galgen entfernen, denn es war alles andere als erbaulich, die Ergebnisse der eigenen Gerichtsbarkeit bei Lustfahrten vor der Nase baumeln zu haben. Nun musste das „Wiener Hochgericht“ am Rabenstein im heutigen 9. Stadtbezirk, das dort bereits seit 1311 bestand, bedeutend vergrößert werden.

Gehenkt wurde da grundsätzlich noch immer auf der Basis der Peinlichen Gerichtsordnung Kaiser Karls V. aus dem Jahr 1532, der „Constitutio Criminalis Carolina“. Darin waren vor allem jene Taten, die Gottes Schöpfungsplan durchkreuzten, mit der Todesstrafe belegt, also Mord, Ehebruch, Blasphemie, Magie und Sodomie, denn „wer gegen das Naturrecht sündigt, hat Gott selbst beleidigt.“ Die „Carolina“ sollte der Willkür ein Ende bereiten, die nur zu oft die armen Teufel der Landstraße traf, wandernde Juden, Zigeuner, Gaukler, Wallfahrer und anderes fahrendes Volk, also Fremde, die man gerne einmal auf Verdacht hin aufknüpfte. Private Rache, noch im Mittelalter legitimer Bestandteil von Strafverfahren, wurde ausdrücklich aus der Rechtssprechung verbannt. Das Maß an Schuld, die ein Mensch auf sich geladen hatte, wurde peinlich genau in verschiedene Tötungsarten umgelegt …

Alles schön nach Vorschrift: die „Constitutio Theresiana"

Etwas mehr als 20 Jahre nach der Entfernung der Galgen von der „Spinnerin am Kreuz", 1769, trat die „Constitutio Criminalis Theresiana" in Kraft. Wie für viele bahnbrechende Werke der juristischen Literatur gilt auch für die „Theresiana" die Regel, dass hier etwas festgeschrieben wurde, was die Nachgeborenen schlicht schaudern lässt. Schon Zeitgenosse Anton Fürst von Kaunitz, der große Aufklärer, bemängelte, dass in dieser Gesetzes- und Exekutionsordnung neben dem „crimen magiae", also dem damals schon von den meisten Juristen als nicht mehr „zeitgemäß" angesehenen Delikt „Zauberei", noch immer die Tortur festgeschrieben war, und damit die Folter im Dienste der „Wahrheitsfindung". Und das, obwohl sich in diesen Jahren bereits die Erkenntnis durchgesetzt hatte, dass unter Qualen kaum ein aussagekräftiges Geständnis zustande kommen konnte. Die Folter, vor allem in ihrer schweren Form, war damals nicht mehr allgegenwärtiger Bestandteil geübter Rechtspraxis, sondern eher die Ausnahme.

Schon vor der „Theresiana" gab es Regeln für die Tortur, die nicht immer gesetzlich festgelegt waren, dafür aber in blutiger Tat erprobt. Normalerweise begann sie am Morgen vor dem Frühstück. Denn nach einer Mahlzeit musste mit der Folter fünf bis sechs Stunden zugewartet werden, „bis die Speise verdaut worden ist, damit kein Erbrechen oder andere Ungelegenheit" auftrat, wie es in einer Vorschrift aus Tirol heißt. Dort durfte auch an Sonn- und Feiertagen nicht gefoltert werden.

Was der Scharfrichter zu tun hatte, war nun in der „Theresiana" in Kupferstichen penibel dargestellt. Hofbuchdrucker Trattner hatte seinen Bestseller, denn die Menschen kauften gern und genossen die Bilder der Daumenschrauben, Streckungen, Hautverbrennungen, Schraubstiefel und des Aufhängens in vielerlei Art, wie der humanistische Autor Hans Bankl tadelnd bemerkt. Er hält es für blanken Zynismus, dass es in der „Theresiana" in Artikel 38

§ 12, 3 heißt, dass „allzeit ein Leib-(A)rzt, und wenn es nicht sein könnte, wenigstens ein geschickter Wundarzt zur Beobachtung und Hilfeleistung des Gepeinigten zugezogen werden solle." Das hieße nichts anderes als Folter unter ärztlicher Aufsicht, damit die Tortur möglichst lange ausgedehnt werden könne, meint Bankl. Der Folterkeller der Maria-Theresianischen Justiz befand sich im Haus Rauhensteingasse 933 (heute Nr. 10), wo eine Zeit lang auch der Scharfrichter wohnte. Nicht sehr vertrauenerweckend wirkt auf uns heutige die „Straferleichterung", einem Delinquenten auf dem Scheiterhaufen einen Beutel mit Schießpulver um den Hals zu hängen, das dann explodierend den Flammentod abkürzen sollte. Was Bankl als persönlichen Zynismus der Monarchin einstuft, entspricht allerdings durchaus den Standards der Zeit; ebenso wie die wohl grausamste, in der „Theresiana" enthaltene Strafe, die wir so ähnlich bereits in Frankreich kennengelernt haben:

„Urtheil auf Viertheilung mit Verschärffung, wenn die Umstände des Verbrechens sehr groß, zum Beyspiel ein Hochverrath, und sonderlich wider die Mörder der schwangeren Weiber.

Der N. solle auf die gewöhnliche Richtstatt geführet, ihme alldorten anfangs wegen der begangenen unbarmherzigen That sein lebendiges Herz herausgenommen, um das Maul geschlagen, sodann der Leib in 4. Theile zerschnitten, und die 4. Theile an 4. Strassen, absonderlich aber das Haupt, Herz, und rechte Hand zusammen männiglich zum Abscheu aufgehenkt, und aufgestecket werden."

Auch wenn diese und andere verschärfte Strafen wie das Herausreißen der Zunge oder der Brüste (bei Frauen) in den österreichischen Erblanden kaum vollzogen wurden, formierte sich dennoch schon damals Widerstand dagegen.

Vor allem Ferdinand Leber, 19 Jahre lang aufsehender Mediziner und Folterarzt, versuchte, obwohl für Aufbegehren dieser Art Gefängnis drohte, ein Gutachten gegen die Tortur zu erstellen. Als einem Delinquenten während der Folter ein Arm ausgerissen wurde, konnte Leber dem damals mit seiner Mutter regierenden Kaiser

Joseph II. sein Gutachten darüber zustellen, das den Umschwung brachte. Leber wurde kaiserlicher Leibchirurg und geadelt.

Einen Verweis erhielt hingegen der Wiener Universitätsprofessor Joseph von Sonnenfels, nachdem er eine Schrift gegen Folter und Todesstrafe anonym in der Schweiz veröffentlicht hatte.

Später Triumph für die beiden war dann, dass Joseph II. am 23. Dezember 1775 die „peinliche Frage", wie die Tortur auch genannt wurde, aufhob. Was letztlich blieb, war die Todesstrafe. Bis 1781. Da erließ Joseph II. dann das „Patent über die Bestrafung der Untertanen", in dem die Todesstrafe außer im standrechtlichen Verfahren nicht mehr vorgesehen war. Dafür enthielt die neue „Josephina" Strafen wie Prügeln, Brandmarken, In-Ketten-Schmieden und das berüchtigte und faktisch tödliche „Schiffsziehen" in Ungarn für alle zu hartem Gefängnis Verurteilten, „sie mögen ihrer Gesundheit nach hierzu taugen oder nicht." Von den 1173 in den Jahren 1784 bis 1789 dazu Verurteilten kamen 721 bis zum Jahr 1790 ums Leben, rechnet Anna Ehrlich vor und zitiert einen Bericht:

„(da) die vorher ausgemergelten, vom Hunger ausgezehrten Verbrecher (…) in Reihen vor die Fahrzeuge gespannt, oft über den halben Leib oder bis an den Hals unter Wasser, Moräste durchwaten und zugleich unausgesetzt arbeiten müssen."

„Nicht wirklich gesünder als der Galgen", dachten schon so manche Zeitgenossen …

War in der „Theresiana" bei aller Brutalität zu den Motiven „Abschreckung" und „Schutz der Allgemeinheit" vor dem Verbrecher noch die „Besserungsabsicht" getreten, war die „Josephina" eigentlich ein bloßes Rationalisierungsprogramm, in dem die Abschreckung oberstes Gebot war, wie die Juristin und Historikerin Anna Ehrlich trefflich analysiert. Und einen besonders frechen Raubmörder ließ der Kaiser ja dann doch hinrichten: den liederlichen Franz de Paula Zaglauer von Zahlheim. Dieser Nichtsnutz aus gutem Hause hatte seiner Geliebten die Kehle durchgeschnitten und sie beraubt. Extra für ihn führte Joseph II. die Todesstrafe für einen Tag, den 10. März 1786, wieder ein, an dem Zahlheim mit glühenden Zangen gemartert und dann am Hohen Markt gerädert wurde.

Angeblich soll Kaiser Joseph II., wie es so seine Art war, inkognito den arbeitslos gewordenen Wiener Henker Johann Hamberger besucht und getröstet haben. Dieser Schmerz währte aber ohnehin nicht ewig, denn Josephs Nachfolger führten die Todesstrafe 1795 wieder ein …

Eine der ältesten und somit „populärsten" Richtplätze Wiens, auf dem auch besagter Zahlheim umkam, befand sich am „Rabenstein" nahe des Donauarmes bei der Roßau, nicht unweit der heutigen Kreuzung von Berggasse und Porzellangasse. Vom Mittelalter bis 1850 wurde hier gehängt, geköpft, gerädert und gebrandmarkt. Danach wurde der Richtplatz abgetragen – fürwahr blutiger Boden!

Hans Veigl berichtet, dass neben den „Raben", also den Totenbestattern, die „Heher", „Freymänner" oder „Züchtiger", wie man die Scharfrichter auch nannte, noch im Mittelalter wie fast überall so auch in Wien nicht wirklich angesehen, ja verachtet waren und gemieden wurden. Ihre scharlachroten Umhänge waren in der mittelalterlichen Farbenlehre und Symbollogik für die Zeitgenossen ein Signal, um diese Menschen einen großen Bogen zu machen. Im Wirtshaus war für den Henker ein eigener, abseitiger Tisch vorgesehen, oft in einem Erker eingelassen. Was Wunder, dass man sich nicht gerade ins Amt des Henkers drängte. Zeitweilig blieb Wien überhaupt ohne Scharfrichter. 1485 stand man vor dem Problem, fünf zum Tod Verurteilte zu haben, aber keinen Henker. Wo kein Freymann, dort keine Hinrichtung. Keiner wollte sich melden. So kam man auf die Idee, die Fünf würfeln zu lassen. Der Gewinner sollte die anderen mit dem Schwert hinrichten, eine schwere Aufgabe, die dieser aber, wie der Wiener Feuilletonist Friedrich Schlögl im 19. Jahrhundert vermutet, mit Freuden vollführt haben wird, „wurde ihm doch, als er mit den vier Maleficanten fertig gewesen, das Leben geschenkt, und konnte er frei nach Hause gehen."

Dann folgten wieder Zeiten, in denen das „Blutgeld“ besonders begehrt war und sich gleich mehrere Aspiranten in das scharfrichterliche Amt drängten. Einmal schien es besonders schwierig, die richtige Wahl zu treffen. Gleich drei fähige Konkurrenten ritterten um die Scharfrichterstelle. Einer von ihnen schlug vor, seine Geschicklichkeit an einem verurteilten Delinquenten vorzuzeigen, die anderen beiden sollten dicht danebenstehen und ihn kontrollieren. Er zog dem Unglücklichen einen Kreidestrich um den Hals und kündigte an, diesen mit einem Hieb zu durchschlagen. Zitternd wie fast alle Verurteilten, kniete der Todeskandidat vor dem Henkersaspiranten. Dieser hob das Schwert. Wuchtig sauste es nieder. Der Streich gelang, und der Kopf fiel. Doch im selben Augenblick wandte sich der meisterliche Schwertführer zu seinen Konkurrenten um und – schlug auch ihnen die Köpfe ab! Kryptisches Mittelalter: Er bekam die Stelle, da er tatsächlich den Kreidestrich getroffen hatte. Was er danach getan hatte, schien dagegen unwichtig, imponierte sogar möglicherweise den Stadtherren …

Denn wehrhaften Mut brauchten die Scharfrichter von Wien! Als einer von ihnen bei einer Enthauptung stümperte, wurde er von der umstehenden Menge ergriffen und selbst getötet! Deshalb rief die Stadt vor jeder Hinrichtung fortan den „Freymann Frieden“ aus, der jede Gewalt gegen den Scharfrichter unter Strafe stellte.

Schon vor der „Theresiana“ gab es auf österreichisch-erbländischem Boden außer der im ganzen Deutschen Reich geltenden „Carolina“ Regelwerke, wie etwa die „Ferdinandea“. Darin war zum Beispiel festgeschrieben, dass in Österreich männliche Delinquenten auf alle denkbaren Weisen hingerichtet werden könnten, Frauen hingegen immer enthauptet werden müssten. Der Grund? Tradition! Das „Viertheilen/Radbrechen und Hencken der Weiber“ sei im Herzogtum Österreich unter der Enns ganz einfach nie gebräuchlich gewesen. So streng waren dort die Bräuche. „Frau“ war also eine eigene Kategorie, wobei bei Männern stärker differenziert wurde. Der Stand war egal, nicht aber die Religion. Christen sollten am Galgen enden, Juden hingegen am sogenannten „Schnellgalgen". Auch Ertränken, Lebendbegraben, Pfählen und Aufspießen kannte die „Ferdinandea", desgleichen die Verstümmelung der Leichen besonders perfider Krimineller, sogenannter „Malefizverbrecher".

Die Hinrichtung stand allgemein ersichtlich am Ende des begangenen Verbrechens und wurde noch nicht hinter Gefängnismauern versteckt, wie die Wiener Historikerin Andrea Griesebner anmerkt. Daher auch die damit und mit dem vorhergehenden Prozess verbundenen Rituale. Nach dem öffentlichen Geständnis der Missetat brach der Richter den Stab über dem Delinquenten und übergab ihn dem Freymann zur urteilsgemäßen Hinrichtung. Bestritt der Verurteilte die Tat, konnte die Hinrichtung nach dem Ermessen der Richter verschoben werden. Wie auch immer trugen die Kosten des Verfahrens die Delinquenten selbst – außer sie waren pleite, dann zahlte das Landgericht.

Etwas ausgetüftelter war da schon die „Theresiana". In geheimen Anmerkungen hielt sie nicht nur die schon erwähnte Gnade des Pulversäckchens bei Verbrennen fest, sondern auch die diskrete Erdrosselung eines von unten nach oben zu Rädernden. Für das staunende und erschauernde Volk sollten diese brutalsten Strafen am lebendigen Leib des Verurteilten ablaufen und so ihre abschreckende Wirkung voll entfalten. Insgeheim gestand die „Theresiana" aber den armen Sündern die allerletzte Gnade eines vorzeitigen Todes zu. Zynismus, meinte 250 Jahre danach Autor Hans Bankl, und nicht nur er. Nun ja, menschliches Mitgefühl ging auch im 18. Jahrhundert seltsame Wege.

Häufig wurde die Todesstrafe in Zwangsarbeit und Militärdienst umgewandelt. Und die Landrichter aßen selbst in brutal anmutenden Zeiten nicht so heiß wie die Gesetzgeber kochten.

Malefizpersonen und die Lästerung von Gott und Leben

Gotteslästerung, Blasphemie galt bis ins 18. Jahrhundert in christlichen Ländern als eines der schlimmsten Verbrechen überhaupt – ein todeswürdiges Malefizdelikt!

1763 torkelt der 24-jährige Perchtoldsdorfer Knecht Johann Steinzer betrunken vom Rodauner Kirtag heimwärts und verharrt im Rausch vor der Brückenfigur des Heiligen Nepomuk. „Warum gehst Du nicht weiter, Bursche?", lallt er weithin hörbar der Steinfigur entgegen und schlägt schließlich mit seinem Stock auf die Statue ein. Anklage: „Blasphemia verbalis et realis". Urteil: Freispruch. Steinzer sei unter Alkoholeinfluss gestanden, außerdem habe er, wie ein Zeuge aussagt, *„von einem weibsbild auf den kopf schon vor einigen jahren eine contusion überkommen"*. Und dieser Schlag auf den Schädel habe ihn anfällig für Alkoholismus gemacht. Es ist übrigens die Zeit, in der im ebenfalls katholischen Frankreich wegen Blasphemie fleißig Hände abgehackt, Zungen herausgerissen und lebende Körper verbrannt werden …

Ungleich tragischer ging der Fall einer Kindermörderin, ebenfalls in Perchtoldsdorf, aus. Am 18. Juli 1719 schneidet die 27-jährige Anna Maria Umgeherin dem 20 Monate alten Sohn einer ihr im Grunde unbekannten Frau *„mit einem Taschenmesser, sonsten sogenanter Taschenfeidl"* die Kehle durch. Die Begründung für diese so brutale wie gänzlich sinnlose Tat hört sich durch die Störgeräusche der Jahrhunderte, die dazwischen liegen, schier unglaublich an.

Sie hätte als Magd keine Dienststelle bekommen, so die Umgeherin im Verhör, und ihr Mann sei ihr sechs Monate zuvor *„durchgegangen"*. Deshalb sei sie lebensmüde geworden, und in ihr wäre der Wunsch entstanden, aus dem Leben zu scheiden, *„den sie seye ihrem leben ganz feindt."* Sie habe daraufhin ihr Gebet nicht mehr ordentlich verrichtet, weshalb der *„Böse Feind"*, also der Teufel, von ihr Besitz ergriffen habe. Nun habe sie *„lieber ein anderes als sich selbsten umbringen wollen, damit sie noch die Hofnung habe, zue der Gnad Gottes gelangen zu können."*

Unfassbar? Nach der christlichen (übrigens katholischen wie protestantischen) Moral der Zeit schlüssig: Einen Selbstmord kann man nicht mehr beichten – das Himmelreich bleibt verschlossen.

Für den Mord an einer anderen Person hingegen kann man die Absolution, in der protestantischen Welt wenigstens eine Art von rückwirkender Gnade erringen – das Himmelreich öffnet sich.

Anna Maria Umgeherin bittet das Gericht, *„mann möchte sie nur mit dem Leben nicht verschonen."* Eineinhalb Monate nach der Tat, am 30. August 1719, wird ihrem Wunsch entsprochen. Anna Maria Umgeherin wird auf der Richtstatt zuerst die Hand, dann der Kopf abgeschlagen. Die Hand wird an den Pranger genagelt.

Ein schreiendes Beispiel für die bittere Not der besitzlosen Menschen dieser Zeit und ein Dokument, wie und woran damals geglaubt wurde. Für „Kindsvertuung", also Abtreibung, wurde am selben Ort wenige Jahre später gerade noch „nur" die Arbeits- und Schandstrafe sowie die Abschiebung verhängt.

In Wien gewährten derweilen bestimmte Resolutionen den Freymännern großzügige Zuverdienste und Taxen. Den Hundefang und die Abdeckerei erlaubte man ihnen als kleines Nebenbei sowie den Verkauf kleiner Galgenstrickstücke als Glücksbringer. 1773 regulierte die fürsorgliche Maria Theresia die Einkünfte der Henker in einer „Taxordnung", die 95 Posten enthielt, die zu verrechnen waren. Das Abhauen der Hand brachte 30 Kreuzer, das „Einschrepfen der Relegationsbuchstaben und Einreiben derselben mit Pulver" 45 Kreuzer, die Aufnagelung des Kopfes an das Rad 15 Kreuzer. „Für das Verbrennen einer lebendigen Person (wenn diese Person vorher zu erdrosseln ist, für das Erdrosseln nichts)" gab es die stolze Summe von 5 Gulden. „Für das Verbrennen oder Vertilgen einer verzweifelten Person", also die Flammenstrafe bei lebendigem Leibe, winkte der Höchstsatz von 10 Gulden und 30 Kreuzern. Zungenausreißen brachte einen Gulden, lebendiges Vierteilen 5 Gulden und „das Einschlagen eines Pfahles durch das Herz der enthaupteten Kindsmörderin" einen Gulden.

In Wien walteten wahre Meister ihres Faches. Die Henkersdynastie der Familie Schrottenbacher arbeitete von 1550 bis 1802 in der Stadt! Der letzte Schrottenbacher verkaufte in diesem Jahr nach dem vorzeitigen Tod seiner vier Söhne und potenziellen Amtsnachfolger resigniert seine Konzession um zweitausend Gulden an seinen Assistenten Johann Georg Hoffmann. Dieser grundgütige Mann erfreute sich allgemeiner Beliebtheit und war für seine schonende Art im Umgang mit seinen Opfern bekannt. Die Hinrichtungskiebitze pflegten mit der Uhr in der Hand die neuesten Hoffmann'schen Zeitrekorde der Tötung zu überprüfen.

Peinliche Pleiten

Doch auch einem Meisterhenker wie Hoffmann zitterten mitunter die Hände; als er nämlich eines Tages seinen ältesten und besten Freund, den „Stockerauer Wirt" hinrichten musste, der Falschgeld produziert und in Umlauf gebracht hatte. Die Chronik vermerkt, dass die Tötung schließlich *„dank gütigem Zuspruch des Delinquenten gelang."*

Eine merkwürdige Panne passierte 1663 dem Scharfrichter Othmar Krieger im Tiroler Pustertal.

Der aus Hall gebürtige Thomas Hanns hat die Wirtschafterin des Schlosskaplans von Heinfels getötet und den Kaplan durch mehrere Messerstiche schwer verletzt. Aufs Rad mit ihm, lautet das Urteil!

Am 27. Juli 1663 wird Thomas Hanns zur Richtstatt nach Klettenheim geführt. Der Henker hat ihn bis auf das Hemd ausgezogen und ihm als zweites Kleidungsstück noch das geweihte schwarze Skapulier gelassen, das ihm ein Mönch quasi als Bußgewand angezogen hat. Das ist jener breite Tuchstreifen, den manche Mönchsorden tragen und über Brust und Rücken bis zu den Füßen herab reicht.

Nun legt der Freymann den Delinquenten mit dem Rücken auf die dreischneidigen, mit langen Nägeln angehefteten „Zwangshölzer", die einem Rost gleichen. Hände und Füße werden mit starken Stricken angespannt. Anschließend hebt der Henker das gewaltige Rad und stößt es auf den so gefesselten Körper nieder.

Erster Stoß auf den Arm. Zweiter Stoß auf den Arm. Dritter, vierter, fünfter Stoß auf die Herzgegend. Und da passiert das Wunder. Es passiert nämlich nichts!

Um Thomas Hanns schneller zu Tode zu bringen, hat Henker Othmar Krieger ihm einen dicken eisernen Nagel *„unter dessen Herz"* gelegt, wie ein Chronist bemerkt, wohl unter den Rücken, damit er die Leiden des Gemarterten verkürze. Er bleibt wirkungslos. Und auch die weiteren vorgeschriebenen sechs Stöße mit dem Rad auf den Unterleib und die Beine haben ebenfalls keine Wirkung. Der Henker ist ratlos, der Landrichter wütend. Die Hinrichtung mit dem Rad ist vorschriftsmäßig abgelaufen, die Strafe vollzogen, der Delinquent allerdings am Leben. Der Landrichter lässt den Thomas Hanns auf ein anderes Rad binden, dieses an einen Pfahl binden und so öffentlich „ausstellen". Barmherzige Mönche nehmen ihn ab und versorgen ihn. Hanns klagt zwar über großen Durst und Schmerzen, aber bis auf ein gebrochenes Schienbein und ein paar blaue Flecken ist er unverletzt. „Ein Wunder!", schreit das Volk! Kein Wunder, sagt die Landesregierung in Innsbruck, denn rasch wird klar, dass das Skapulier das Eindringen des Nagels in den Körper verhindert hat. Trotzdem begnadigt man den Verurteilten, der „nach allgemeinem Dafürhalten durch ein Mirakel" am Leben erhalten wurde. Denn das Volk soll weiter an Wunder glauben, was in der katholischen Gegend nur Vorteile bringt. Das ist schon das verlängerte Leben eines Mörders wert. Der Scharfrichter aber erhält den dringenden Auftrag, künftig *„den Malefikanten die geweihten Sachen"* vor der Hinrichtung abzunehmen. Thomas Hanns tritt dann übrigens selbst dem Servitenorden bei und wird Mönch.

Überhaupt dürften die Tiroler Henker keine sehr glückliche Hand gehabt haben. Im Jahr 1700 brauchte der Meraner Scharfrichter Johann Peter Vollmar bei einer Enthauptung ganze fünf

Streiche, was nicht nur dem Delinquenten unsagbare Pein brachte, sondern das Volk auch ergrimmte. Vollmar mied in diesem Jahr die Gegend und ließ sich von seinem Kollegen aus Hall vertreten.

Viele Geschichten von Pleiten, Pech und Pannen wären noch zu erzählen: Von dem Jacob Summerer, der 1719 in Innsbruck als Dieb gehängt wurde, dessen Strick riss und vom Kaiser zu fünf Jahren auf der Ruderbank begnadigt wurde. Summerer gelang es, vom Schiff zu fliehen und trieb sich danach als Räuber in den Wäldern herum.

Oder die Geschichte des nervösen Henkers Johann Jakob Abrell, der 1739 am Innsbrucker Köpfplatzl einen Verbrecher *„ganz unvollkommen mit dem Schwert hingerichtet"* hat, da sich Medizinstudenten und Schüler des Jesuitengymnasiums so eng um ihn und den Delinquenten drängten, dass der Scharfrichter mit dem Schwert nicht richtig ausholen konnte – so groß war das anatomische Interesse der Studenten an der Zerteilung eines lebenden Körpers …

Von der Geschicklichkeit des Henkers hing also viel ab – vor allem natürlich für den Delinquenten, aber auch für den Professionisten selbst. Der gute Abrell wurde wegen seines Stümpertums in mehreren Fällen ohne Pension entlassen.

Die harte Hand der Obrigkeit im 19. Jahrhundert und die Gnade des Kaisers

Gemeines Verbrechen hin oder her – Kaiser Franz Joseph I. pflegte im 19. Jahrhundert zum Tode verurteilte Frauen grundsätzlich zu begnadigen und bei den allermeisten Männern ebenso Milde walten zu lassen. So gingen die Freymänner von Prag und Wien, Swoboda und Willenbacher, um 1870 gar in Konkurs! 1867 diskutierte der Reichsrat gerade die Abschaffung der Todesstrafe, als ein besonders perfider Mordfall durch die Gazetten ging: Der Schlossergeselle Adalbert Troll und seine Freundin

Katharina Petrsilka hatten ihre junge Nachbarin Elise Kolb grausam ermordet und beraubt. Die öffentliche Meinung schlug um, und der Reichsrat behielt die Todesstrafe bei.

Was aus einem Begnadigten werden konnte, zeigte das Beispiel Karl Zeitlers, der 1883 wegen Mordes an seinem Mitbewohner zum Tod verurteilt worden war. Der Kaiser begnadigte ihn zu lebenslangem Zuchthaus. Von dort wurde er 1908 entlassen. Ein Jahr später versuchte er, seine Zimmervermieterin zu ermorden – also zurück ins Zuchthaus. In der Ersten Republik kam Zeitler erneut frei. Als alter Mann warf er 1925 ein 18 Monate altes Kind aus Rache in die Donau, da er eine Rechnung mit dessen Vater „begleichen" wollte ... Ein Fehlurteil aus der Sicht der Todesstrafen-Befürworter?

So gnadenreich der Kaiser hier handelte, so unerbittlich schlug das Gesetz bei politischen Verbrechern zu. Der Schneidergeselle János Libényi etwa, der 1853 ein Attentat auf den jungen Kaiser verübt hatte, wurde öffentlich durch den Strang hingerichtet, obwohl Franz Joseph I. dies ausdrücklich nicht gewünscht hatte.

Einen gemeinen Mörder, Kindsverderber oder Großkriminellen hinzurichten ist eine Sache, einen politischen „Verbrecher" zu henken eine andere. Der bekannt geschickte, aber hochsensible Wiener Henker Johann Georg Hoffmann II brach bei einer politischen Exekution fast zusammen, als er Cäsar von Bezard strangulieren musste. Dieser Assistent der Lehrkanzel für Mechanik am Polytechnikum hatte im Gefolge Kossuths, des Anführers der ungarischen Nationalbewegung, das Delikt des Hochverrats begangen.

Kaltblütiger handelte das Erschießungskommando, das am 9. November 1848 auf den Abgeordneten zum deutschen Nationalparlament, Robert Blum, feuerte. Und das kam so:

Er zählt zu den eifrigsten politischen Agitatoren, deren seine Zeit so reich ist.

Robert Blum, feingeistiger Literat und Theatermann aus Köln, gehört zu den geistigen Führern jener liberal bis demokratischen

Bewegung gegen Fürstenwillkür und für ein einiges Deutschland, die im Jahr 1848 in einer Revolution mündet. Blums revolutionäre Gesinnung geht sehr in die Tiefe. Er sieht nicht nur das Volk als den Souverän einer freien Republik, sondern gründet auch eine „deutsch-katholische" freireligiöse Bewegung. Im Frankfurter Vorparlament führt er einen Teil der extremen Linken an, den sogenannten „Deutschen Hof", dem er auch in der Nationalversammlung in der Frankfurter Paulskirche angehört, dem ersten gesamtdeutschen Parlament.

Die Keimzelle des deutschen Parlamentarismus kennt zu diesem Zeitpunkt eines noch nicht: die Immunität ihrer Abgeordneten. Das wird sich für Blum als tragisches Versäumnis erweisen.

Auch in Wien ist Revolution. Seit März 1848 befindet sich die Stadt in der Hand der Aufständischen, die eine konstitutionelle Monarchie mit Verfassung wollen, oder gleich eine Republik, aber zumindest ein großes, liberales Deutsches Reich unter Einschluss der österreichischen Erblande, oder, oder, oder ... Das Ganze ist noch sehr unausgegoren, die politischen Lager im heutigen Sinn existieren noch nicht.

Im Oktober setzen sich die radikaleren Kräfte durch, und die Revolution kommt ins Trudeln. Sie braucht eindeutig moralische Unterstützung vom Parlament in Frankfurt. Robert Blum reist mit einer Delegation am 13. Oktober 1848 nach Wien, um den Revolutionären eine Sympathieadresse zu überbringen. Er tritt im Wiener Gemeinderat, im Reichstagsausschuss und im Studentenausschuss auf, wo er am 23. Oktober eine viel beachtete Rede über die „auf Freiheit basierte Ordnung" hält. Doch Reden hilft nicht mehr viel. Am 1. November wird Wien nach intensiver Beschießung durch die kaiserlichen Truppen von Fürst Windischgrätz eingenommen. Drei Tage später wird Blum im „Gasthof zur Stadt London" verhaftet, da er zuletzt an den Kämpfen teilgenommen hat, am 8. November von einem Standgericht zum Tod durch den Strang verurteilt und später zum „Tod durch Pulver und Blei" begnadigt – eine gewisse Ehren-, keine Lebensrettung.

Die kurz zuvor in Frankfurt beschlossene Abgeordnetenimmunität wird von den Kaiserlichen nicht beachtet. Am 9. November um 9 Uhr geschieht beim Jägerhaus in der Brigittenau, in der Nähe der heutigen „Robert-Blum-Gasse“, nun das, was das volkstümliche „Robert-Blum-Lied“ wie folgt beschreibt:

„Habt ihr gehört von dieser Mordgeschichte,
die sich zugetragen hat in Wien?
Robert Blum, der edle Freiheitskämpfer,
mit Hab und Gut soll er zu Grunde gehen.

Des Morgens in der vierten Stunde,
da öffnet sich das Brandenburger Tor.
Die Händ' am Rücken festgebunden,
tritt Robert Blum mit stolzem Schritt hervor.

Die Ketten rasseln an den Händen,
kein deutscher Mann, der ihm zur Seite stand;
Der Henkersknecht nur in der Mitte,
er kündet ihm sein Todesurteil an.

Er sprach: ‚Ich bin bereit zu sterben,
gern opfre ich mein Leben für euch hin.
Doch eins, das liegt mir schwer am Herzen,
das ist mein vielgeliebtes Weib, mein Kind.

Hier diesen Brief gebt meinem Freunde,
hier diesen Ring, den gebet meinem Weib.
Und diese kleine goldne Uhr,
die gebet Alfred, meinem jüngsten Sohn.

Der erste Schuss, der traf ihn in die Schläfe,
der zweite traf das Herz mit vollem Ruhm.
Und so erschossen sie den treuesten,
den deutschen Freiheitskämpfer Robert Blum.“

Das Ende Blums wird zum Symbol der gescheiterten 1848er-Revolution, er selbst zu einem ihrer Märtyrer. Er bleibt nicht der einzige. Neben jenen Revolutionären, die des Kaisers Kriegsminister Latour an einer Laterne aufhängten, wird auch Cäsar Wenzel Messenhauser, der ehemalige Kommandant der Nationalgarde, der auch die Kapitulation der aufständischen Stadt unterzeichnet hat, hingerichtet. Zu seiner Erschießung am 16. November 1848 am Stadtgraben vor dem Neutor, dem heutigen Schottenring, werden ausgerechnet Soldaten eingeteilt, die unter ihm gedient haben …

Das letzte Spektakel – und das Goldene Wienerherz …

Irgendwann dann ab den 1860er-Jahren hatte in den Augen der Obrigkeit der letzte Rest des alten germanischen Strafrechts ausgedient und damit auch die öffentliche Zurschaustellung der Hinrichtung. So wurde am 28. Mai 1868 der letzte Delinquent in Wien am alten Richtplatz, bei der „Spinnerin am Kreuz", am Würgegalgen zu Tode gebracht. Der 23-jährige Raubmörder Georg Ratkay hatte seine Vermieterin mit einem schweren Hobel erschlagen und war vom Kaiser nicht begnadigt worden. Ganz offensichtlich war das werte Wiener Publikum von diesem Spektakel nach wie vor begeistert, wie der zeitgenössische Feuilletonist Friedrich Schlögl beschreibt:

„Jahre waren vergangen, ohne daß man der schaulustigen Hefe das Seelengaudium gegönnt: einen baumeln zu sehen. Außerdem blieb das fatale Gerücht, die Todesstrafe werde demnächst abgeschafft, mit Hartnäckigkeit in Permanenz – wer weiß, ob dies nicht der letzte arme Sünder ist, an dem die Schinderzeremonie mit allen ihren interessanten Einzelheiten in persönlichen Augenschein zu nehmen wäre – also: ‚Auf, nach Spinnerin am Kreuz!'

Der Schauplatz ist günstig gewählt. Ein weiter Plan von riesigster Ausdehnung, gibt er einer ‚Menschenabtuung' satt zu sehen. Nichtsdestoweniger heißt es, sich zeitlich früh schon ein günstig

Plätzchen erobern, will man die Spuren der Todesangst, das Zittern des Delinquenten, ja wenn möglich, sogar die einzelnen Schweißtropfen, die von seiner bleichen Stirne fallen, den Versöhnungskuß des Scharfrichters, das Binden der Stricke, das Knebeln der Hände, das Aufziehen, den gewissen Druck usw. usw. genau betrachten können. Kluge Leute wandern deshalb bereits um die Mitternachtsstunde nach der Gratis-Galgenarena und okkupieren die strategischesten Punkte.

Und so war's auch diesmal. Um ein Uhr nacht kamen sie angezogen in dichten Scharen, lachend und kreischend und johlend und jubilierend und lagerten sich im Grase. Es waren die ‚Habitués vom Galgenturf', beiderlei Geschlechtes, konfiszierte Gesichter, Stammgäste der anrüchigsten Kneipen, stabile Insassen der schmutzigsten Höhlen des Elends und des Lasters, ein *mixtum compositum* aus der vielköpfigen Genossenschaft der Gauner, so daß man weiland Schufterles bekannten Bericht variieren und sagen konnte: Alles, was von der gewissen Sorte nicht in Zuchthäusern, Spitälern und sonstigen k. u. k. Besserungsanstalten gerade verwahrt gewesen, war der Hatz vorangezogen.

Bis der Morgen graute, trieb das Gesindel den heillosesten Unfug. Als es endlich Tag ward, und die Verkäufer und Ständer kamen und ihre ‚Delinquentenwürstel', ‚Armesünderbretzen', ihren ‚Galgendanzinger' etc. ausriefen, da ging der Janhagel erst recht los, und die Tausende und Abertausende wurden so kreuzfidel, wie es seinerzeit auf dem Brigittenauer Kirchtage Mode war.

‚Was glauben S' denn', meinte ein Mann in Hemdärmeln, der seinen siebenjährigen Buben aus dem Schnapsflaschl trinken ließ, ‚was glauben S' denn, so was sieht man nit alle Tag!' – ‚A Glasl Unblachten wett' i, daß 'n nit padanir'n!' rief ein anderer und stieß mit seinem Stamperl an. – ‚Gilt!' war die Antwort. ‚Padanirt muß er werd'n, weil er a Ungar is, und weil s' d' Ebergeny a padanirt habn!' – ‚I bin nur neugieri, wie s' 'n henk'n', warf ein Fünfter ein. ‚Der alte Hofmann hat alleweil so umabandelt – der jetzige soll a neiche Method habn.' – ‚Na, vielleicht henkt er 'n per Dampf', witzelte ein Sechster, ‚umabandelt hat er oft, der Hofmann, das is wahr – i hab' alle g'seg'n, aber schön dag'henkt san s' nachher a!' –

Mittlerweile kamen auch die sogenannten ‚schönen Leute' anmarschiert und angefahren. Die meisten in Fiakern; elegante Damen, mit Operngucker ausgerüstet, standen auf dem Kutschbock oder füllten furchtlos die wackligen Nottribünen und schienen schier entzückt, wenn sie gut postiert waren, und der ‚Bawlatschen-Entrepreneur' ihnen versicherte: ‚Hier segn's Eu'r Gnaden wunderschön!' –

Dann kam der arme Sünder – und die amtliche Prozedur nahm ihren ungestörten Verlauf. –

War die Menge entsetzt? War sie von der fürchterlichen Sühne ergriffen? Ein jubelndes Hallo scholl durch die Lüfte, als im Momente, wie der Scharfrichter dem Todeskandidaten den Kopf zurechtlegte, eine Stellage einbrach, und hundert Neugierige hinabpurzelten. Ein lustiger Aufschrei aus mindestens tausend angefuselten Kehlen lohnte ferner die witzige Tat eines Mannes, der einem Kutscher den Hut vom Kopfe schlug, weil er ihn in Gedanken aufbehielt, als der Priester sein Gebet zu sprechen begann.

Und was des lustigen Schabernacks mehr ist. Wie man sieht, kann sich eine Achtung gebietende Majorität auch unterm Galgen köstlich amüsieren."

Der mit heraushängender Zunge baumelnde Ratkay war die letzte exekutierte Leiche, die die Wiener zu sehen bekommen sollten. Ab nun fanden die Hinrichtungen im „Galgenhof" des Wiener Landesgerichts statt.

Das 20. Jahrhundert

Wie viele Menschen während des Ersten Weltkriegs nach Militärgerichtsbarkeit hingerichtet wurden, entzieht sich jeder Statistik und verschwimmt geradezu in der Blutsuppe des Kriegs. Das Kriegsarchiv in Wien verzeichnet auf österreichischer Seite 1468 vollstreckte Todesurteile, wilde Hinrichtungen allerdings nicht mitgerechnet. Fest steht, dass auch hier bisweilen Sadismus waltete, dem Karl Kraus in den „Letzten Tagen der Menschheit“ jenen beiden Offizieren zuschrieb, die schon sehr neugierig darauf sind, ob sich bei der Erhängung noch nicht geschlechtsreifer Jungen wohl eine Erektion einstellen werde, wie sie bei der Hinrichtung erwachsener Männer häufig zu beobachten sei ...

Naturgemäß gab es bei den Vollstreckungen hinter der Front auch Pannen. Nachdem es 1916 hinter der Ostfront in Miechow bei der Erhängung einiger Spione zu einem Zwischenfall gekommen war, wurde für Justifikationen ab sofort der Wiener Scharfrichter Josef Lang geholt. Gewöhnlich wurden Militärpersonen aber im Fall ihrer Verurteilung erschossen, nur besonders schwerwiegende Vergehen wie Hochverrat oder Spionage wurden am Galgen bestraft.

Beinahe wurde auch Friedrich Adler gehängt, der Sohn des sozialdemokratischen Gründervaters Victor Adler. Der Junior hatte 1916 den österreichischen Ministerpräsidenten Graf Stürgkh erschossen, für ihn eine Symbolfigur der Kriegspartei. Von einem Sondergericht zum Tod verurteilt, wurde er zu 18 Jahren Kerker begnadigt und am 2. November 1918 amnestiert.

Mit der Geburt der Republik wurde die Todesstrafe am 3. April 1919 im ordentlichen Verfahren durch Kerkerstrafen ersetzt und Scharfrichter Josef Lang in Pension geschickt. Der Berichterstatter des Justizausschusses bezeichnete damals die Todesstrafe als „Sinnbild eines auf Gewaltherrschaft gegründeten Systems.“

Da war nur noch ein kleiner Haken: Für den Fall des „Aufruhrs“ oder des „besonders gefahrdrohenden Umsichgreifens“ schwerer Verbrechen konnte sie wieder eingeführt werden. Und genau davon machte der christlichsoziale Bundeskanzler Engelbert Dollfuß Gebrauch. Am 11. November 1933 führte Dollfuß, der bereits autoritär regierte, Standrecht und Todesstrafe wieder ein und meinte damit, „einem lang gehegten Wunsche der ganz überwiegenden Mehrheit der Bevölkerung“ zu entsprechen. Zum Scharfrichter wurde Johann Lang bestellt, ein Neffe Josef Langs. Allerdings war er – eine neue Zeit war angebrochen – kein Beamter mehr, sondern arbeitete auf Werksvertragsbasis. Auch wollte er anonym bleiben, doch – ebenfalls ein Zug der schon erwähnten neuen Zeit – ein Journalist „outete“ ihn.

Der erste Delinquent wurde bereits zu Beginn des Jahres 1934 exekutiert. Der geistesschwache Tagelöhner Peter Strauß aus Aflenz in der Steiermark hatte einen Heustadel angezündet, und auch das konnte nicht wirklich einwandfrei bewiesen werden. Obwohl keine Menschen zu Schaden gekommen waren, wurde Strauß zum Tod verurteilt und am 11. Januar 1934 im Hof des Grazer Landesgerichts von Johann Lang mit dem Würgegalgen hingerichtet. Die Empörung in weiten Kreisen der Bevölkerung war groß, über diese „Galgenregierung“! Tatsächlich war mit Peter Strauß wieder einmal nicht so sehr ein Mensch denn ein Symbol hingerichtet worden.

Denn es war die Zeit der Sprengstoffattentate – vor allem nationalsozialistische –, die sich gegen die Regierung Dollfuß richteten und bei denen auch Menschen getötet wurden. Dollfuß wollte nun seine Gegner mit besonders rigiden Maßnahmen beeindrucken. Bald bekam er tatsächlich Gelegenheit, Hand an sie zu legen.

Als im Februar 1934 der Aufstand des sozialdemokratischen Schutzbundes von der Regierung niedergeschlagen wird – 314 Tote in vier Tagen, darunter sowohl gefallene Sozialdemokraten als auch zum Beispiel der von Arbeitern ermordete Direktor der Steyr-Werke Wilhelm Herbst –, geht Dollfuß mit aller Härte vor. Standgerichte verhängen zahlreiche Todesurteile gegen Schutzbundführer, acht davon werden tatsächlich vollstreckt, obwohl aus dem In- und Ausland viele Interventionen kommen. Besondere Empörung ruft die Hinrichtung des schwer verletzten Karl Münichreiter hervor, der nicht mehr gehen kann und auf der Bahre zum Galgen getragen wird! Sogar Bundespräsident Miklas, ein Parteifreund Dollfuß', und Kardinal Innitzer, eine der Stützen des Systems, haben sich energisch für die Begnadigung Münichreiters eingesetzt.

Mit der Hinrichtung der acht Schutzbündler und vor allem mit jener Münichreiters ist die Kluft zwischen den Bürgerkriegsparteien unendlich tief geworden. Und bis heute beweisen Exponenten der beiden politischen Nachfolgelager, dass sie eine sachliche Erörterung dieser Februarereignisse nicht zustande bringen und auch nicht wollen. Nach wie vor werden die Toten von damals instrumentalisiert, um – wenn es gerade in die tagespolitische Polemik passt – politisches Kleingeld zu münzen.

Aber da ist ja noch eine dritte politische Gruppe: Am 25. Juli 1934 stürmen Angehörige der Wiener SS-Standarte 89 das Bundeskanzleramt und ermorden Kanzler Dollfuß. Scharfrichter Lang bekommt dreizehn Putschisten zur Hinrichtung überantwortet, darunter deren Anführer Franz Holzweber und Otto Planetta, der die tödlichen Schüsse auf Dollfuß abgegeben hat.

Johann Lang büßt seine Rolle im Ständestaat schon wenige Tage nach dem „Anschluss" Österreichs an das Deutsche Reich. Zusammen mit seinem Sohn wird er am 20. März 1938 von der Polizei abgeholt und stirbt noch im selben Jahr im Konzentrationslager Dachau.

Die Zweite Republik

Wir schreiben das Jahr 1945. Das wiedererstandene Österreich steht vor großen Herausforderungen. Nach dem Ende der NS-Diktatur soll es auf der Verfassung der Ersten Republik eine funktionierende demokratische Rechtsordnung zustande bringen. Volksgerichte zur Aburteilung von NS-Kriegsverbrechern werden konstituiert. Man braucht die Todesstrafe, hat aber ein juristisches Problem. Denn man setzt in der Tat die alte, die Kelsen-Verfassung der Ersten Republik wieder ein und macht sie zur Grundlage des neuen Österreich. Darin steht aber, dass die Todesstrafe abgeschafft ist. Soll man die Verfassung deshalb ändern und nur wegen dieses Punktes in Frage stellen? Schließlich wird das Verbot der Todesstrafe zweimal für je ein Jahr ausgesetzt, 1948 dann für zwei Jahre. Damit hat die Zweite Republik grundsätzlich ihre Ablehnung der Todesstrafe nicht aufgegeben, aber dennoch die Arbeit der Volksgerichte ermöglicht.

Im Verfassungsgesetz „über Kriegsverbrechen und andere nationalsozialistische Untaten“ vom 26. Juni 1945 heißt es, dass jener, der vorsätzlich eine Tat gegen Soldaten oder Zivilisten begangen hat, „die den natürlichen Anforderungen der Menschlichkeit und den allgemein anerkannten Grundsätzen des Völkerrechts oder des Kriegsrechts widerspricht“, als Kriegsverbrecher bestraft wird. Wer in diesem Sinn eine Person ums Leben gebracht hat, ist mit dem Tod zu bestrafen. 13 von 607 Menschen wurden von Volksgerichten verurteilt, zum Teil zu erheblichen Gefängnis- und Kerkerstrafen, 43 zum Tod. Und 30 von ihnen wurden auch tatsächlich hingerichtet. Das schloss allerdings die alliierte Besatzungsgerichtsbarkeit nicht mit ein, für die es bis heute keine endgültigen Zahlen gibt, und die auf eigene Faust nach Kriegsverbrechern fahndete, die sie dann aburteilte und zum Teil auch hinrichtete.

1950 wollte die Bundesregierung neuerlich die Geltung der Todesstrafe um eineinhalb Jahre verlängern, und der Justizausschuss des Nationalrats stimmte auch mehrheitlich zu. Doch da entstand am 24. Mai 1950 eine lebhafte Debatte im Nationalrat. Die SPÖ-Abgeordnete Gabriele Profit wetterte: „Jetzt wollen wir mit all der Barbarei Schluss machen, die wir hinter uns haben.“ Unterstützung erhielt sie vom Abgeordneten Herbert Kraus vom VdU, einer der Vorläuferparteien der FPÖ: „Der Staat, der das Töten verbietet, darf selbst nicht töten!“, befand er. Schließlich seien auch die Folter 1782 und die Prügelstrafe 1867 gegen die Auffassung großer Teile der Bevölkerung abgeschafft worden. In der geheimen Abstimmung wurde die Todesstrafe schließlich mit

86 zu 64 Stimmen für das ordentliche Verfahren endgültig abgeschafft und durch die lebenslange Freiheitsstrafe ersetzt.

Nur zwei Monate zuvor, am 24. März 1950, hatte in Wien die letzte „ordentliche" Hinrichtung stattgefunden. Der Mörder Johann Trka war der finale Delinquent in einer langen Reihe von österreichischen Justifizierten.

Vor den Volksgerichten blieb die Todesstrafe bis 1955 anwendbar, war aber in der Praxis nicht mehr von Bedeutung. Die letzte Hinrichtung auf österreichischem Boden vollzog die amerikanische Besatzungsmacht im Februar 1955 an einem Aufseher des Lagers Mauthausen.

Fazit: Von 1945 bis 1950 wurden von österreichischen Gerichten 100 Todesurteile verhängt, 46 davon wurden in die Tat umgesetzt. Die Volksgerichte ließen wie bereits erwähnt 30 von 43 Urteilen vollstrecken, die ordentlichen Gerichte 16 von 57.

Damit ist die Geschichte der Lebensstrafe in der Alpenrepublik allerdings noch nicht zu Ende. Denn schon 1951 verlangte der ÖVP-Abgeordnete Lujo Tončić-Sorinj ihre Wiedereinführung, da ihr Fehlen „die sittliche Idee des Staates unterhöhle". Ohne Erfolg. 1958 wollte eine Gruppe von FPÖ-Abgeordneten um Wilfried Gredler eine Volksabstimmung über die Todesstrafe starten. Ohne Erfolg. Dafür versprach die Bundesregierung eine Verschärfung der lebenslangen Freiheitsstrafe in besonders krassen Fällen. Nächste Debatte: 1960. Die Abgeordneten Van Tongel (FPÖ) und Kranzlmayer (ÖVP) sprachen für, der Abgeordnete Probst (SPÖ) gegen die Todesstrafe.

Bis 1968 drehte sich der Wind. Ganz im Gegenteil beantragten nun alle drei Parteien die Abschaffung der Todesstrafe auch im standrechtlichen Verfahren, das mit seinen verkürzten Rechtsgarantien und seinem Ausschluss der Laienbeteiligung als Relikt einer vergangenen Zeit bezeichnet wurde. Seit 7. Februar 1968 lautet der Artikel 85 des Bundesverfassungsgesetzes: „Die Todesstrafe ist abgeschafft." Allenfalls an einigen Stammtischen und in den Leserbriefspalten mancher Zeitungen geistert sie seither noch herum.

Nur dort? Es wäre nicht Wien, wenn es „die Hinrichtung“ in der gleichnamigen Satire nicht auch auf die Bühne geschafft hätte! Die genialen Humoristen Carl Merz und Helmut Qualtinger rechnen darin 1965 schrill mit der modernen Konsum- und Spaßgesellschaft ab: Ein Familienvater verkauft sich einem Entertainer, um sich öffentlich in einem Stadion medienwirksam durch eine Guillotine hinrichten zu lassen. Das Ganze scheitert – eigentlich an einer Utopie: Das Publikum bleibt aus …

Zuvor wirkt noch der aus der Übung gekommene Scharfrichter Engel, der sich als Fußpfleger durchbringt, auf die Gattin des Opfers ein:

„*Von meiner Technik will ich gar nicht reden. Schauen S' meine Händ' an. Aber der menschliche Kontakt ist das wichtigste. Über mich hat sich noch kein Klient beklagt. Kurz bevor's so weit war, hab' ich immer noch Zeit gefunden für ein kleines Scherzwort – ein guter Witz, nicht politisch – das entspannt.*“

Fritz Kortner hatte schon recht: „Die Wiener machen aus ihrer Mördergrube ein Herz.“

Ausgewählte Literatur:

Hans Bankl, Wie oft fluchte der Pharao? Von Leuten, die Geschichte machten, Wien 2003.

Anna Ehrlich, Hexen Mörder Henker. Die Kriminalgeschichte Österreichs, Wien 2006.

Andrea Griesebner, Konkurrierende Wahrheiten. Malefizprozesse vor dem Landgericht Perchtoldsdorf im 18. Jahrhundert, Wien 2000.

Arnold Klaffenböck, „Die Zunge kann man nicht überschminken …“. Der Schriftsteller Helmut Qualtinger und seine Texte 1945–1965, Wien 2003.

Jürgen Martschukat, Inszeniertes Töten. Eine Geschichte der Todesstrafe vom 17. bis zum 19. Jahrhundert, Köln 2000.

Heinz Moser, Die Scharfrichter von Tirol, Innsbruck 1982.

Hugo Portisch/Sepp Riff, Österreich II. Der lange Weg zur Freiheit, Wien 1986.
Friedrich Schlögl, Wiener Blut und Wiener Luft. Skizzen aus dem alten Wien, Wien 1997 (1873).
Hans Veigl, Morbides Wien. Die dunklen Bezirke der Stadt und ihre Bewohner, Wien 2000.

Tyrannenspiegel – braune und rote Schlachthöfe

Brauner Justizmord und Sippenhaft

Ein kleiner Raum in einem Backsteinhaus. Die Wände sind weiß getüncht, der Boden gekachelt. An der Decke eine Eisenschiene. Daran acht bewegliche Haken – Fleischerhaken.

„Ich will, dass sie erhängt werden, aufgehängt wie Schlachtvieh!“, soll Hitler persönlich zu dem Henker gesagt haben, den er vor den Hinrichtungen zu sich bestellt hat. Acht 2000 Watt starke Scheinwerfer heizen den Raum auf. Die Filmkameras erwarten ihr grausiges Motiv, und der Scharfrichter samt Gehilfen, der Generalstaatsanwalt des Reiches und der Protokollführer ihre Opfer. In einer Ecke steht eine Guillotine – defekt. Sie ist wohl zu sehr überlastet gewesen in der letzten Zeit.

Es ist der 8. August 1944. Soeben wurden jene Männer zum Tod verurteilt, die am 20. Juli versucht hatten, Adolf Hitler und die NS-Führung zu beseitigen, in einem Staatsstreich die Macht in Deutschland zu übernehmen und den Krieg zu beenden. Doch Hitler überlebte den Anschlag, die „Operation Walküre“ scheiterte. Die Bombe, die Oberst Claus Schenk Graf von Stauffenberg dem „Führer“ in einer Tasche fast direkt vor die Füße gelegt hatte, tötete und verletzte andere, verfehlte aber die Zielperson. Die NS-Diktatur nimmt furchtbare Rache. Stauffenberg und andere werden unmittelbar nach dem gescheiterten Putsch erschossen, wenn sie nicht sogar Selbstmord begehen. Die meisten seiner Mitverschwörer erwartet ein Schauprozess, der mitgefilmt wird – ein berüchtigtes Beispiel der NS-Willkür-Justiz!

*

Vorsitzender ist der Präsident des „Volksgerichtshofs“, des höchsten politischen Gerichts, Roland Freisler, der die Angeklagten mit schrill überschlagender Stimme anbrüllt, demütigt. Der ausgebildete Jurist ist schon in den 1920er-Jahren vom Kommunisten und sowjetischen Kommissar zum fanatischen Nationalsozialisten geworden. 90 Prozent der Prozesse vor seinem „Gerichtshof“ enden mit Todesurteilen oder lebenslänglichen Gefängnisstrafen für die Angeklagten: „Ich bin mir durchaus der Tatsache bewusst, eine einseitige Rechtsprechung zu praktizieren“, sagt er einmal, „ aber dies nur für einen politischen Zweck. Es gilt, eine Wiederholung von 1918 mit allen meinen mir zur Verfügung stehenden Kräften zu verhindern.“

Freisler meint damit den „Dolchstoß“, also die angebliche politische und militärische Sabotage von Regimegegnern, die seiner Meinung nach an der deutschen Niederlage im Ersten Weltkrieg schuld gewesen wäre. Zum Todesurteil gegen die Mitglieder der Widerstandsgruppe „Weiße Rose“ rund um die Geschwister Scholl bemerkt er: „Wenn ein solches Handeln anders als mit dem Tode bestraft würde, wäre der Anfang einer Entwicklungskette gebildet, deren Ende einst 1918 war. Deshalb gab es für den Volksgerichtshof zum Schutz des kämpfenden Volkes und Reiches nur eine gerechte Strafe, die Todesstrafe. (…) Durch ihren Verrat an unserem Volk haben die Angeklagten ihre Bürgerrechte für immer verwirkt.“ Die Bilanz des Volksgerichtshofes, der von 1934 bis 1945 existierte, ist grausig: Mehr als 5200 Menschen wurden wegen politischer „Verbrechen“ hingerichtet, davon allein 4951 in den Jahren 1942 bis 1944. Das waren ein Drittel aller während des Dritten Reiches verhängten Todesurteile.

12.000 zivile und zirka 9500 vollstreckte Urteile waren es insgesamt von 1933 bis 1945 – die Opfer der letzten Kriegsmonate, fliegende Standgerichte und wilde Hinrichtungen nicht mitgerechnet. Und nicht die Massenmorde in den Konzentrationslagern. Und an der Front. Und hinter der Front.

Gerichtet wurde in den NS-Justizanstalten vor allem mit der Guillotine, obwohl Freisler noch 1934 der Ansicht war, dass die

Hinrichtung mit dem Handbeil dem „deutschen Empfinden“ am meisten entgegenkomme. Doch bald war klar, dass eine andere Mordmaschine her musste. Keine Henkershand hätte diese Zahl von Exekutionen bewältigt. Die Statistik des meistbeschäftigten Scharfrichters im Dritten Reich, Johann Reichhart, spricht eine deutliche Sprache: 1924 noch von der Weimarer Republik angestellt, vollstreckte er bis 1931 „nur“ vier Todesurteile. 1933 waren es fünf. 1943 tötete er 876 Menschen. Insgesamt 2948. Reichhart wurde zum „Henker en gros“.

Für eine komplizierte Kippvorrichtung oder irgendwelche Gurte an der Guillotine bleibt da keine Zeit mehr. Der Justizbeamte verliest das Todesurteil. Noch während er spricht, schiebt Reichhart den Vorhang beiseite, der die Maschine verborgen hat. Die Gehilfen packen die Beine des überraschten Opfers, verdecken ihm die Augen und zerren es unters Messer, das Reichhart blitzschnell betätigt. Sofort weg mit Kopf und Körper. Abspritzen der Maschine mit dem Gartenschlauch. Der nächste Delinquent kann kommen. Für all das benötigen Johann Reichhart und seine Gehilfen ganze elf bis dreizehn Sekunden. Das ganze wiederholt sich an manchen Tagen dreißig, vierzig Mal.

Wer sind die Opfer? Zum Beispiel Regierungsrat Theodor Korselt, der 1943 in einer Straßenbahn in Rostock die Bemerkung fallen lässt, dass der Führer zurücktreten müsse, da der Krieg nicht mehr zu gewinnen sei und „wir nicht alle bei lebendigem Leibe verbrennen“ wollen. Denunziert hat ihn ein Stadtrat namens Krause. Korselt wird hingerichtet.

Oder der Arbeiter Erich Deibel, der während eines Fliegeralarms „Arbeiter – Helft Russland – Streikt – auf für KPD!“ auf eine Toilettenwand in Wetzlar geschrieben hat. Nach einer Schriftanalyse eines Sachverständigen wird Deibel hingerichtet.

Oder die Zeitungsausträgerin Emmi Zehden, eine Angehörige von „Jehovas Zeugen“, die in Berlin zwei Jahre lang zwei junge Glaubensgenossen bei sich versteckt, die sich aus religiösen Gründen dem Wehrdienst entziehen. Das Urteil: Tod wegen Wehrkraftzersetzung.

Auch in Wien wird guillotiniert. Zum ersten Mal! Denn der österreichische Würgegalgen ist für die Nazis ein Symbol des alten Österreich und daher abgeschafft. Außerdem versteht sich keiner mehr auf die Kunst, ihn zu bedienen, seit der letzte Henker aus der Zeit des Ständestaates im Konzentrationslager umgekommen ist: Zu viele illegale Nazis hat Johann Lang, ein Verwandter des berühmten Josef Lang, hingerichtet. Er und sein Sohn büßen dafür mit dem Tod im KZ.

Statt des Galgens steht nun eine Guillotine mit der Bezeichnung „Gerät F." im Wiener Landesgericht. 1184 Menschen finden von 1938 bis 1945 auf ihr den Tod. Besonders verdiente Parteigenossen dürfen immer wieder einmal an den Hinrichtungen teilnehmen. Der Volksgerichtshof verteilt dafür eigene Berechtigungsscheine.

*

Die acht Delinquenten sind am Abend des 8. August 1944 in ihrem Hinrichtungsraum in Berlin-Plötzensee angekommen, darunter der Österreicher Robert Bernardis. Er hat in der „Operation Walküre" wichtige Kommunikationsaufgaben wahrgenommen. „Du kannst mir glauben, dass ich dachte, nur Gutes zu tun, ich habe nie im Traume daran gedacht, aus irgendwelchen ehrgeizigen oder leichtsinnigen Motiven zu handeln", schreibt er in seinem Abschiedsbrief an seine Frau. Er und sieben andere Verurteilte müssen noch warten, bis Techniker die Tonanlage für die Filmausrüstung nach Plötzensee gebracht haben. Denn am selben Tag hat sie noch den „Prozess" gegen die Männer des 20. Juli aufgenommen. Endlich kommen die Techniker. Sie installieren die Anlage, die nun die letzten Laute der Verurteilten aufzeichnen soll.

Die acht werden an die Fleischerhaken gehängt. An schmerzhaften Hanfstricken, dünn wie Klaviersaiten! Die Henker heben den Verurteilten hoch, befestigen das andere Ende des Stricks am Haken und lassen das Opfer mit voller Wucht fallen. Die Kameras surren. Hitler wird sich den Film zeigen lassen. Bis zu seinem eigenen Ende liegen auf seinem Schreibtisch Fotoabzüge einzelner

Szenen dieses achtfachen Todeskampfes. Der Film wird nach dem Krieg als verschollen gelten.

Bernardis' Frau und seine Mutter werden ins Konzentrationslager Ravensbrück gebracht. Seine beiden minderjährigen Kinder werden ins Konzentrationslager Bad Sachsa eingeliefert. Die tiefste Kulturstufe der „Sippenhaft" ist erreicht.

Abgang in Nürnberg

Im Gegensatz zu Hitler und Freisler, der in den letzten Kriegswochen im Bombenhagel auf Berlin umkommt, überlebt Scharfrichter Johann Reichhart den Krieg. Und er tritt in alliierte Dienste! Er ist es, der, so galgen- wie fallbeilkundig, den Galgen für die Hinrichtung seiner ehemaligen Chefs, die Verurteilten im Nürnberger Hauptkriegsverbrecherprozess, errichtet und dann an den US-amerikanischen Henker Woods übergibt. Eigenhändig wird Reichhart noch 42 deutsche Kriegsverbrecher hinrichten, ehe die Amerikaner ihn dann doch aus dem Amt entfernen, sein halbes Vermögen beschlagnahmen. Der Henker der Nazis wird Hundezüchter bei München.

Nun schlägt Sergeant Woods Stunde. Der englische Premier Winston Churchill und nicht zuletzt der sowjetische Diktator Josef Stalin wollten die nationalsozialistische Führungsriege ursprünglich sofort hinrichten lassen, doch die USA einigen sich mit den Sowjets dann doch auf einen Prozess. So umstritten die Nürnberger Prozesse juristisch auch sein mögen, so sicher stehen sie am Beginn jener völkerrechtlichen Grundlage, auf der der Internationale Gerichtshof in Den Haag bis heute basiert. Kein Gewaltherrscher, so heißt es, soll mehr sicher sein vor der Bestrafung durch die Völkergemeinschaft.

So werden 1946 im Nürnberger „Prozess gegen die Hauptkriegsverbrecher" zwölf Todesurteile ausgesprochen, zehn davon auch vollstreckt. Reichsmarschall Hermann Göring entzieht sich dem letzten Akt durch Selbstmord, Hitlers Kanzleichef und „Reichsleiter" Martin Bormann wird in Abwesenheit verurteilt, dürfte aber schon am 2. Mai 1945 auf der Flucht aus dem brennenden Berlin mit Zyankali Selbstmord verübt haben.

Die Urteile werden am 16. Oktober 1946 um 1.15 Uhr früh in der Turnhalle des Nürnberger Gefängnisses umgesetzt. 103 Minuten braucht es, um die zehn Verurteilten zu Tode zu bringen.

Gegen Mitternacht wurde ihnen noch ihr Henkersmahl serviert – Würstchen mit Kartoffelsalat und Pfannkuchen mit Kompott. Am frühen Abend hatten die Verurteilten noch nicht offiziell erfahren, dass sie in wenigen Stunden hingerichtet werden sollten, spürten allerdings die Unruhe unter den Wärtern, die bereits seit Mittag Bescheid wussten. Die evangelischen und katholischen Gefängnispfarrer machten ihre Runde durch die Zellen wie jeden Abend. Göring, dem wohl intelligentesten der Einsitzenden, fielen die vielen fremden Menschen auf den Gängen und die hellere Beleuchtung auf. „Ich sehe, es ist etwas in Vorbereitung", sagte er zum Gefängnisarzt. „Eine Nacht kann manchmal sehr kurz sein ...", kam es zur Antwort. Für Göring der Auslöser für seinen Selbstmord. Er zerbiss eine bis dahin gut versteckte Zyankali-Ampulle.

In der Halle versammeln sich die Zeugen der Hinrichtung, darunter Journalisten, ein russischer und zwei amerikanische Ärzte. Drei grün gestrichene Galgen, von denen allerdings nur zwei Verwendung finden werden, warten auf die Delinquenten. Die Hinrichtungsinstrumente stehen auf Holzgerüsten. Zu den kleinen viereckigen Plattformen eines jeden Galgens mit der Falltür führen dreizehn Stufen hinauf. Über jeder dieser Plattformen ist aus Balken ein Rechteck errichtet. In der Mitte des Querbalkens hängt ein starker eiserner Haken mit einem neu aussehenden Strick.

Um 1.15 Uhr wird als Erster der frühere Reichsaußenminister Joachim von Ribbentrop herein- und die dreizehn Stufen zum Galgen hinaufgeführt. Ein Gehilfe bindet ihm die Beine zusammen.

Die letzten Worte Ribbentrops sind: „Gott schütze Deutschland! Gott sei meiner Seele gnädig! Mein letzter Wunsch ist, dass Deutschland seine Einheit wiederfindet, dass eine Verständigung zwischen Ost und West kommt für den Frieden der Welt." Woods zieht ihm eine schwarze Kapuze über den Kopf und legt ihm den Strick um den Hals. Der Henker tritt zurück und betätigt den Mechanismus, der die Falltüre öffnet. Der Verurteilte fällt in die Tiefe und in den „long row", also das lange Galgenseil. Ein lautes Krachen, dann ein knackendes Geräusch. Nach zehn Minuten treten die Ärzte unter das Gerüst, horchen mit einem Hörrohr die Brust des Gehenkten ab und stellen den Tod fest.

Nach der zehnten Hinrichtung werden die Leichen zusammen mit jener von Göring nebeneinandergelegt und fotografiert. Die Fotos sind nur für US-Geheimarchive bestimmt. Doch eine amerikanische Zeitschrift beschafft sich Kopien und druckt sie ab. Die teilweise blutverschmierten Gesichter der Gehenkten erregen die Öffentlichkeit. Was ist mit den Männern passiert? Sind sie zusätzlich misshandelt worden? War die Fallhöhe zu niedrig? Die Fallluke zu klein? Wurden die Verurteilten hier noch im Sterben gequält? Einer der Gefängnisärzte beschwichtigt die Aufgeregten: Der Tod bei der amerikanischen Art des Hängens tritt zwar erst nach Minuten ein, die Bewusstlosigkeit hingegen sofort. Dagegen sprechen jene Zeugen, die zum Beispiel den Delinquenten Julius Streicher noch lange stöhnen gehört haben wollen. Henker Woods verteidigt sich: Die Herabfallenden hätten sich in die Zunge gebissen, der eine oder andere möglicherweise im Fall eine hastige Bewegung getan und sei gegen die Luke gekracht …

Die zu Gefängnisstrafen verurteilten „Kollegen" der Exekutierten werden dazu eingeteilt, die Turnhalle vom Blut der Gehängten zu säubern.

Ebenfalls durch den Strang stirbt am 1. Juni 1962 einer der zentralen Mitverantwortlichen für den Holocaust an den Juden. Adolf Eichmann wird in Israel gehängt – das einzige Todesurteil, das in diesem Land jemals offiziell vollstreckt wird. Zuvor hat

Eichmann, der bis zum Ende darauf beharrt, juristisch unschuldig zu sein, nach dem Schuldspruch angeboten, öffentlich Selbstmord zu begehen.

Beispiele für rotes Schlachten

Kaukasus, Juli 1937. „Die sechs Todeskandidaten wurden in Fesseln zum Hinrichtungsort gefahren. Am Stadtrand von Tbilissi hielt der Fahrer an. Die Verurteilten stiegen aus dem Wagen und wurden zu einer frisch ausgehobenen Grube geführt. Daneben standen zwei Lastkraftwagen mit ungelöschtem Kalk und ein Wasserwagen. Der dienstälteste Begleitposten trat mit der Pistole in der Hand an Mdiwani heran. ‚Hör mal, erschieß mich als Letzten!' ‚Warum denn?', fragte der Henker verwundert. ‚Ich möchte meinen Genossen Mut zusprechen ...' ‚Ach wirklich'. Und er schoss ihm direkt ins Herz und ging zum nächsten. Als der Henker den sechsten niedergestreckt hatte, hörte er hinter sich ein leichtes Stöhnen. Als er sich umdrehte, sah er, dass Mdiwani noch lebte. Er ging zu dem am Boden liegenden Körper, dessen Finger noch zuckten, lud die Pistole nach und gab dem Opfer den Gnadenschuss. Die Leichen wurden in die Grube geworfen, mit Kalk bestreut und mit Wasser begossen." So zitiert Ingo Wirth den russischen Publizisten Anton Antonow-Owsejenko.

Budu Mdiwani, ein führender Funktionär der Kommunistischen Partei, ist eines von bis zu sechs Millionen Opfern des Höhepunkts der „Säuberungswelle" des sowjetischen Diktators Josef Stalin. In den drei Jahren des „Großen Terrors" von 1936 bis 1938 veranstaltet der paranoide Stalin nicht nur drei große Schauprozesse gegen Weggefährten, derer er sich entledigen will, er bringt zwei Millionen Menschen in Lagern um und vollzieht drei Millionen Hinrichtungen. Er und seine Helfer erstellten ein Quotensystem. „Sie werden mit der Vernichtung von zehntausend Volksfeinden beauftragt. Ergebnisbericht telegrafisch. Jeshof."

So kurz und präzise lauten die Befehle, die der Chef des „Volkskommissariates für Inneres“, des berüchtigten NKWD quer durchs Land sendet. Jeshof wird 1940 selbst zum Tod verurteilt werden. Denn Stalin beseitigt von Zeit zu Zeit auch seine Bluthunde ...

Das „Auslesekriterium“, wie man zum Opfer werden kann, ist praktisch unergründlich. Stalin handelt nach persönlichen Wahnvorstellungen, er lässt Freunde wie Gegner massakrieren. Nicht einmal das „Rechtssystem“ der Sowjetunion kennt Grundlagen für das wilde Hinrichten von Opfern wie jener 26.500 polnischen Soldaten in Katyn, oder den Völkermord an vielen Volksgruppen der Sowjetunion, die nicht in das krankhaft-„revolutionäre“ Gedankengespinst passten.

Dabei gab es die reichlich praktizierte Todesstrafe in der Sowjetunion offiziell von der Staatsgründung 1922 bis zu ihrem Ende, mit Ausnahme der Jahre 1947 bis 1950, während derer dann in den Gulags, den NKWD-Gefängnissen wie der berüchtigten „Lubjanka“ eben ohne jede Grundlage erschossen wurde. Die letztgenannte Moskauer Polizeizentrale hatte im Keller Hinrichtungszellen, kleine, finstere Räume. Dort wurden die Opfer so wie anderswo in der Sowjetunion meistens durch Schüsse in den Kopf, ins Genick oder in die Brust hingerichtet. Auch nach Stalins Tod ging das Schlachten weiter. Nun kamen seine letzten Getreuen an die Reihe, wie der Volkskommissar und Massenmörder Berija.

Die sowjetischen Satellitenstaaten und auch konkurrierende realsozialistische Länder, wie Maos China oder Pol Pots Kambodscha, „lernten“ von ihren russischen Lehrmeistern. Die Feder des Autors sträubt sich, auf die kommunistischen Morde in Osteuropa, China und der Dritten Welt noch die Begriffe „Todesstrafe“ oder auch nur „Hinrichtung“ anzuwenden. Wie viele Menschenleben diese Todesideologie gekostet hat und noch kostet, ist unbezifferbar. Umso schlimmer, dass in Teilen der intellektuellen Schickeria des Westens klammheimliche oder offene Sympathie für sie existierte und Mörderbanden wie die „Rote Armee-Fraktion" („RAF") zu ihren Untaten motivierte. Immerhin packte 2004 der Volkskongress-Abgeordnete und Direktor des Rechtsinstituts der Südwest-Universität in Chongqing, Chen Zhonglin, eine Ziffer aus. Er gab die normalerweise streng geheime Zahl der Exekutionen preis, die China tatsächlich jedes Jahr vollzieht: 10.000! Der Professor setzte sich für etwas ein, das nach normalrechtlicher Lesart ohnehin eine Selbstverständlichkeit sein müsste, nämlich alle Todesurteile vom Obersten Volksgerichtshof in Peking überprüfen zu lassen, was auch beim Nationalen Volkskongress einen gewissen Widerhall gefunden haben soll. Für 2007 wurde das Prüfverfahren formell eingesetzt.

China richtet jedes Jahr mehr Menschen hin als der Rest der Welt zusammen. Und das nach Prozessen, die nur eine Formalität sind, da die Urteile schon vorher feststehen. Mit den Organen der Exekutierten wird auch ein schwunghafter Handel betrieben. Zum Tod verurteilte Häftlinge werden „je nach Bedarf" exekutiert, entnommene Organe zu hohen Preisen ins Ausland verkauft. Deshalb benützt man dort neuerdings gerne die Giftspritze, weil auf diese Weise die Innereien frisch und unverletzt bleiben.

Das chinesische Recht ermöglicht es den Polizeibehörden, Tatverdächtige ohne Gerichtsurteil bis zu vier Jahre in Arbeitslager zu stecken. Dutzende von Millionen von „Konterrevolutionären" verbrachten seit der Gründung der Volksrepublik im Jahr 1949 Jahre und Jahrzehnte in „Umerziehungs"-Straflagern des „Laogai"-Systems („Reform durch Arbeit"), von denen rund 1100 bekannt sind. Zu Beginn des dritten Jahrtausends wurden pro Jahr etwa 230.000 Menschen in solche Lager eingewiesen. Das Todesurteil kann nach chinesischer Gesetzeslage schon wegen kleinerer Strafdelikte wie Bestechlichkeit oder Steuerbetrug verhängt werden. Doch der internationale Druck auf China ist gestiegen: Die Machthaber streben nach einer neuen staatlichen Richtlinie weniger Hinrichtungen an, hieß es im März 2007. Zwar kann die Volksrepublik grundsätzlich noch nicht auf die Todesstrafe verzichten, sagen Oberstes Gericht und Polizeiministerium. Zumindest die Zurschaustellung von Todeskandidaten kurz vor deren Exekution soll aber beendet werden ...

Ausgewählte Literatur:

Amnesty International, Jahresbericht 2007, Frankfurt am Main 2007.

Gert Buchheit, Richter in roter Robe. Freisler, Präsident des Volksgerichtshofes, München 1968.

Stéphane Courtois (et al.), Das Schwarzbuch des Kommunismus. Unterdrückung, Verbrechen und Terror, München 1998.

Gedenkstätte Deutscher Widerstand (Hrsg.), 20. Juli 1944. Vermächtnis und Erinnerung, Berlin 2004.

Wolfgang Göbel (Hrsg.), ... Für immer ehrlos. Aus der Praxis des Volksgerichtshofes, Berlin (West) 1985.

Manfried Rauchensteiner (Hrsg.), Tyrannenmord. Der 20. Juli 1944 in Österreich, Wien 2004.

Annette Weinke, Die Nürnberger Prozesse, München 2006.

Ingo Wirth, Todesstrafen. Eine geschichtliche Spurensuche, Leipzig 2004.

Gottbegnadete Gnadenlosigkeit – Todesstrafe in den USA

Kleinstadtidylle

Dezember in Huntsville.

Die kleine Stadt liegt inmitten dichter Wälder im Südosten des US-Bundesstaates Texas. Auf dem hübschen Platz im Zentrum steht das Bezirksgericht, umgeben von Antiquitätengeschäften, Andenkenläden und Cafés. Weihnachtsgirlanden aus grünem Plastik schmücken Straßenlaternen und Hauseingänge. Der Ort wirkt verschlafen und ruhig.

Doch es ist nicht irgendeine namenlose Kleinstadt der USA. Nur drei Straßenblöcke vom Zentrum entfernt steht die aktivste Hinrichtungsstätte des gesamten Landes. Hinter den hohen, roten Backsteinmauern des „The Walls" genannten Gefängnisbaus wurden in den vergangenen 20 Jahren mehr als 230 Menschen exekutiert, mehr als anderswo in den USA oder der westlichen Welt.

Besonders seit der Exekution der Mörderin Karla Faye Tucker Anfang 1998 ist Huntsville zum Ziel von Journalisten, Politikern und Gegnern der Todesstrafe aus aller Welt geworden. „Die Deutschen gehen noch, die Italiener sind am schlimmsten", erzählt Mary McClain, Direktorin des kleinen „Texas Prison Museum" in Huntsville. „Sie stürmen hier herein, mit laufenden Kameras. Sie halten einem das Mikrofon ins Gesicht und fragen, wie man hier leben kann und warum wir so furchtbar sind."

„Die sind sogar in Friseurgeschäfte gegangen und haben die Kunden ausgefragt", sagt Royce Blackwell, ein Handwerker. „Wir leben doch nur hier, wir bringen doch niemanden um. Die Hinrichtungen gehören eben zum Alltag. Es ist so, als ob man an einem

Bahndamm wohnt. Zuerst achtet man noch auf jeden Zug, dann hört man sie einfach nicht mehr."

Huntsville ist die Heimatstadt von Sam Houston (1793–1863), einem der Gründerväter von Texas. Hier findet man die Sam Houston State University, den Sam Houston State Park, das Grab von Sam Houston und vieles mehr. Houston sorgte dafür, dass Huntsville das Hauptquartier der texanischen Gefängnisverwaltung wurde. Heute sind mehr als 7000 der rund 34.000 Einwohner im Justizwesen beschäftigt. In der Stadt und ihrer Umgebung liegen ein Dutzend große Strafanstalten, und im Hochsicherheitstrakt „The Walls" im Stadtzentrum befindet sich die zentrale Exekutionskammer des Staates Texas.

Larry Fitzgerald ist Sprecher des texanischen Gefängnissystems. „Wir werden die Hauptstadt der Exekutionen genannt", sagt der Texaner. „Ich sehe das anders. Ich glaube, wir sind eher die Hauptstadt der Rechte von Verbrechensopfern. Huntsville ist keine blutdürstige Stadt. Wir haben nun einmal unsere Gesetze, und die halten wir ein."

Amerikanische Soziologen haben wiederholt betont, dass die USA erst dann die Todesstrafe abschaffen werden, wenn die Amerikaner selbst dies wollen. Internationaler Druck, Erklärungen des Papstes oder der EU und Besuche von Prominenten wie Bianca Jagger in Huntsville haben zumindest bei Texanern eher einen Trotz-Effekt. Hier sind weit über 70 Prozent der Einwohner für die Todesstrafe. „Wir sind im Vergleich zu Europa eine ganz junge Nation", sagt Mary McClain. „Wir haben heute die Todesstrafe, aber wir machen auch Entwicklungen durch. Man muss abwarten, was kommt. Wir wollen nur nicht, dass Ausländer hier auftauchen und uns herablassend behandeln. In Europa gibt es auch nicht nur Gutes."

Der nüchterne Alltag in Huntsville, das enge Nebeneinander von Todesstrafe und Kleinstadtleben, führt zuweilen zu eher makabren Situationen. Im Dezember sieht man schon einmal in Gefängnis-Weiß gekleidete Häftlinge auf der hohen Mauer des

Exekutionsgebäudes herumklettern. Dabei handelt es sich nicht etwa um einen Ausbruchsversuch. Die Gefangenen bringen unter scharfer Bewachung Lichtergirlanden auf der Mauer an – als Weihnachtsschmuck …

Das Ausnahmeland

Der achte Verfassungszusatz der US-Verfassung stammt aus dem Jahr 1791 und besagt unter anderem, dass „grausame und ungewöhnliche" Strafen nicht verhängt werden dürfen. Was diese Formulierung bedeutet und wie sie anzuwenden ist, darüber ist in Gerichtssälen schon mehrfach gestritten worden. Wichtigste Erfolge für Menschenrechtler sind jedenfalls die Abschaffung der Todesstrafe für geistig Behinderte im Juni 2002 und Jugendliche im März 2005. Der Interpretationsspielraum ist sehr groß, die Unterschiede zwischen Bundesstaaten sind enorm, sagt Thomas Fröschl, Professor für Geschichte an der Universität Wien und USA-Experte: „Was in Europa vielfach nicht wahr genommen wird, ist der ausgeprägte Föderalismus in den USA, die Pluralität der 50 Bundesstaaten. Ein New Yorker und Bostoner hat eben eine andere politische Tradition als etwa ein Südstaaten-Amerikaner."

Vor 160 Jahren besaßen die Amerikaner jedenfalls das modernste Gefängnissystem der Welt, das als vorbildlich angesehen und von europäischen Besuchern wie Alexis de Tocqueville einem eingehenden Lokalaugenschein unterzogen wurde, schildert Thomas Fröschl. „Um die Mitte des 19. Jahrhunderts wurden die USA von einem massiven und eindrucksvollen Reformeifer erfasst, der von den protestantischen Kirchen getragen wurde, und hier in erster Linie von Frauen. Es gab wahre Kreuzzüge gegen moralische und soziale Missstände: gegen die Sklaverei, gegen den Alkoholismus, für Frauenrechte, für die Verbesserung der Lebensbedingungen der Menschen, für bessere Schulen etc. Damals, in den 1830er- und 1840er-Jahren, wurde auch intensiv über die Todesstrafe diskutiert, und deren Gegner erzielten bemerkenswerte Anfangserfolge: Einzelne Bundesstaaten haben die Todesstrafe abgeschafft, als erster Michigan schon 1846, dann Wisconsin 1853." Der Mittelwesten und Neuengland folgten, nicht aber der Süden! Bis in die sklavenhaltenden Staaten drangen Reforminitiativen wie Sozialgesetzgebung oder Frauenwahlrecht langsamer oder gar nicht vor.

Deshalb wundert es den Experten auch nicht, dass noch heute die überwältigende Mehrzahl – nämlich zwei Drittel – der Hinrichtungen in nur fünf Staaten vorgenommen wird: Texas, Virginia, Oklahoma, Missouri und Florida – ehemalige Sklavenstaaten sie alle. „Die USA sind in dieser Hinsicht eine bemerkenswerte Ausnahme", sagt Thomas Fröschl, „denn in keinem anderen Land der Welt fällt die Todesstrafe in die Kompetenz der Einzelstaaten." In zwölf von 50 Bundesstaaten ist sie abgeschafft, in 38 besteht sie weiter. In Washington D.C., der Hauptstadt, wurde sie 1992 abgeschafft, in Puerto Rico schon 1929. „Die USA sind eine Fundamentaldemokratie", bemerkt Thomas Fröschl, „deren Bürgerbewusstsein dem Staat und der staatlichen Regulierung von oben sehr viel stärker als in Europa distanziert oder mit Misstrauen gegenübersteht – mit durchaus negativen Folgen, wie neben der Todesstrafe auch das Gesundheitssystem des Landes erweist." Ob wohl deshalb die USA das Geburtsland der „Exit polls", der permanenten Meinungsumfragen sind?

Doch damit nicht genug der Paradoxien. Unter den eifrigsten evangelikalen Christen im amerikanischen „Bible Belt" gibt es so fanatische Befürworter wie konsequente Gegner der Todesstrafe. Und beide haben beim Agitieren dafür oder dagegen die Bibel in der Hand. Die katholische Kirche der USA, so Thomas Fröschl, ist übrigens eindeutig und unzweifelhaft ein Gegner der Todesstrafe – wie die Bischofskonferenz im November 2005 neuerlich bekräftigte.

Laut Umfragen sind derzeit gerade weniger als 50 Prozent der US-Bürger von der Todesstrafe überzeugt, 1994 waren es noch 80 Prozent gewesen. Dennoch sind in TV- und Radiodiskussionen meist ihre Anhänger am Wort. Medienrealität ist eben nur ein Teil der Wahrheit. Auffallend zurückhaltend wurde in den US-Medien über das verblüffend abrupte vorläufige Ende der Todesstrafe in Illinois berichtet.

Dort wurden zur Jahrtausendwende alle Hinrichtungen ausgesetzt, da mit DNA-Analysen nachgewiesen werden konnte, dass gleich dreizehn zum Tod verurteilte Einsitzende unschuldig waren! Im gesamten Bundesgebiet konnte in den letzten 30 Jahren bei 118 Todeskandidaten nachgewiesen werden, dass sie zu Unrecht zur bekanntlich unumkehrbaren Todesstrafe verurteilt worden waren! Der Gouverneur reagierte sofort, und seither kommt Illinois ohne Justiz-Tötungen aus. Anders in Kalifornien: Der dortige Gouverneur Arnold Schwarzenegger hat weder Hinrichtungen freiwillig ausgesetzt, noch in einem einzigen Fall Gebrauch von seinem Begnadigungsrecht gemacht.

„Arnie the Executor“ und Pannen mit der Giftspritze

In der „Death Row“, dem heillos überfüllten Todestrakt des kalifornischen Staatsgefängnisses San Quentin, warten derzeit 650 Kandidaten darauf, hingerichtet zu werden. Schwarzenegger will dort auf eine drastische Art Platz schaffen: Er werde alles unternehmen, um den Einsatz der Giftspritze mit der Verfassung in Einklang zu bringen, damit die Todesstrafe in Kalifornien beibehalten werden kann, sagt Schwarzenegger und legt ein Moratorium vor. Auf über 100 Seiten schlägt der Gouverneur Verbesserungen vor, darunter den Bau einer neuen Todeskammer und spezielle Trainingskurse für das Hinrichtungsteam. Der Anlass: eine Entscheidung des Bundesrichters Jeremy Fogel, der im Dezember 2006 in San Jose Hinrichtungen mit der Giftspritze aussetzte. Wieder einmal berief er sich dabei auf den achten Verfassungszusatz, der ja „grausame und außergewöhnliche Bestrafungen“ verbietet. Fogel listete Mängel im gesamten Prozess von schlecht ausgebildetem Personal bis hin zum falschen Mix der verabreichten tödlichen Substanzen auf. Nach offensichtlichen Pannen bei einigen der letzten Hinrichtungen erklärte auch ein Richter im Bundesstaat Missouri im vergangenen Jahr die angewendeten Methoden als nicht verfassungskonform. Mittlerweile hat die Diskussion um die Giftspritze das gesamte US-Bundesgebiet erfasst.

Besonders grausam war der 34 Minuten lange Todeskampf von Angel Nieves Diaz im Dezember 2006. Bei ihm wurden die Injektionsnadeln falsch angesetzt. Sie durchstießen die Venen des verurteilten Mörders. Die tödlichen Chemikalien gelangten nicht schnell in die Blutbahn, sondern ganz langsam ins Muskelgewebe. Der 55-Jährige erlitt nicht nur rund 30 Zentimeter lange Verbrennungen an beiden Armen, er war auch noch lange Zeit bei Bewusstsein. Schließlich musste ihm eine zweite Dosis der Giftsubstanzen verabreicht werden, was nach Angaben des Leichenbeschauers William Hamilton sehr ungewöhnlich ist.

Ob Diaz starke Schmerzen erlitten hat? Hamilton wendet sich ab. Er schweigt. Dazu werde er sich erst äußern, wenn die Autopsie beendet ist, die Untersuchung kann noch lange dauern, sagt er …

In der Regel dauern Hinrichtungen mit der Giftspritze in Florida weniger als 15 Minuten, der Häftling wird nach drei bis fünf Minuten bewusstlos. Angel Nieves Diaz bewegte sich aber offenbar nach 24 Minuten noch, atmete und versuchte zu sprechen. Jonathan Groner, Medizinprofessor an der Universität des US-Bundesstaates Ohio, zeigt sich überzeugt, dass der Todeskandidat grauenvolle Schmerzen erlitten haben müsse – so als würden ihm die Arme mit Feuer verbrannt. Kent Garman von der medizinischen Fakultät in Stanford, Kalifornien, ergänzt, Diaz dürfte bis zuletzt schwere Atembeschwerden verspürt haben, weil das Gift zu langsam gewirkt habe. Nun wird allenthalben nach einem neuen Giftmix gesucht, der den schnellen und „reibungslosen" Tod bringen soll. Da heißt es abwarten und Gift mischen. Doch einigen dauert das entschieden zu lange!

In South Dakota wartet Elijah Page, 25 Jahre alt, ungeduldig auf die erste Exekution in diesem Bundesstaat seit 60 Jahren. Auf seine eigene. Denn Elijah Page ist ein verurteilter Mörder, und er bittet dringend um seine Hinrichtung! „Er möchte sterben“, sagt sein Anwalt. Page hatte einen Menschen stundenlang gefoltert und ermordet, und er wurde dafür zum Tod verurteilt. Im Frühjahr 2006 hat er vom Obersten Gericht des US-Bundesstaates die Einstellung eines Berufungsverfahrens gefordert. Im August 2006 wurde ein erster Exekutionstermin angesetzt. Da brach die Diskussion um die Problematik der Giftspritze los, der Termin wurde mehrfach verschoben. Die Strafvollzugsbehörden von South Dakota testen nun eine Giftmischung, die ein qualvolles Sterben verhindern soll. „Doch diese Details interessieren meinen Mandanten nicht mehr. Er will seine Strafe bekommen“, sagt Pages Anwalt.

Ein politischer Zankapfel

Als George W. Bush das Verbot der sogenannten „Homo-Ehe“, also der eingetragenen Lebensgemeinschaft gleichgeschlechtlicher Partner, auf nationaler Ebene durchsetzen wollte, traten ihm plötzlich ultra-konservative Abgeordnete aus den eigenen republikanischen Reihen entgegen.

Ein Paradox? Nein, wir befinden uns in den USA. „Diese Politiker folgten nur einer alten Tradition und waren misstrauisch gegen zu rasche staatliche Regulierung“, so USA-Experte Thomas Fröschl, „denn ‚wenn wir dieses Problem zu rasch zentralistisch lösen, kann das möglicherweise in einigen Jahren in Fragen des religiösen Fundamentalismus und der Glaubensausübung auf uns zurückfallen. Und genau das wollen wir nicht!‘ Die Bundesstaaten waren von Anfang an Laboratorien der Demokratie. Man hat also in den einzelnen Staaten allerlei ausprobiert, was dann auf höchster nationaler Ebene gelandet ist. Das war der Fall beim Frauenwahlrecht (1869 in Wyoming, 1920 auf Bundesebene), so ist es nach wie vor mit der Todesstrafe und eben auch mit der Frage der gay marriage (‚Homo-Ehe'). In Michigan ist man stolz darauf, seit über 150 Jahren die Todesstrafe nicht mehr zu haben – in Texas auf das Gegenteil; auch das ist Bestandteil der amerikanischen Pluralität."

Ob es zu dieser Pluralität auch gehört, dass in den Südstaaten ein Afroamerikaner oder ein Latino, der einen Weißen umbringt, ungleich höhere Chancen hat, hingerichtet zu werden als ein Weißer?

Faktum ist, dass eine wachsende Zahl von Organisationen inner- und außerhalb der Vereinigten Staaten moralischen, aber auch politischen Druck ausübt, gerade in Texas. Und zugegeben: Die Todesstrafe stand in den USA häufig zur Diskussion. Als sie in Iowa 1872 abgeschafft wurde, wo es in 34 Jahren gerade einmal eine einzige Hinrichtung gegeben hatte, wurden viele Verbrechen von vielen auf das Fehlen der Abschreckung durch die Todesstrafe zurückgeführt. Der öffentliche Druck wuchs und 1878 wurde sie wieder eingeführt. Bis in die 1920er-Jahre wurde politisch teilweise heiß diskutiert, und von 1846 bis 1917 schafften insgesamt 15 Staaten die Todesstrafe komplett ab, allerdings führten sieben sie noch vor 1921 wieder ein. Zwei weitere Staaten folgten in den 1930er-Jahren. Da war dann schon ein gewaltiger „Clash of Civilisations" am Wüten.

Die Massenzuwanderung aus Europa, die Weltwirtschaftskrise und die Angst vor dem Kommunismus ließen die amerikanische Gesellschaft in Extreme ausufern. Jeder, der nicht dem Idealbild des „WASP" (White Anglo-Saxon Protestant), also dem puritanischen Siedlerideal des weißen, protestantischen Englischstämmigen entsprach, war suspekt und wurde gegebenenfalls für Vergehen härter bestraft ... Das WASP-konforme Volk sollte gefälligst vor der „Verunreinigung" bewahrt werden. Der Kampf gegen das Verbrechen stand an oberster Stelle der nationalen Agenda. Und wer waren die Verbrecher? Italiener wie der Erzgauner Al Capone, Iren, Süd- und Osteuropäer ...

Die Zahl der Exekutionen stieg. Allein 1935 wurden in den USA 199 Menschen hingerichtet. Nicola Sacco, ein italienischer Anarchist, wurde nach einem Raubüberfall samt Doppelmord 1920 verhaftet. Trotz eher dünner Beweislage wurde er von der Jury nach weniger als einer Stunde Beratung zum Tode verurteilt und in den Todestrakt verlegt. Mit ihm verurteilt wurde sein Komplize Bartolomeo Vanzetti. 1925 rang dieser sich durch, das gesamte Verbrechen zu gestehen, für das Sacco verurteilt worden war. Sacco war also unschuldig!

Was geschah nun? Die Behörden weigerten sich, den Fall neu aufzurollen! Sacco und Vanzetti wurden beide im Jahr 1927 auf dem elektrischen Stuhl hingerichtet.

Weltbekannt wurde der Fall der Mörderin Ruth Snyder, die zusammen mit ihrem Liebhaber ihren Mann erwürgt hatte. Snyder starb als erste Frau der Welt auf dem elektrischen Stuhl. Ein Pressefotograf schmuggelte eine Kamera in den Hinrichtungsraum und schoss das erste und einzige existierende Foto einer Hinrichtung mit dem elektrischen Stuhl in den USA.

Nach dem Zweiten Weltkrieg ging die Zahl der Todesurteile stark zurück, und einige Staaten begannen in den 1950er-Jahren, die Todesstrafe erneut abzuschaffen.

Eine Panne erhärtete die Argumente der Gegner: 1946 sollte der 17-jährige Farbige Willie Francis am elektrischen Stuhl hingerichtet werden. Beim Aufbau des Stuhls soll angeblich eine Whiskyflasche die Runde gemacht haben. Trotz mehrerer Stromstöße war Francis beinahe unter seiner Kapuze erstickt und von Brandwunden übersät, doch er lebte! In einer Verhandlung vor dem Supreme Court wurde diskutiert, ob man ihn nochmals auf den elektrischen Stuhl bringen dürfte, denn aus dem 5. und 8. Zusatzartikel der US-Verfassung ging für einige Juristen zwingend hervor, dass der Staat nur einmal Leib und Leben fordern dürfe. Sie setzten sich nicht durch. Am 9. Mai 1947 wurde Francis hingerichtet.

Dennoch sank nach Pannen wie dieser die öffentliche Zustimmung zur Todesstrafe in den USA von 68 Prozent im Jahr 1953 auf

48 Prozent im Jahr 1960. Noch 1959 wurden 49 Delinquenten hingerichtet, 1966/67 nur mehr drei! Danach wurde zehn Jahre lang niemand mehr exekutiert, obwohl Gerichte weiterhin Todesurteile fällten. So füllten sich die Todeszellen: 1967 beherbergten sie 415 Menschen, 1971 sogar 600.

Die Todesstrafe für verfassungswidrig zu erklären scheiterte aber 1972 an einem Urteil des Supreme Court. 1976 wurde in der „Woodson-Entscheidung“ bestimmt, dass die obligatorische Todesstrafe für bestimmte Verbrechen verfassungswidrig sei. Daraufhin wurden 170 Todesstrafen in lebenslange Haftstrafen umgewandelt.

Und dann kam Gary Gilmore. Der 37-jährige Mehrfachmörder gierte nach seiner Festnahme in Utah geradezu nach dem Tod! Jede Verteidigung von außen lehnte er ab. Die Gegner seiner Hinrichtung verspottete er als Schwächlinge. Das Verfahren ging für seinen Geschmack zu langsam voran. Zwei Selbstmordversuche in der Haft blieben erfolglos. Gilmore erschütterte die Grundfesten der ratlosen Justiz, die einen solchen Fall noch nie unter den Richterhammer bekommen hatte. Der Schwerkriminelle wurde zum Star und genoss es sichtlich, Brennpunkt der allgemeinen Aufmerksamkeit zu sein. Meisterhaft hat ihn Karl Bruno Leder charakterisiert: „Er ist für kurze Zeit zum Mittelpunkt einer hektischen Betriebsamkeit, ja eines Kults geworden, von dem sich kein Beteiligter mehr klar zu sein scheint, dass er der Tötung eben dieses Mannes dient – eines Mannes, den alle mit Ehrerbietung, Respekt, sogar mit Freundschaft behandeln. Seine Tat, für die er sterben soll, scheint weit zurückzuliegen, ja versunken zu sein. Sie hat jedenfalls keine Bedeutung mehr, ist völlig unwesentlich geworden. Man fühlt sich unwillkürlich an jenes aztekische Menschenopfer erinnert, bei dem der erwählte junge Mann für die Zeit vor seinem Tod zu einer Art Gottkönig avancierte und höchste Verehrung genoss. Gilt diese nicht auch im gleichen Maße für Gary Gilmore, den Todeskandidaten?“

Gilmore, der die Hornhaut seiner Augen übrigens der Transplantationsmedizin zur Verfügung stellte, schaffte es schließlich, am

17. Januar 1977 hingerichtet zu werden. „Let's do it!“, waren seine letzten Worte, ehe er von einem Freiwilligenkommando erschossen wurde. Er hatte sich diesen „Tod mit Anmut und Würde“, den man in Utah als Alternative zum Hängen oder Enthaupten wählen konnte, selbst ausgesucht.

Renaissance des Tötens

In der Folge stieg die Anzahl der Hinrichtungen wieder an: von 21 Exekutionen im Jahr 1984 bis zu 98 Hinrichtungen 1999. Mittlerweile sind die USA wieder bei den Werten von 1951 angelangt.

1987 traf der Supreme Court eine weitreichende Entscheidung. Es hieß nun, dass er nicht über grundsätzliche Fragen der Urteilsfindung wie rassistische oder sexistische Begleitumstände zu entscheiden hätte, sondern nur prüfen könne, ob die Verfassung und die Gesetze ordnungsgemäß angewandt wurden. Mit der Präsidentschaft Reagans wurde das Klima schärfer, die „hippigen“ 1960er- und 1970er-Jahre mit ihrem liberalen Zeitgeist waren vorbei.

Mit der Giftspritze wurde die Todesstrafe wieder „human“, die öffentliche Meinung änderte sich. Von 1980 bis 1990 lag die Zustimmung der Bevölkerung zur Todesstrafe bei 70 Prozent. 1994 erreichte sie mit 80 Prozent sogar ihren höchsten Stand.

Obwohl sie seither zurückgegangen ist, getraut sich kaum ein US-Bundespolitiker von Rang, eine ablehnende Haltung einzunehmen. 1990 gab es sogar zwischen zwei Gouverneurskandidaten in Texas einen Streit, wer denn von beiden der überzeugtere Befürworter wäre! Auch der liberale Bill Clinton trat in seinem Wahlkampf 1992 für die Todesstrafe ein.

Wie eine zivilisierte und hoch technisierte Nation wie die US-amerikanische mit dieser Einstellung selbst zurechtkommt?

„Menschenrechtler kritisieren“, schreibt 2006 der „Spiegel“, „die amerikanische Gesellschaft verdränge nur, wie grausam es in Wahrheit ist, Menschen zu töten – im Namen des Staates, im

Namen der Rache, im Namen der Abschreckung. Hinrichten verursacht Schmerzen und Qualen. Wer sich das klarmacht, so jedenfalls hoffen es die Gegner der Todesstrafe, kann damit anfangen umzudenken. Sollte der Trend anhalten, dass die Zustimmung zur Todesstrafe stetig abnimmt, könnte in etwa zehn Jahren die Mehrheit der Amerikaner eine Abschaffung befürworten. Ohne eine starke Lobby allerdings wird auch das wenig bewirken, entscheidend ist die Politik – jenseits von Wahlkampfreden."

„Es bleibt zu hoffen", meint der USA-Historiker Thomas Fröschl, „dass zumindest jene fünf Bundesstaaten der USA, die die Todesstrafe noch in der Verfassung haben, aber sie seit Jahrzehnten nicht mehr exekutieren, sie in den nächsten Jahren auch tatsächlich abschaffen, zum Beispiel New York oder New Jersey, oder in jenen weiteren 13 Staaten, die in den letzten Jahrzehnten zwischen einer und fünf Exekutionen durchführten. Davon werden sich aber Staaten wie Texas oder Oklahoma nicht beeindrucken lassen. Eine zweite Möglichkeit wäre, dass der ‚Supreme Court' die Todesstrafe als mit dem achten Verfassungszusatz unvereinbar für die gesamten USA für verfassungswidrig erklärt."

So geht das Tauziehen also weiter. Noch ist die Todesstrafe in drei Viertel der Bundesstaaten der USA Realität. Ihrer Entsetzlichkeit zu entkommen, versuchte am 26. Juni 2007 der zur Giftspritze verurteilte 39-jährige Doppelmörder Patrick Bryan Knight. Er wollte vor seiner Hinrichtung einen Witz erzählen und hatte einen Sammelaufruf gestartet, 1300 Vorschläge trudelten per Post und via Internet ein. Als es dann so weit war, überlegte er es sich anders. Knights letzte Worte waren: „Der Tod hat mich freigelassen. Das ist der größte Witz. Und der andere Witz ist, dass ich nicht Patrick Bryan Knight bin und ihr diese Hinrichtung jetzt nicht stoppen könnt. Macht weiter. Ich bin fertig." Neun Minuten später wurde er für tot erklärt.

Ausgewählte Literatur:

Austria Presseagentur (APA)

Deutsche Presseagentur (DPA)/Jörg-Michael Dettmer

Spiegel Online 2006

Karl Bruno Leder, Todesstrafe – Ursprung. Geschichte. Opfer, München 1986.

Jürgen Martschukat, Geschichte der Todesstrafe in Nordamerika. Von der Kolonialzeit bis zur Gegenwart, München 2002.

Ingo Wirth, Todesstrafen. Eine geschichtliche Spurensuche, Leipzig 2004.

Saddam Husseins Ende, die „Sharia“ und andere orientalische Denkwürdigkeiten

Es ist gratis. Bezahlen muss man nicht.

Nur irgendwie „nachweisen“ oder behaupten, dass man über 18 ist.

Dann geht's los.

Exekution eines 16 Jahre alten Mädchens im Iran.

Zwei 17-jährige iranische Homosexuelle werden an einem Baukran erhängt.

Ein 12 Jahre alter Jung-Henker enthauptet irgendwo in einem muslimischen Land einen zum Tod verurteilten Mann.

Und schließlich wird in unzähligen Versionen Saddam Hussein von seinen Henkern erhängt.

Congratulation – you are watching „YouTube“! Sie sehen die beliebtesten Hinrichtungsszenen auf dem größten Videoportal im Internet!

Kein Fake – echtes Leben!

Minutenlange Sequenzen in kleinen oder größeren Dosen.

Sie können aber auch noch ganz andere Seiten und Portale aufrufen. Im Übermaß werden sie fündig werden. Das Netz quillt über vor Exekutionen in allen Varianten.

Unter den Stichwörtern „Execution“ oder „Hinrichtung“ finden sich auch viele „nachgestellte“ Sequenzen und Blödelvideos.

Saddams Ende jedenfalls ist authentisch. Und es hat Folgen. Denn hier ist wieder einmal nicht nur ein Mensch, ein Verbrecher hingerichtet worden, sondern ein Symbol.

*

„Tausende Anhänger des hingerichteten irakischen Ex-Präsidenten Saddam Hussein sind am Sonntag zu dessen Grabstätte im Dorf Awja gepilgert. Saddam war kurz vor Sonnenaufgang auf dem Gelände einer religiösen Stätte in seinem Heimatort 130 Kilometer nördlich von Bagdad beerdigt worden.

(...)

Die Zufahrten nach Tikrit wurden gesperrt, und den Anrainern wurde für vier Tage die Ausreise verboten. Doch trotz eines Ausgehverbots zogen bewaffnete Anhänger Saddam Husseins durch die Straßen der Stadt. Sie führten Bilder des Hingerichteten mit sich, schossen in die Luft und riefen nach Rache."

Meldung der „Associated Press" vom 31. Dezember 2006

Blut, Tränen und ein fester Strick – die Lösung des Problems?

„Ich habe geweint, als ich die Leiche im Sarg sah", sagt Jawad al-Subaidi. Er hat im Gerichtsverfahren gegen den irakischen Ex-Diktator Saddam Hussein ausgesagt. „Ich habe mich der Leiche genähert und zu ihr gesagt: Dies ist die wohl verdiente Strafe für jeden Tyrannen. Nun sind mein Vater und meine drei Brüder zum ersten Mal glücklich."

Saddam hat sie einst alle vier umbringen lassen.

Es sind gespenstische Szenen, die sich im Büro des Ministerpräsidenten Nouri al-Mailiki im Bagdader Regierungsviertel abspielen. Opfer des Ex-Diktators dürfen dessen Leiche besichtigen. In der Früh dieses 30. Dezember 2006 ist Saddam wegen Verbrechen gegen die Menschlichkeit gehängt worden. Das Urteil war bereits im ersten Prozess gegen ihn gefällt worden. Für ein Blutbad unter Schiiten in dem Dorf Dudschail im Jahr 1982. Dem Massaker in dem Dorf bei Bagdad waren 148 Schiiten zum Opfer gefallen – eindeutig ein Racheakt. Denn in dem Ort war zuvor ein Anschlag auf den Präsidentenkonvoi verübt worden. Der Anklage zufolge wurden Hunderte Frauen und Kinder aus dem Ort jahrelang in Internierungslagern in der Wüste festgehalten. Die Regierung zerstörte die Palmenhaine und Ackerflächen am Ufer des Tigris und damit auch die örtliche Wirtschaft. So verloren die Einwohner ihren Lebensunterhalt.

Im Prozess kommt vielen Zeugen die Erinnerung an das Hauptgebäude des Geheimdienstes in Bagdad wieder hoch. Einer erzählt, was er in den berüchtigten Verhörräumen des „Hakmija" erlebt hat, wie Männer und Frauen tagelang gefoltert wurden und Neugeborene starben, weil niemand sie versorgte. Und von einem Fleischwolf, durch den Körperteile gedreht wurden! Die Agentur „Reuters" zitiert den 38-jährigen Zeugen, dessen Aussage allen Prozessbeobachtern das Blut in den Adern gefrieren lässt: „Ich schwöre bei Gott: Ich kam an einem Raum vorbei und sah da einen Fleischwolf, aus dem Blut strömte, und darunter lag menschliches Haar".

Das „Verbrechen" des Mannes und seiner Familie: Sie waren Bewohner eines südirakischen Dorfes, in dem Saddam 1982 nur knapp einem Attentat entkommen war. Wie viele andere Familien des Ortes wurden sie daraufhin festgenommen und waren für 70 Tage nach Bagdad in die Folterkammer gekommen. Ihre Folterer peinigten sie mit Elektroschocks und schrien sie an: „Warum gesteht ihr nicht, ihr werdet sowieso hingerichtet." Einem Mann schossen die Aufseher zwei Kugeln ins Bein. Eine Frau verlangte Milch für ihr Baby. Verweigert. Ein Folterknecht warf das tote Neugeborene einfach aus dem Fenster. Viele andere Babys kamen in dem Gebäude zur Welt, nur um sofort zu sterben. Verantwortlich dafür ist der Geheimdienstchef Barsan Ibrahim al-Tikriti, Saddams Halbbruder, der ebenfalls auf der Anklagebank sitzt. Persönlich hat er damals mitgefoltert und mitgemordet. Auch er wird der Hinrichtung nicht entgehen.

Für all diese unaussprechlichen Schandtaten hat Saddam jetzt gebüßt. Von einer Ambulanz ist der Sarg danach ins Regierungsviertel gebracht worden. Die Leiche ist mit einem schwarzen

Anzug und einem weißen Hemd bekleidet und in Teilen mit einem weißen Tuch bedeckt. Schmähworte treffen den Massenmörder Saddam jetzt selbst noch im Tod.

Die Mehrheit europäischer Instanzen – von der EU bis zum Vatikan – protestiert gegen das „barbarische Vorgehen" im Fall Hussein, Länder wie Polen, Ungarn, Tschechien und Israel hingegen befürworten die Hinrichtung, die Weltpresse rauscht mit allen zur Verfügung stehenden Blättern: „Die Festnahme von Saddam Hussein vor drei Jahren war ein Augenblick der Freude für das Weiße Haus, der von Präsident Bush mit einer TV-Ansprache gewürdigt wurde", heißt es noch am selben Tag in der „New York Times". „Die Hinrichtung von Mr. Hussein scheint kaum die gleichen Gefühle auszulösen. Bush ging auf seiner Ranch schlafen, bevor die Hinrichtung in Bagdad ausgeführt wurde, und man weckte ihn nach der Exekution auch nicht. (...) Das zunehmende Chaos und die Gewalt im Irak überschattet die gewaltsame Herrschaft von Saddam Hussein, der zwei Jahrzehnte lang für die amerikanische Politik und Psyche ein Symbol des Bösen im Nahen Osten war. Was ein triumphaler Abschluss der amerikanischen Invasion im Irak hätte sein können, wird durch die düstere Wirklichkeit im Irak getrübt."

„The Daily Telegraph" in London rügt: „Die Vernichtung Saddams mag den Blutdurst von Irakern befriedigen, aber sie wird nichts an der Entschlossenheit der sich bekämpfenden sunnitischen und schiitischen Muslimgruppen ändern, ihre politischen Ziele mit den Mitteln der Gewalt zu erreichen anstatt in einem verfassungsmäßigen, demokratischen Rahmen, für dessen Errichtung die Koalition so hart gearbeitet hat. Das Beste, was man sich vom Tod Saddams erhoffen kann, ist, dass er der irakischen Regierung das bisher fehlende Selbstvertrauen gibt, den Aufstand zu bekämpfen und niederzuschlagen. Wenn sie dabei versagt, könnte das katastrophale Folgen für den Irak und die gesamte Region haben. Wenn zugelassen wird, dass die aufständischen Gruppen weitermachen, besteht die ernste Gefahr, dass der Irak in einem blutigen Bürgerkrieg versinkt, der schließlich zur Spaltung des Landes führen könnte."

Und die „Neue Zürcher Zeitung", wie gewohnt besonders ausgewogen: „Der Tod Saddams (...) besiegelt auch den Untergang des Systems, mit dem Saddam dem Irak seinen Willen aufgezwungen hatte. Ein System, das auf Bespitzelung, Folter und zunehmend auf Krieg aufgebaut war. Ein System, das den Irakern in seinen ersten Jahren aber auch Erziehung und Ausbildung, wirtschaftliche Entwicklung, gesellschaftlichen Fortschritt – zum Beispiel in Bezug auf die Stellung der Frau – gebracht hatte. Mit seiner größenwahnsinnigen Außenpolitik stürzte Saddam sein Land in drei Kriege in kurzer Folge und richtete es zugrunde. Der Sturz Saddams und die Zerstörung seines politischen Systems durch die amerikanischen Invasoren haben dem Irak aber nicht Freiheit und Frieden, sondern Anarchie und Bürgerkrieg gebracht. (...) Die Regierung ist in einer schwer bewachten ‚grünen Zone' verschanzt und hat auf die Entwicklung außerhalb davon kaum mehr Einfluss. In den Provinzen herrschen oder bekriegen sich lokale Machthaber. Mit Saddam scheint auch der irakische Staat ans Ende gekommen zu sein."

Der Zürcher „Tages-Anzeiger" mahnt die Menschenrechte auch für Saddam Hussein ein und nennt jede Hinrichtung einen „staatlichen Mord": „Artikel 3 der UNO-Erklärung der Menschenrechte hält denn auch fest, dass ‚jeder das Recht auf Leben' habe. Dieses Recht steht selbst einem so brutalen Schlächter wie dem irakischen Ex-Diktator Saddam Hussein zu. Es geht deshalb nicht an, dass man die Todesstrafe im Prinzip zwar ablehnt, sie dann aber bei besonders schwer wiegenden Vergehen – sozusagen à la carte – trotzdem fordert, verhängt und vollstreckt."

Trifft es etwa zu, was die römische „La Repubblica" meint, dass es mehr Mut gefordert hätte, sein Leben zu bewahren, als es auszulöschen? „(D)ie Banalität der Rache war wieder einmal stärker als die Intelligenz der Politik. Das voraussehbare Todesurteil gegen Saddam Hussein, das aus dieser Parodie der Nürnberger

Prozesse hervorgegangen ist (...), war schon vor drei Jahren unterzeichnet worden, als er in dem Mauseloch, in dem er sich versteckt hatte, aufgegriffen wurde; und nichts hätte dies noch ändern können. Es wurde im Dezember 2003 von George Bush unterschrieben, dem Präsidenten der Besatzernation, als er gleich nach der Festnahme der BBC sagte, nur ‚die Todesstrafe' wäre die richtige Strafe für diesen ‚furchtbaren Tyrannen'. (...) Es ist ein gleichzeitig globaler und privater Krieg, der seit fast 16 Jahren – seit dem Desert Storm – zwischen Vereinigten Staaten und Irak ausgetragen wird, und das, ohne dass der Irak je die Vereinigten Staaten angegriffen hätte. Am Ende hat der texanische Clan der Bushs die Rechnung mit dem sunnitischen Clan der Takriti beglichen. Und der Sohn kann dem Vater endlich den Kopf des Feindes präsentieren."

Der „Corriere della Sera" in Mailand meint zweierlei Maß im Umgang mit Diktatoren zu erkennen: „Saddams Prozess und seine Verurteilung sollten nach amerikanischer Absicht die Geburt der irakischen Demokratie beweisen und legitimieren. Saddam durfte nicht in seinem Bett sterben wie Pinochet (...). Nein, man wollte eine nationale Reinigung der Seele, einen Prozess der Iraker gegen den Peiniger der Iraker, einen Gründungsakt für die neue Justiz, die von den Befreiern gebracht wurde. Aber die Wirklichkeit war anders. Richter wurden getauscht, Rechtsanwälte wurden bedroht und die irakischen Streitigkeiten sind auch in den Gerichtssaal eingezogen (...). Die vermeintliche Errungenschaft der exportierten Demokratie ist so zum x-ten Beweis für ein tragisches Versagen geworden. Hier hat man gesehen – falls das überhaupt noch nötig war –, dass es im Irak keinesfalls eine neue Ordnung gibt (...)."

Während europäische und amerikanische Journalisten also von einer Moraldebatte in die nächste taumeln, sitzen derweilen ihre Kinder zu Hause vor ihren Computern und sehen sich den via Handy gedrehten Mitschnitt der Exekution des Vielgehassten an.

Das Video wird weltweit Hunderttausende Male aus dem Internet heruntergeladen, was übrigens fatale Folgen hat: In

Saudi-Arabien erhängt sich versehentlich ein zwölfjähriger Bub, als er die Hinrichtung nachspielen will! Sultan al-Shammari ist damit bereits mindestens das dritte Kind, das sich im „Saddam-Spiel“ getötet hat. Die anderen Opfer sind ein zehnjähriger Bub in Texas und ein Neunjähriger in Pakistan, die sich ebenso erhängt haben.

Recht und Rache

Saddam Husseins Hinrichtung verläuft auffallend hastig, und noch dazu am Abend vor einem hohen schiitischen Feiertag. Der Ex-Diktator gehört der größten Glaubensversion im Islam (im Christentum würde man von „Konfession“ sprechen), der sunnitischen Richtung an. Die ist zwar weltweit in der Mehrheit, im Irak sind die Sunniten allerdings die kleinere Gruppe. Andre Gingrich, international renommierter Ethnologe, merkt noch an, dass die Eile der Hinrichtung umso mehr auffällt, da die Verbrechen Saddams an den Kurden so nicht mehr restlos aufgeklärt werden können. Ein Zufall?

Wohl kaum. An Vergeltung für das Schicksal der Kurden dürfte den Schiiten nichts liegen, obgleich es hier um Verbrechen geht, die zum Himmel schreien: 1987 und 1988 eroberte die irakische Armee die Kontrolle über die kurdischen Gebiete im Norden zurück. In der „Anfal-Offensive“ wurden ganze Dörfer ausgelöscht, Bauernhöfe zerstört und die Bewohner unter Zwang umgesiedelt, Hunderttausende Menschen vertrieben und Zehntausende getötet. Diese Verbrechen stehen im Zentrum des zweiten Verfahrens gegen Saddam, das durch seine Hinrichtung beendet wird.

Eine der berüchtigtsten Aktionen war der Angriff mit Nervengas auf das kurdische Dorf Halabja. 5000 Menschen wurden dabei innerhalb von wenigen Stunden getötet. Saddams Cousin, General Ali Hassan al-Majid, auch „Chemie-Ali“ genannt, wird für die schlimmsten Gräueltaten verantwortlich gemacht und sitzt gemeinsam mit dem Diktator auf der Anklagebank. Er sagt, die Bewohner von Halabja seien dafür bestraft worden, dass sie das Eindringen iranischer Kräfte in dem damaligen Krieg mit dem Nachbarland nicht verhindert hätten. Auch er wird für seine Taten hingerichtet werden.

Doch zunächst ist der Chef an der Reihe. Zwischen 5.30 Uhr und 6.30 Uhr Ortszeit wird Saddam Hussein zum Galgen geführt. Das irakische Fernsehen überträgt den letzten Gang des 69-Jährigen am Vormittag zeitversetzt. Anwesend sind Sami al-Askari, ein Mitarbeiter des irakischen Regierungschefs Nouri al-Maliki, und der irakische Sicherheitsberater Muaffak al-Rubaie sowie einige wenige Augenzeugen, darunter Abgeordnete, Minister und ein Arzt. Es sei „zu hundert Prozent ein irakischer Vorgang" gewesen, bemüht sich danach Rubaie zu bemerken. „Nur Iraker waren da, keine Ausländer. Die Amerikaner sind der Hinrichtung ferngeblieben."

Ein Richter verliest noch einmal das Todesurteil, dann fragt ein anderer Richter den Verurteilten, ob er noch etwas sagen möchte. Das auch, aber vor allem hat Saddam einen Wunsch. Er hält einen Koran in der Hand, den er einer bestimmten Person hinterlassen will. Der Name wird notiert, und jemand verspricht Saddam Hussein, das heilige Buch weiterzuleiten. Nun geschieht etwas Merkwürdiges, erinnert sich Rubaie: „Er drehte den Kopf zu mir, als ob er mir sagen wolle: ‚Hab keine Angst.'"

Im irakischen Fernsehen, das einen rund 20-sekündigen Ausschnitt von der Hinrichtung zeigt, ist zu sehen, wie mehrere schwarz maskierte Männer den an den Händen gefesselten Delinquenten zum Galgen führen. Zwei der in Zivil gekleideten Henker legen ihm eine Schlinge um den Hals. Der Ex-Präsident zeigt keinerlei Nervosität oder Panik.

Er verweigert die angebotene Kapuze über den Kopf …

Da plötzlich – eine Störung im Ablauf des Geschehens! Ein Streit zwischen Saddam und seinen Henkern entsteht. Laut. Geräuschvoll. Und voller Hass.

Aus dem Stimmengewirr heraus klingt Saddams letzte Botschaft an das irakische Volk: „Ich hoffe, dass ihr geeint bleiben werdet, und ich warne euch, vertraut der iranischen Koalition (also der schiitischen Regierung, Anm.) nicht, diese Leute sind gefährlich. Ich habe vor niemandem Angst."

Der Ethnologe und Nahostspezialist Andre Gingrich, des Arabischen in allen Varianten mächtig, hat sich das Video der Hinrichtung genau angesehen – und vor allem angehört! Denn was unter dem Galgen geredet wird, spricht für den Ethnologen Bände. „Die Henker reden hier nicht wie staatliche Organe, sondern wie Träger einer Fehde. Sie rufen Slogans der schiitischen Radikalen, die ihren Führer und auch dessen Vater, einen alten Imam, den Saddam ermorden ließ, also die Familie Sadr, hochleben lassen."

Der staatliche Oberaufseher der neuen irakischen Regierung fährt dazwischen und brüllt: „Leute, hört auf! Dieser Mann soll jetzt getötet werden!"

Die Situation entgleitet ihm. Saddam seinerseits ist ebenso wie seine Henker nicht von Rechtsstaatlichkeit angekränkelt. Für ihn stechen Blut, Ehre und Fehde alle anderen Werte. „Ist das wirklich die Art, wie ihr zeigt, dass ihr Araber, dass ihr Männer seid?", schreit er, der schon den Strick um den Hals hat, den Henkern ins Gesicht.

Dann kehrt kurz Ruhe ein. Saddam Hussein darf die Glaubensformel ausrufen: „Es gibt keinen Gott außer Gott und Mohammed ist sein Prophet …" Danach öffnet sich die Falltür, und sein Körper fällt in die Tiefe.

Diese Szene zeigt das irakische Fernsehen nicht. Ein privater schiitischer Sender strahlt aber später Bilder vom Leichnam des Exekutierten aus, der in ein weißes Leichentuch gehüllt ist. Zu sehen ist nur der Kopf, nach dem Genickbruch durch den Strang nach rechts geneigt.

Schon das schnelle Urteil hat den Charakter von Rache und nicht von Verurteilung, meint Andre Gingrich, „eben der entscheidende Unterschied von Fehde und Strafe." Deutlicher kann man

Rache und Vergeltung anstelle von Bestrafung wohl nicht mehr zum Ausdruck bringen, vor allem im Bewusstsein, dass alles gefilmt und veröffentlicht wird! Auch das Geschrei der Henker.

Erinnerungen an die wilde, ebenfalls gefilmte und teilweise im Bild veröffentlichte Hinrichtung samt vorangegangenem „Prozess" des rumänischen kommunistischen Diktators Nicolae Ceauşescu im Jahr 1989 werden wach, der nach seinem Sturz einem improvisierten „Gericht" vorgeführt und anschließend sofort gemeinsam mit seiner Frau erschossen wurde.

Fortan gibt sich die irakische Regierung alle Mühe, peinlich genau auf den „korrekten" Ablauf weiterer Hinrichtungen zu achten. Trotzdem passiert noch eine Panne: Einer der Halbbrüder Saddams, Barsan Ibrahim al-Tikriti, wird vom Galgenstrick geköpft. Nun gehen die Henker noch gewissenhafter vor: Der ehemalige irakische Vizepräsident Taha Yassin Ramadan wird vor seiner Exekution zur Sicherheit abgewogen, ehe man ihn hängt …

Das alles ist weder in einem islamisch-religiösen noch in einem weltlichen Gesetzbuch vorgeschrieben, allerdings geübte Realität in einem Bürgerkriegsland, mit Besetzung durch die USA oder nicht, mit internationalen Beobachtern oder nicht. Saddam, der Blutsäufer, endet nicht wie ein Delinquent nach einem ordentlichen Verfahren, sondern wie ein Kriegsgefangener am Marterpfahl, meint Andre Gingrich. Oder wie in einem Stammesritual, der Blutgerichtsbarkeit.

Die Sharia und ihre Anwender

Der Islam und sein Gesetzbuch, die Sharia, sind geneigt, die Blutrache einzudämmen, aber es ist nicht gelungen, sie auszurotten. Blutrache ist tatsächlich bei Weitem keine Spezialität islamischer Länder. Ihr Prinzip ist nicht unkontrollierte Schlächterei, sondern Vergeltung Zug um Zug: „Tötest du meinen Bruder, dann knalle ich dir deinen ab." Brutal, aber in sich immerhin logisch.

Entschieden spontaner gingen die staatenlosen Gesellschaften, vor allem in der Dritten Welt, mit Kriegsgefangenen vor, die mitunter bestialisch zu Tode gefoltert wurden und noch werden. Die Sharia versuchte nun in ihrem Einflussbereich, das alles in geregelte Bahnen zu lenken, dem wilden Spektakel ein Ende zu bereiten.

Eines bleibt im islamischen Rechtsverständnis natürlich, ganz genauso wie im alten Europa: Besonders gräuliche Verbrechen werden ausgewählt grausam bestraft. „Wenn wir in unserem staatlichen Monopol das nicht durchziehen, dann wird es jederzeit der Mob besorgen – und noch ungleich brutaler ...", heißt die Devise.

„Sharia" bedeutet ursprünglich nichts anderes als „Straße" oder „Weg". Eine ihrer Wurzeln hat sie im Koran, was buchstäblich überprüfbar ist. Die zweite Quelle dieser Gesetzessammlung sind allerdings die weniger durchschaubaren Rechtstraditionen der jeweiligen Länder samt Präzedenzfällen, die bis ins 7. und 8. Jahrhundert zurückreichen. Das dritte Element der „Sharia" sind Erlässe von Rechtsgelehrten, die sogenannte „Fatwah". Die Auslegung ist in jedem Land also anders. Man kann sich auf höchst unterschiedliche Weise auf sie berufen, und die Bandbreite ist groß. In der Türkei sticht weltliches staatliches Recht (noch) solche religiösen Regelungen, im Iran oder Saudi-Arabien hingegen ... doch dazu später.

Die Sharia existiert fast überall parallel zum staatlichen und zum Gewohnheitsrecht. Der Koran allein nennt nur fünf Vergehen, für die drakonische Strafen festgeschrieben sind. Diese Delikte und alles, was die „göttliche Ordnung" stört, sind von der islamischen Obrigkeit zu ahnden.

Der Tod steht auf zwei dieser Delikte, nämlich Unzucht und Straßenraub. Unzucht, das bedeutet Steinigung, Straßenraub – so steht es zumindest geschrieben – die Kreuzigung.

Der Abfall vom Islam gehört interessanterweise ursprünglich nicht zu den todeswürdigen Verbrechen. Mord oder Totschlag werden als Schädigung einer Sippe durch eine andere angesehen, die diese Angelegenheit unter sich auszumachen haben. De facto urteilen heute zwar doch die Gerichte über Mord, aber ein Rest an Blutrache ist in manchen Ländern, wie in Saudi-Arabien, zumindest ritualisiert und pro forma geblieben.

Für ein Todesurteil braucht es mehrere vollwertige, ehrbare Moslems als Zeugen. Bei Unzucht vier, sonst zwei Zeugen. Eine Verurteilung nach einem Geständnis ist ebenfalls möglich. Dieses Geständnis kann jedoch jederzeit widerrufen werden.

Die Todesstrafe bei Unzucht droht gerade dem Verheirateten, der wohl um die Bedeutung seiner Verfehlung und die Heiligkeit der Ehe Bescheid wissen muss. Auch muss, so steht es geschrieben, der Beschuldigte ein ehrbarer Moslem sein, um hingerichtet werden zu können, das heißt frei, volljährig, im vollen Besitz des Verstandes, mit einer ehrbaren Frau rechtsgültig verheiratet, mit der er in der „üblichen" Weise verkehrt. Volljährig ist man im orientalischen Verständnis allerdings dann, wenn man in der Pubertät angekommen ist. So werden also in Ländern wie dem Iran Kinder und Jugendliche gerade in einem Alter sich entwickelnder Sexualität neben Mord vor allem wegen „Delikten" wie homosexuelle Praktiken hingerichtet.

Für den Richter gelten noch zusätzlich Vorschriften und Empfehlungen. Als verdienstvoll gilt jener, der eine Strafe vom Angeklagten abwenden kann. Der Blutdurst ist folglich beschränkt.

Wenn er sich aber Bahn bricht, dann tut er es gründlich. Ein Rechtsgelehrter legte einst die Strafe der Steinigung wie folgt fest: „Die Steinigung erfolgt mit mittelgroßen Steinen, weder mit leichten Kieseln (die Qual würde zu lange dauern) noch mit Felsbrocken – die beabsichtigte Peinigung würde verfehlt –, sondern mit Steinen, die die hohle Hand ausfüllen; man nehme sich davor in Acht, das Gesicht des Schuldigen zu treffen, weil das der Prophet Mohammed verboten hat (...). Der Ehebrecher ist während des Vollzugs der Strafe nicht anzubinden oder zu fesseln; auch ist für ihn keine Grube auszuheben. Für die Ehebrecherin kann eine ihr bis zur Brust reichende Grube ausgehoben werden. Während des Vollzugs darf ihre Schamgegend nicht entblößt werden. Deshalb sind die Kleider an ihr festzuschnüren, so dass ihr Leib nicht sichtbar wird."

Klar, dass zum Beispiel die afghanischen Taliban, eine Abart der dogmatischen sunnitischen Wahabiten, diese Strafen konsequenter exekutierten als das die Erben Atatürks in Ankara und Istanbul tun, die – bei allen neuerdings auftretenden islamistischen Strömungen – ihr Land mit einer laizistischen Verfassung regieren. Die Taliban sind unduldsam wie die Frühprotestanten und beziehen sich auf die Wurzeln islamischer Tradition. Andre Gingrich, der erfahrene Ethnologe, erinnert sich an einen einzelnen Fall: Ihren Ehemann soll sie ermordet haben, die afghanische Frau. So lautet der Vorwurf, der nicht letztgültig bewiesen worden ist. Zusammen mit anderen Delinquenten wird sie in ein Fußballstadion getrieben. Dort warten 25.000 Zuschauer. Sie ist tiefverschleiert. So wird sie erschossen.

Ähnliches geschieht jeden Freitag nach dem großen Gebet vor der Hauptmoschee.

Auch und gerade als „Ungläubiger" kann man – ganz im Gegensatz zu den ursprünglichen Vorschriften der Sharia – zum Todesopfer werden. Die Beispiele der Christenverfolgung in islamischen Ländern sind fast nicht zu zählen. Schon Gerüchte können zu Übergriffen, aber auch zu Prozessen gegen Christen führen.

Indonesien ist mit 215 Millionen Einwohnern das bevölkerungsreichste islamische Land der Welt. 90 muslimische Bevölkerungsprozent führen hier einen blutigen Dauerkrieg gegen gerade einmal 15 Millionen Christen. Im September 2006 werden die drei Christen Fabianus Tibo, Marianus Riwu und Domingus da Silva schuldig gesprochen, sechs Jahre zuvor Übergriffe gegen Muslime auf der Insel Sulawesi organisiert zu haben. Ihre angebliche Tat konnte weder bewiesen werden, noch gab es überhaupt einen fairen Prozess. Trotzdem werden sie erschossen. Ihre Beisetzung erfolgt ohne offene Aufbahrung. Die Justiz hat kein Interesse daran, dass die Außenwelt die Folterspuren zu Gesicht bekommt ... Bei den gewaltsamen Auseinandersetzungen zwischen Christen und Muslimen sind in Indonesien zwischen 1998 und 2001 mehr als 1000 Menschen getötet worden. Wie viele seither dazugekommen sind, kann man nur erahnen.

Auch in Pakistan, einem wackeligen Verbündeten des Westens, droht für die Beleidigung des Korans lebenslänglicher Kerker. Und lästert ein Christ oder ein Jude nicht schon durch seine bloße Existenz den Koran? Zwar kennt der Islam eine Art Schutzbefohlenheit gegenüber Christen und Juden, aber nur dann, wenn sie sich wohlverhalten. Der Auslegungsspielraum dieses Wohlverhaltens ist breit. Wer den Propheten Mohammed verunglimpft, wird jedenfalls hingerichtet.

Das geistige Unterfutter liefern schon Schulbücher. 93 zwischen 1999 und 2002 in Saudi-Arabien herausgegebene Lehrbücher hat eine Studie einer Menschenrechtsorganisation untersucht. Das Ergebnis: In Saudi-Arabien, dem wichtigen Geschäftspartner der US-Öl-Tycoons, lernen sechs- bis 16-jährige Schüler noch heute von Juden und Christen als „Feinden Gottes und seiner Gläubigen". Wenn auch nicht alle Saudis diese Lehren annehmen oder auch nur mit ihnen einverstanden sind, nähren sie doch Zweifel an der gerade dem Westen gegenüber beschworenen prinzipiellen Toleranz des Islam. Immerhin mündeten auch die Begehrlichkeiten des islamischen Osmanischen Reiches in Richtung Europa in der frühen Neuzeit nicht gerade in basisdemokratische Gesprächsrunden, sondern wurde so manchem christlichen Opfer die Haut über die Ohren gezogen.

Nach Papst Benedikts XVI. Vorlesung vom 12. September 2006 an der Universität Regensburg, in der er einen mittelalterlichen byzantinischen Kaiser zitierte, der Mohammed kritisiert hatte, wurde nicht nur Benedikt selbst öffentlich und medial von Stimmen aus der islamischen Welt zum Tod verurteilt, sondern es fanden tatsächlich wilde „Hinrichtungen" an Christen statt! Der türkische Religionsminister ging zwar so weit nicht, bekannte aber, dass er die Rede Benedikts wohl scharf kritisiert, indes gar nicht gelesen hatte. In Mogadischu in Somalia drangen in jenen Tagen verhetzte Islamisten in ein Krankenhaus ein, in dem vorwiegend muslimische Patienten betreut wurden, und schossen einer katholischen Ordensschwester in den Rücken. Kurz darauf starb die Nonne. Im Irak wurden allein an zwei Tagen, am 11. und am 21. Oktober 2006, in Mossul der syrisch-orthodoxe Priester Paul Alexander enthauptet, der Geistliche Joseph Petros in Bagdad ermordet und in der Provinz Diala ein 14-jähriger christlicher Knabe geköpft. In Bassora wurde ein 14-Jähriger gekreuzigt, da er sich offen zum Christentum bekannte. Aber auch in der laizistischen Türkei, in der Religion und Politik offiziell streng voneinander getrennt sind, wurde bereits vor der Rede Benedikts, im Februar 2006, der italienische Priester Andrea Santoro ermordet.

Der Iran und die reine Lehre

Der verstorbene Professor Alameh Tabatabai, ein bedeutender iranischer Gelehrter und Koran-Kommentator, nach dem auch eine Universität benannt ist, spricht es in seinem „ABC des Islam“ offen aus: „Die Widersacher des Islam, die sich das Ziel gesetzt haben, das religiöse Fundament der Muslime zu stürzen, sind als gegen ‚Islam und Muslime Krieg führende Kafaran‘ (Ungläubige) zu behandeln, denen sich die Muslime – dazu sind sie verpflichtet – entschlossen in den Weg zu stellen und zu kämpfen haben, um sich gegen sie zu schützen und zu verteidigen. Wenn es das Wohl der Muslime und des Islam erfordert, kann die islamische Gesellschaft allerdings auch einen vorläufigen Nichtangriffspakt mit den Feinden des Islam schließen. Sie ist jedoch nicht befugt, mit diesen ein solch freundschaftliches Verhältnis zu unterhalten, dass dadurch Denken und Gottesdienerschaft der Muslime beeinflusst und zersetzt werden.“

Worte, die besonders jenen Gästen aus dem Westen zu denken geben sollten, die nach Teheran zu „Holocaust-Konferenzen" und ähnlichen Veranstaltungen anzureisen pflegen. Aber auch solchen, die wie der eine oder andere kommunistische Staatschef der Dritten Welt, wie der venezolanische Präsident Hugo Chavez, in die Anti-USA-Koalition mit dem Iran getreten sind.

Ist der Dschihad, der „Heilige Krieg", erst einmal ausgerufen, dann droht dem Muslim, der sich ihm nicht willig einreiht, die Ächtung, wie aus der 8. Sure, Vers 16 hervorgeht: „Wer aus dem Dschihad und vor dem Feind flieht, ist vom göttlichen Zorn begleitet. Seine Flucht ist eine Flucht in die Höllenverdammnis hinein (...), es sei denn, er würde sich besinnen, zu seiner Truppe zurückkehren und gegen den Feind kämpfen." Nach dieser Lesart hängt der iranische Muslim also am kurzen Zügel. Ein totalitär durchstrukturiertes religiöses System verpflichtet ihn auch im Alltag allein der islamischen Regel: „Gutes gebieten, Schlechtes verwehren."

„Ein wesentlicher Unterschied zwischen dem Verfahren des Islam und anderer Gesellschaftslehren bzw. -ordnungen", sagt Tabatabai, „beruht darin, dass in Letzteren nur die Reformierung des Tuns und Lassens der Gesellschaftsmitglieder berücksichtigt wird. Der Islam aber will sowohl deren Handeln und Verhalten als auch Moral und Gesinnung bereinigen. Das heißt, sein Kampf gegen Unheil und Verderbnis wird auf beiden Ebenen geführt (...), auf der geistig-moralischen als auch praktischen."

Denunziation von Andersdenkenden und Unangepassten ist daher Pflicht. „Auf diese Weise wird der ‚Kampf gegen Unheilstifter' ‚kollektiv' und somit effektiver", schreibt Professor Tabatabai in dem wegweisenden Kapitel „Was tun mit dem landesinternen Feind?". Ein Satz, der in jedem totalitären Handbuch „Leitfaden für Diktatoren" stehen könnte. Mit oder ohne Religion.

„Ungerechtigkeit, Verleumdung, Unaufrichtigkeit, Wucher, Bestechung, die Missachtung der Rechte anderer – insbesondere auch der Eltern – sowie sämtliche Übergriffe gegen Ehre und Würde der Mitmenschen" – sie alle „‚verseuchen' zunächst einzelne Personen und diese dann – im Endeffekt – die ganze Gesellschaft. Wie ein Eiterherd im Körper, der sich, so er nicht behandelt wird, immer mehr ausweitet und schließlich den ganzen Organismus in Mitleidenschaft zieht. Das, was beispielsweise die Gottesdienerschaft des Menschen beeinträchtigt bzw. zunichtemacht, wodurch die Pflichten, die der Mensch Gott gegenüber hat, verletzt werden, ist zum großen Teil auf Faktoren dieser Art zurückzuführen. (Unter anderem das Vernachlässigen der Gebets- oder Fastenpflicht.)"

Solchen Übeltätern drohen „bittere Folgen", wie das darauffolgende Kapitel überschrieben ist, ehe sich der Professor im islamischen ABC dann den Themen „Arbeit, Fleiß, Vorwärtsstreben" und „Landwirtschaftliches" widmet. Zuvor heißt es aber noch:

„Wer sich eines Verbrechens schuldig macht, vergeht sich an der Gerechtigkeit und tritt das eigene Gerechtigkeitsempfinden mit Füßen. Er hat seine menschliche Würde und Wertigkeit ‚verspielt'." Sicher war der 1981 verstorbene Alameh Tabatabai nur eine Stimme von vielen, aber die geübte gerichtliche Praxis im schiitischen Iran spricht für sich.

Gleich nach der islamischen Revolution 1979 waren dort Massenhinrichtungen an der Tagesordnung. Khomeinis Radikale riefen nach Blut. Da wurden 40 gegnerische Mujaheddin in einer Nacht im Gefängnis getötet, wurden Kurden vor laufender Kamera wie Tiere abgeknallt. Der liberalere Präsident Khatami setzte sich immerhin in den Jahren 1997 bis 2005 so weit durch, dass die vollstreckten Todesurteile dramatisch weniger wurden.

Trotzdem spielten sich auch in Khatamis Amtszeit grausige Szenen ab. In der Hauptstadt Teheran wurde ein großer Platz von der Polizei für den Verkehr gesperrt. Weit über 3000 Schaulustige hatten sich bereits eingefunden, als der 17-jährige Mortesa Amini Mokaddam in einem Polizeiwagen auf den Platz gebracht wurde.

Genau an dieser Stelle hatte er am 13. Dezember 1999 Hadi Mohebbi ermordet. Mitten auf dem Platz stand ein großer Baukran, an dem er aufgehängt werden sollte. Die iranischen Hinrichtungs-Kräne sollen möglichst vielen Zuschauern eine gute Sicht auf den Todeskampf garantieren. Ein Sprecher des Teheraner Gerichtes verlas das Todesurteil und legte Mokaddam die Schlinge um den Hals, worauf der Junge anfing zu weinen und zu schreien.

Nun brach sich das allgemeine Mitgefühl Bahn: Auch die Angehörigen von Mokaddam schrien mit: „Seid barmherzig! Der Koran verlangt Vergebung!“ In einigen islamischen Ländern, so auch im Iran, können die engsten Familienangehörigen ein Todesurteil aufheben, wenn sie das lautstark verlangen. Ein Rest alter bluträchender Stammessitte, und ein seltener Fall.

Auf dem Platz drohte die Lage allmählich zu eskalieren, als der Vater des Opfers den Gerichtsbeamten erklärte, dass er „dem Mörder vergebe und dieser nicht hingerichtet werden soll“. Daraufhin brach auf dem Platz Jubel aus: „Gott ist groß! Lang lebe die Familie Mohebbi!“ „Volkes Wille“ ist also keineswegs immer nur auf Blut aus!

Mortesa Amini Mokaddam wurde mit jenem Krankenwagen ins Gefängnis zurückgebracht, der eigentlich für seine Leiche vorgesehen gewesen war. Sein Todesurteil wurde in eine Haftstrafe umgewandelt.

Unter dem radikal-fundamentalistischen Präsidenten Mahmud Ahmadinedschad schlägt das Pendel seit 2005 wieder zurück. Die Zahl der Exekutionen hat sich im Vergleich zu 2005 nahezu verdoppelt: Mindestens 177 Personen wurden 2006 hingerichtet. Neue todeswürdige Verbrechen sind hinzugekommen.

So gilt im Iran seit Juli 2007, dass künftig tatsächlich alle Delikte, die im Zusammenhang mit Pornografie stehen, mit dem Tode zu bestrafen sind. Die Majlis, das iranische Einkammerparlament, beschloss das Gesetz mit 148 zu fünf Stimmen bei vier Enthaltungen. Die Majlis wird von radikalislamischen Kräften dominiert. Der „Wächterrat“ ist dafür verantwortlich, dass die iranische Gesetzgebung dem Koran entspricht. Wer künftig im Zusammenhang mit der Produktion pornografischen Materials gebracht wird, muss mit einer Verurteilung als „korrupte Person auf Erden" rechnen. Die Fälle werden vor den Revolutionsgerichten verhandelt, die über den normalen lokalen Richtern stehen. Pornografisches Material ist vor allem auf den Straßen Teherans erhältlich.

Schon bisher wurde die aktive Mitwirkung in Pornofilmen mit dem Tod bestraft, vor allem wieder bei Frauen, wie Maryam Ayubi, die man wegen dieses Vergehens und wegen außerehelicher sexueller Beziehungen zum Tode durch Steinigung verurteilte. Das Urteil wurde am 20. Mai 2001 im Gefängnis Evin vollstreckt.

Nicht vollzogen wurde hingegen das Todesurteil an einem Alkoholsünder: Am 11. Januar 2003 wurde ein 19-Jähriger für das wiederholte Trinken von Alkohol zum Tode am Galgen verurteilt, nachdem er schon öfters von der Polizei im alkoholisierten Zustand festgenommen worden war. Das Gericht begründete das Todesurteil mit den Artikeln 165, 166, 168, 172 und 179 der islamischen Rechtsordnung. „Ich bin zweimal für das Trinken von Alkohol bestraft worden, obwohl ich gewusst habe, dass es laut islamischem Gesetz verboten ist", sagte der junge Mann reumütig in einem Zeitungsinterview, denn er wusste, dass neben dem Drogenhandel auch der Genuss von Alkohol zumindest pro forma als todeswürdig gilt.

Die Menschenrechtsorganisation „Amnesty International" zählt derzeit 70 junge Menschen, die auf die Vollstreckung der Todesstrafe für Taten warten, die sie als Minderjährige begangen haben. „Der Iran ist praktisch das letzte Land, in dem noch offiziell Kinder-Straftäter – Menschen, die zum Zeitpunkt ihrer Straftaten unter 18 Jahre alt waren – hingerichtet werden", erklärt der Nahost-Direktor von „Amnesty", Malcolm Smart. Mindestens 24 „Kinder-Straftäter" sind seit 1990 hingerichtet worden, sagt er. Elf von ihnen waren sogar noch bei der Exekution unter 18 Jahre alt. Die Dunkelziffer liegt wahrscheinlich weit höher.

Und auch die öffentliche Steinigung gehört unter der Präsidentschaft Ahmadinedschads wieder zum fixen Repertoire. Eine für Juni 2007 geplante Steinigung eines Mannes und einer Frau wegen Ehebruchs wurde allerdings kurzfristig ausgesetzt. Denn auch im Iran, einem intellektuell hochzivilisierten Land, gibt es Menschenrechtsaktivisten. Sie fanden den Termin heraus, da die beiden Delinquenten an einem Morgen um 9.00 Uhr, in Leichentücher gewickelt, vorschriftsmäßig eingegraben und dann mit Steinwürfen hätten getötet werden sollen.

Die Tat ist wieder einmal dem Bereich sexueller Verfehlungen zuzuordnen: Mokarameh Ebrahimi ist 43 Jahre alt und Mutter von drei Kindern, die wegen Ehebruchs seit elf Jahren im Gefängnis saß. Sie sollte deshalb zusammen mit dem Vater ihres jüngsten Kindes gesteinigt werden. Ihr Ehemann soll drogensüchtig sein und seine Frau zur Prostitution gezwungen haben. Doch das ließ der Richter nicht gelten.

Die Frauenrechtsaktivistin Shadi Sadr, die eine Kampagne gegen Steinigungen in der Islamischen Republik gestartet hat, berichtet, dass die Anwälte der beiden Angeklagten von der Justiz dermaßen unter Druck gesetzt wurden, dass sie sich nicht getrauten, mit Journalisten über den Fall zu sprechen. Doch Sadr wandte sich ihrerseits an die Medien. „Öffentliche Steinigungen gab es in Iran in den ersten Jahren nach der Revolution", empört sie sich. „Danach wurden Steinigungen nur noch unter Ausschluss der Öffentlichkeit in geschlossenen Räumen durchgeführt, in Gefängnissen." Man wollte wohl von internationaler Kritik verschont bleiben. In diesem Fall sollte die Hinrichtung aber provokativ öffentlich durchgeführt werden, wohl um die Iraner von „Unzucht" abzuschrecken.

Erst im Jahr 2002, während Menschenrechtsverhandlungen, hatte Präsident Khatami EU-Vertretern versprochen, diese Art der Hinrichtung einzustellen. Unmittelbar danach ordnete der Chef der Judikative, Ayatollah Hashemi Shahrudi, alle Richter des Landes an, keine Steinigungen mehr zu vollstrecken. Jedoch:

„Eine Anordnung ist nichts wert, solange das Gesetz nicht geändert worden ist", sagt Shadi Sadr. Getreu dieser Devise handelte ein Richter in der nordöstlichen Stadt Mashhad, als er im April 2006 einen Mann und eine Frau wegen Ehebruchs steinigen ließ. Sadr und ihre Kolleginnen waren zu spät informiert worden …

Steinzeit

Was bis heute im Iran vor sich geht, aber wohl auch dort, wo die Steinigung sonst noch geübter Brauch ist, in Jemen, Nigeria, Pakistan, Sudan und den Vereinigten Arabischen Emiraten, beschreibt eine Szene, in der Ingo Wirth den in Frankreich lebenden Journalisten Freidoune Sahebjam zitiert.

Eine 35-jährige Frau, Mutter von neun Kindern, ist wegen Ehebruchs zum Tod verurteilt worden und wird in ihrem Heimatdorf am 15. August 1986 gesteinigt. Das Todesurteil hat der Vater über seine Tochter gesprochen. Die Vollstreckung leitet der Bürgermeister. Er legt die Reihenfolge fest, in der die Vollstrecker Hand an den Stein legen dürfen. Den ersten Stein darf der Vater werfen. Dann kommt der Ehemann, der Imam der Stadt, anschließend die beiden ältesten Söhne der Verurteilten, die solcherart ihre „Ehre" wiedererlangen.

„‚Und schließlich kommt unsere kleine Gemeinde dran. Jeder von euch darf einen Stein auf die Unwürdige werfen, die uns alle beschmutzt hat.‘

Nachdem der jungen Frau der lange schwarze Schleier abgenommen worden war, traten die beiden Stellvertreter des Bürgermeisters vor, ergriffen die Verurteilte an den Armen, führten sie zu der ausgehobenen Grube und ließen sie hineinsteigen. Von Männern des Dorfes wurde sie bis zu den Schultern eingegraben. Jetzt begann die Vollstreckung des Todesurteils. Der Bürgermeister nahm einen Stein und reichte ihn Morteza. ‚Ihnen, Herr Ramazani, gebührt die Ehre, den ersten Stein zu werfen. (…) Bitte sehr. (…)‘

Der Alte legte seinen Stock auf den Boden nieder und ergriff den Stein. Er sagte Gott Dank, streckte den Arm und schleuderte den Stein mit aller Kraft in Richtung auf seine Tochter. Dabei brüllte er: ‚Ya Allah! Da hast du's. Hure!'

Er verfehlte sein Ziel. Ebrahim reichte ihm einen anderen Stein, und der Alte warf, seinen Hass hinausschreiend, ein zweites Mal auf seine Tochter. Viermal versuchte er sie zu treffen, ohne Erfolg. Rasend vor Wut, schrie er: ‚Gebt mir noch einen Stein, ich will ihr den Kopf einschlagen!'

Der Bürgermeister gab ihm zu verstehen, dass er die Kreidelinie auf keinen Fall überschreiten dürfe, denn das sei gegen das Gesetz Gottes.

Nun kam der Ehemann an die Reihe, doch die ersten beiden Steine verfehlten seine Frau. Erst der dritte Stein traf die Verurteilte an der rechten Schulter. ‚Das Geschrei schwoll an, und die Männer applaudierten. Ghorban-Ali deutete ein Lächeln an, nahm den nächsten Stein, zielte noch sorgfältiger und warf. Diesmal traf er seine Frau am Haaransatz. Sorayas Kopf wurde nach hinten gerissen, die Stirn platzte auf, Blut strömte hervor.'

Die Menge jubelte dem Ehemann zu: ‚Geschafft! Ein Hoch auf Ghorban-Ali! Er hat sie getroffen, noch einmal, gib's ihr, dieser Nutte!'

Auch die beiden ältesten Söhne beteiligten sich an der Steinigung. Bald waren ‚Kopf und Oberkörper nur noch ein Haufen blutigen Fleisches. Ihre Kopfhaut war eine einzige klaffende Wunde. Augen und Nase waren zerschmettert, der Kiefer gebrochen. Der Kopf baumelte wie eine groteske Karnevalsmaske auf den Resten der rechten Schulter.'

Scheich Hassan, Gottes Stellvertreter im Dorf, stand mit blutigem Gewand ganz vorn. Aus zehn Freiwilligen wählte er einen, der den Tod der Verurteilten feststellen sollte. Der Mann beugte sich herunter und erklärte: ‚Sie lebt noch. Die Hündin ist immer noch nicht krepiert.' Es begann der letzte Akt der Urteilsvollstreckung.

‚Ein Mann ging langsam auf Soraya zu und schlug ihr mit aller Kraft mehrmals auf die Schädeldecke. Seinem Beispiel folgend, hob ein zweiter einen Ziegelstein auf, der neben dem Opfer lag, und versetzte ihr damit wie rasend ein halbes Dutzend Schläge. Der Schädel zersprang, und das Gehirn spritzte auf die Erde.‘

Ein Freudengeschrei wurde laut, und begeistert rief die Menge: ‚Gott ist am größten! Gelobt sei Gott!‘

Der Getöteten wurde ein Begräbnis verweigert. Die Dorfgemeinschaft beschloss: ‚Sie hat gelebt wie eine Hündin. Sie ist gestorben wie eine Hündin. Deshalb soll ihre Leiche den wilden Tieren zum Fraß vorgeworfen werden.‘

Einige Männer gruben die Tote aus und legten sie auf einen Karren. Bis über die Dorfgrenze hinaus folgten streunende Hunde dem Leichenzug. Schon an der eingegrabenen Leiche hatte einer der Hunde versucht, den zertrümmerten Kopf zu erbeuten, aber erst einen Kilometer außerhalb des Dorfes durften die Tiere über den toten Körper herfallen.

Die junge Frau war eine von acht Verurteilten, zwei Frauen und sechs Männern, die 1986 im Iran gesteinigt wurden.“

Als „steinigungstauglich“ gilt eine Frau im Iran dann, wenn sie im heiratsfähigen Alter, also neun Jahre alt ist.

Nun firmiert der Iran im Westen ohnehin als einer der „bösen Buben“. Wie aber sieht es mit den Verbündeten der USA und der NATO in dieser Hemisphäre aus?

Sprechen wir auch einmal von Saudi-Arabien!

Der gut informierte Mann sitzt neben mir und nimmt mir ein Versprechen ab: „Bitte zitieren Sie mich nicht namentlich.“ Zu sehr ist er dem Land verbunden, fürchtet er den Zorn der Mächtigen, die dort das Sagen haben. Denn was er zu erzählen hat, ist hochbrisant, den meisten Menschen in Europa nur zum Teil bekannt und könnte den Blick auf den großen Verbündeten des Westens im Nahen Osten empfindlich trüben. Getötet wird man dort, wenn man Mord, aber auch Mord im Affekt, Totschlag oder schwere Körperverletzung mit Todesfolge begangen hat; oder auch für „illegitimen" Geschlechtsverkehr.

„In Saudi-Arabien ist die Hinrichtung ein religiöser Akt, so wie das Schlachten von Opfertieren", erzählt mein Gesprächspartner mit gedämpfter Stimme. Offiziell soll sie also keine Volksbelustigung sein, doch ist sie de facto genau das. Das Filmen von Hinrichtungen ist an sich verboten. „Aber die Saudis sehen es nicht ungern, wenn private Videos gedreht und ins Internet gestellt werden." Hin und wieder wird zwar dem einen oder anderen Amateur die Kamera abgenommen, aber das Land hat nicht einmal pro forma protestiert, als Hinrichtungsvideos von der BBC ausgestrahlt worden sind.

Jeden Freitag, dem höchsten Feiertag, nach dem Mittagsgebet (mittlerweile wegen der vielen Delinquenten auch an anderen Tagen) kommen Zehntausende Menschen als Zuschauer zu den wöchentlichen Hinrichtungen zusammen. „Zur Vorbereitung wird sehr viel im Fernsehen gezeigt", sagt mein Gesprächspartner. „Da werden die Täter tagelang im Fernsehen dazu interviewt, wie sie die Tat begangen haben, warum sie's getan haben. Live-Kameras machen mit den Tätern einen Lokalaugenschein, vor allem und ganz besonders gerne, wenn es sich um Nichtmuslime handelt. Der Tatort wird besucht und der philippinische Hausbursche erklärt dann schon einmal in allen Details, warum er in dieser speziellen Situation seinem saudischen Hausherrn doch lieber den Hals durchgeschnitten hat, anstatt ihn bewusstlos zu schlagen. Tagelang wird gezeigt, wie sich die Todgeweihten jetzt fühlen – im Bewusstsein, dass ihnen nächste Woche der Kopf abgeschlagen wird, und ob sie noch etwas sagen wollen.

Ein Quotenknüller – die Programme werden gerne gesehen. Auf den großen Märkten in Riad und in anderen Städten, laufen außerhalb der Gebetszeiten in allen Fernsehern diese Sendungen. Die Menschen stehen in Trauben davor, sehen die Tränen in den

Augen der Delinquenten. Es ist ein Hype, eine mediale Stimmungsmache, diese Hinrichtungsvorbereitung.“

Dementsprechend gut besucht ist dann am Freitag die Moschee – und der Ort der Richtstatt, jeder will die besten Plätze ergattern. Eine letzte Hoffnung bleibt dem Verurteilten jetzt noch: Auch nach saudischem Recht haben, ähnlich dem Iran, immer die Verwandten des Opfers das letzte Wort. Bei den öffentlichen Spektakeln hat der Henker also die Pflicht, die Angehörigen zu sich zu rufen und zu fragen, ob sie trotz gerichtlicher Verurteilung Gnade walten lassen wollen. Nur in einigen wenigen Fällen wurde sie in Saudi-Arabien bisher auch gewährt – um einen zuvor zwischen der Täter- und der Opferfamilie ausgehandelten „angemessenen“ Preis.

Der Koran selbst stellt fest, dass es ehrenvolle und schändliche Formen der Hinrichtung gibt. Ehrbare Täter werden kniend, mit offenem Blick durch Enthaupten mit dem Schwert zu Tode gebracht. Schandbar ist hingegen die Steinigung, die besonders gerne an Frauen exekutiert wird, deren Ehre in Gesellschaften wie dieser ohnehin von vornherein nicht sehr hoch angesetzt wird. Nur eine saudische Prinzessin setzte es einmal durch, geköpft zu werden. Ein makaberer emanzipatorischer Triumph.

So mancher Zweig islamischer Rechtstradition hat dieses System im Lauf der Zeit noch ausgebaut, und die Saudis waren hier am erfinderischsten. „Wer als besonders unehrenhaft und nicht einmal der Steinigung für würdig befunden wird“, schildert mein Saudi-Spezialist, „wird lebendig aus einem Flugzeug über dem Meer abgeworfen. Das kann zwar nicht öffentlich auf einem Platz oder in einem Stadion vorgeführt werden, man darf es aber filmen, da die Delinquenten ja nicht sterben, während sie aus dem Flugzeug befördert werden, sondern erst, wenn sie unten ankommen. Nicht einmal den Leichnam kann man hier in einer frommen Weise begraben. Der wird von den Fischen gefressen, die als besonders mindere Tiere gelten. Das steht natürlich alles nicht im Koran, da Mohammed ja noch keine Flugzeuge kannte.“

Nach dem Flugzeugabwurf und der Steinigung folgt in der Skala der Strafe für Verworfene das Erhängen, das als besonders peinlich gilt, weil bei der Strangulierung verschiedene Körperflüssigkeiten austreten – vor allem für einen männlichen Delinquenten eine große Demütigung. „Das hat auch bei Saddams Hinrichtung im Irak eine Rolle gespielt", sagt mein Gesprächspartner. Saddam hatte sich nach seiner Verurteilung gewünscht, nach militärischer Sitte erschossen zu werden, was ihm das Gericht nicht gewährte. Saddam habe keine militärische Ausbildung genossen, lautete die Begründung, sondern sich selbst zum Uniformträger gemacht. „Eine juristische Spitzfindigkeit", findet mein Spezialist: „Das war nicht sehr schlau. Man hat die Chance einer versöhnlichen Geste gegenüber den Anhängern Saddams versäumt." Und nachdenklich setzt er noch hinzu: „Wäre man ein Gegner des neuen Irak und der USA und ihrer derzeitigen Regierung, hätte man diese Hinrichtung nicht ‚besser' durchführen können. Es ist alles falsch gemacht worden, was falsch zu machen war."

Doch zurück nach Saudi-Arabien. Erschossen wird dort nicht sehr gerne, schon gar nicht öffentlich, da es eine Hinrichtungsart ist, die Begriffe wie „ehrenhaft" und „schandbar" verschwimmen lässt. Sie ist ein Mittelweg, den man vermeiden will. Allerdings wird seit Mitte der achtziger Jahre auch nicht mehr öffentlich gesteinigt.

Seit 1980 ist, wie der Herausgeber eines einschlägigen Internetportals, Michael Kahr, penibel auflistet, nur eine Erschießung bekannt geworden, nämlich die des Ehebrechers Mansur Abdullah Hassan al-Baligh am 16. Dezember 1983 in Jizan. Außerdem gab es vier Steinigungen. Am 4. Dezember 1981 wurde Tuwairish Bashir al-Halwi wegen eines Sexualmordes an einem Mann in Riyadh gesteinigt; am 23. Dezember 1983 in Makkah die Mörderin und Ehebrecherin Hind bint Ali Abdulghani Dighna; am 4. Januar 1985 der Jemenit Ali Abdu Salim wegen sexuellen Missbrauchs eines Jungen in Najran; und schließlich am 2. Mai 1986 der Vergewaltiger Mohamed bin Saleh al-Jawhar al-Yami in Sharura bei Najran.

Die Kunst des Enthauptens eines Knienden mit dem Schwert will auch in Saudi-Arabien erst einmal erlernt sein. Dafür gibt es eigene Henkerschulen, aber auch ganz so wie früher im alten Europa ganze Scharfrichterdynastien. Das heißt, die Schulen sind in der Regel keine staatlichen Bildungseinrichtungen, sondern eigentlich Familienbetriebe.

Die Leibesstrafen, wie die Amputation einer Hand nach einem Diebstahl, besorgen hingegen seit 20 Jahren Ärzte unter klinischen Bedingungen samt Anästhesie und allem Drum und Dran! Diese Idee übernahmen dann andere Länder wie Libyen. Bis dahin, jedenfalls bis in die 1950er-Jahre, wurden auch Gliedmaßen öffentlich abgehackt und die Stümpfe anschließend mit heißem Öl oder Pech traktiert. Bei den Saudis stand diese Strafe unter anderem für die Übertretung eines ganz bestimmten Beschneidungsverbots.

In einer derart apokalyptischen Gesellschaft ungestraft für die Abschaffung der Todesstrafe zu sein, bleibt wenigen liberalen Prinzen aus dem Herrscherhause Saud vorbehalten, die ihren humanistischen Spleen im Schutz der Königsfamilie pflegen können, aber (noch) nicht weiter ernst genommen werden.

Aber warum? Warum nur badet gerade das steinreiche und hoch technisierte Saudi-Arabien in einem solchen Meer von Blut? „Saudi-Arabien war nie Kolonie", antwortet mein Gesprächspartner, „sondern ist in einer Art Gegenbewegung gegen den Kolonialismus aus den Kerngebieten der Wüste und der Oase heraus entstanden, um die bereits kolonialisierten Randgebiete an sich zu reißen. Wie die frühen Protestanten haben sich die Saudis dabei auf ihr Gegenstück zum Evangelium berufen. Da war eine gewisse Modernisierung dabei, aber auch eine Verschärfung der Strafen. Und da ist schon einmal etwas dabei, was im 7. Jahrhundert Mohammed im Umland von Mekka so auf- und eingefallen ist, und das bis heute geltend gemacht wird ..."

Wie sehen die USA die Praxis ihres Verbündeten in Sachen Blutbad? Moralischen oder realpolitischen Druck gibt es von dieser Seite kaum, nur bisweilen den sanft vorgetragenen Wunsch an die Saudis, ihre Leute doch bitte ein bisschen diskreter hinzurichten. Das evangelikale Auge sieht öffentliche Schamlosigkeit eines Verbündeten nicht gerne, weshalb in den Medien der USA – anders als in Europa – auch nicht wirklich über diese Vergnügungen der nahöstlichen Bündnispartner berichtet wird. „Grundsätzlich sind sich aber beide einig, dass die Tötung von Verbrechern eine prinzipienfeste moralische Haltung ist“, erzählt mein Saudi-Arabien-Kenner und wird gegen Ende hin dann doch vorsichtig optimistisch: „Also, ich glaube, dass Saudi-Arabien, wie es heute ist, sich in zwanzig, dreißig Jahren als historische anti-koloniale radikale Episode erweisen wird. Denn die Todesstrafe in dieser Form war ja, wie gesagt, Bestandteil eines ersten und zweiten Modernisierungsschubs, der vor hundert Jahren mit der Einigung durch den Stamm Al Saud begonnen, und der das Land auch weiter gebracht hat, noch ehe unter dem saudischen Sand Öl gefunden wurde. In einem dritten Schritt wird erkannt werden, dass diese Blutbäder die weitere Modernisierung untergraben, und dann werden sie auch wieder abkommen.“

Der Zweckoptimismus eines Menschenfreundes, der auf dieses Land angewiesen ist …? Der Ethnologe Andre Gingrich sieht jedenfalls angesichts einer so beschaffenen islamischen Welt und den ebenfalls hinrichtenden USA, die noch dazu in einer Wertekrise stecken, wenig Chancen, der Todesstrafe in absehbarer Zeit auf breiter Front beizukommen. „Wir müssen nur darauf achten“, so der Wissenschafter, „dass wir dem europäischen Sonderweg das Überleben sichern. In drei, vier Generationen kann er dann vielleicht einmal eine globale Chance bekommen.“

Ausgewählte Literatur und Quellen:

Martin Fontanari, Christenverfolgung in der islamischen Welt, in: Academia Nr. 5, Wien 2006.
Alameh Tabatabai, Das „ABC“ des Islam, Teheran 1996.
Ingo Wirth, Todesstrafen. Eine geschichtliche Spurensuche, Leipzig 2004.
www.todesstrafe.de
Der Spiegel, Hamburg.
Agence France Press (AFP)
Associated Press (AP)
Austria Presseagentur (APA)
Deutsche Presseagentur (DPA)
Reuters

Hängt ihn höher! Ein Blick über die Grenzen des Themas, und sechs Fragen zum Lynchen und zur Privatjustiz

Irak 2005

Adnan Muhammed Elias ist 21 Jahre alt und arbeitet für die städtische Müllabfuhr einer irakischen Stadt. Vier Jahre seines Lebens hat er in einer Schule zugebracht. Lesen und schreiben kann er nicht. Im Jahr 2005 gibt er einem irakischen TV-Sender sein erstes Fernsehinterview. Er gehört der Gruppe „Ansar al Sunna" an, was übersetzt so viel wie „Verteidiger der Überlieferung" bedeutet. Eine der gefährlichsten terroristischen Banden, die den Irak unsicher machen, und die mittlerweile auch nach Europa ausgeufert sein soll.

„Ansar al Sunna" ist eine merkwürdige Mischung aus kurdischen Islamisten, die aus dem Iran in den Irak zurückgekehrt, und nicht-irakischen „Al Kaida"-Mitgliedern, die aus Syrien eingesickert sind, besteht. Ihr Kampf gilt vor allem der von den USA unterstützten irakischen Übergangsregierung.

Adnan Elias ist geschnappt worden. Ein Reporter sitzt ihm gegenüber. Mit jungenhafter Stimme erzählt Adnan, wie er und seine Gruppe einen Polizisten des „neuen Irak" – und damit einen Büttel des Systems – fingen, fesselten und schlugen. „Warum hast du uns verfolgt?", fragten sie den Getretenen. „Es liegt nicht an mir", antwortete er. „Wir bekommen unsere Befehle."

Seine letzten Worte. Dann schlachteten sie ihn.

Nachdem sie ihm bei lebendigem Leib mit einem Messer den Kopf abgeschnitten hatten, öffnete Mushin, einer aus der Gruppe, den Körper des Mannes, entnahm den Magen und einen Teil der Gedärme und deponierte TNT, explosives Material in seinem Leib. „Mussten Sie nicht erbrechen, als das alles neben Ihnen geschah?“, fragt der Interviewer. „Nein, antwortet der Junge, „ich stand ein wenig entfernt von Mushin.“ – „Und Mushin?“, zischt der Interviewer schon etwas aggressiver, „war er nicht angewidert, und musste selbst erbrechen, als er das alles tat?“ –„Nein.“ – „Wer ist dieser Mann? Dracula?“, kann sich der Reporter nicht mehr halten.

Der Junge versteht nicht, was damit gemeint ist. Er erzählt nun, wie Mushin den Körper vernähte und sie ihn mit einem Auto zu einem zentralen Platz brachten. Dort setzten sie ihm den abgeschnittenen Kopf wieder auf.

„Mein Gott ...“, entfährt es dem Interviewer.

Dann riefen sie die Eltern des Ermordeten an und sagten ihnen, wo ihr Sohn zu finden wäre. Der Vater kam mit zwei Polizisten. Er hob den toten Sohn auf. Noch zwei Schritte konnte er tun, dann drückte einer aus der Gruppe, Ahmad Sinjar, den Fernzündknopf. Der Körper explodierte in den Armen des Vaters. Der Vater und die zwei Polizisten starben.

Erste Frage: Ist das eine Hinrichtung?

Oder nicht vielmehr sadistischer Mord an unschuldigen Menschen, und vielleicht mehr als das?

Zweite Frage: Lesen Sie sich die Geschichte noch einmal genau durch.

Was würden Sie anstelle der überlebenden Angehörigen der darin zu Tode gekommenen Menschen, mit den Herren Mushin, Ahmad Sinjar und Adnan Elias tun wollen, wenn Sie sie mit eigenen Händen zu fassen kriegten? Und bitte seien Sie ehrlich. Vor allem zu sich selbst.

Tschechoslowakei 1945

Aussig ist eine Stadt an der Elbe in der Tschechoslowakei.

Wir schreiben den 31. Juli 1945, vor nahezu drei Monaten ist der Zweite Weltkrieg zu Ende gegangen. Nach dem Ende der deutschen nationalsozialistischen Herrschaft haben nationaltschechische Partisanen und tschechische Kommunisten das Ruder übernommen. Die seit Jahrhunderten hier lebende deutsche Bevölkerung muss weiße Armbinden tragen, um erkenntlich zu sein.

Um 15.45 Uhr erschüttert eine Explosion den gesamten Umkreis von drei Kilometern. Ein Startschuss.

An der Beneš-Brücke, über die die deutschen Zivilisten gerade von der Arbeit heimkehren, postieren sich kommunistische Tschechen und Männer in russischen Uniformen. Die „Exekutionen" beginnen. Mit Maschinenpistolen feuern die selbst ernannten Henker in die Menge. Offizielles Militär schließt sich der „Exekution" an.

Eine Mutter, die ihr Kind im Wagen über die Brücke fährt, wird mit Latten erschlagen und mit dem Kind über das Gelände in die Elbe geworfen, unter Begleitfeuer aus Maschinenpistolen. Einem Mann namens Breinl, ein deutscher Antifaschist, der erst vor drei Monaten nach vier Jahren im Nazi-Konzentrationslager zurückgekehrt ist, reißen die Tschechen zuerst die Haare aus und töten ihn dann mit einem Bauchschuss.

In drei Stunden werden 2000 Menschen zu Tode gebracht, die meisten einfach erschlagen. Die Toten werden geplündert, von internierten Deutschen auf Autos geladen und zur Kremation nach Theresienstadt gefahren. Die Begleiter der Toten kehren nicht zurück.

Das Ereignis in Aussig ist eines von vielen ähnlichen, das der tschechische Sozialdemokrat Joseph Belina in seiner Zeitschrift „Londyske Listy" im Londoner Exil veröffentlicht. Belina ist nach dem Ende der Nazi-Herrschaft bis zu seinem Tod 1948 wohlweislich im Exil geblieben.

Erste Frage: Sind das, wie die beteiligten Tschechen es nannten, „Exekutionen“?

Oder nicht vielmehr sadistische Morde an unschuldigen Menschen, und vielleicht mehr als das?

Zweite Frage: Was würden Sie denken, wenn Sie hörten, dass die selbst ernannten Henker aus dieser und vielen anderen ähnlichen Geschichten nicht nur nicht zur Rechenschaft für ihre Morde gezogen, sondern solche zum Teil von der Tschechoslowakei hoch dekoriert wurden, und einige von ihnen noch heute hochbetagt und unbehelligt in Tschechien leben? Gibt's nicht?

Sie würden staunen.

USA 1916

Mai 1916 in Waco, Texas.

Der 17-jährige Afroamerikaner Jesse Washington steht vor Gericht. Er ist angeklagt, die 53 Jahre alte weiße Farmersfrau Lucy Fryer vergewaltigt und zu Tode geknüppelt zu haben. Washington, ein Analphabet, hat die Tat bereits gestanden. Wie dieses Geständnis zustande gekommen ist, weiß niemand so genau. Aber Geständnis ist Geständnis.

In der Zeit zwischen seiner Verhaftung und dem Prozess ist Washington sicherheitshalber im Gefängnis in Dallas untergebracht gewesen. Jetzt, am 15. Mai, steht er hier in Waco in einem vor Zuschauern überfüllten Gerichtssaal zwölf weißen Geschworenen gegenüber, für die nach dem Geständnis des Jugendlichen der Fall klar liegt. Nach nur vier Minuten Beratung verurteilen sie Jesse Washington zum Tod.

Da stürzt eine Gruppe von Männern auf den Jungen zu, packt ihn und zerrt ihn aus dem Gericht. Sie legen ihm eine Kette um den Hals. Er wird zum Platz vor dem Rathaus gezerrt. Dort haben unter einem Baum etwa 400 Männer einen Scheiterhaufen errichtet. Auf dem Weg wird der Wehrlose mit Schaufeln und

Ziegelsteinen geschlagen und kastriert. An der Kette ziehen sie ihn den Baum hoch und hängen ihn über das Feuer. Als er versucht, an der glutheißen Kette emporzuklettern, schneiden sie ihm Finger und Ohren ab. Dann verbrennt er bei lebendigem Leib. Nach zwei Stunden werden Jesse Washingtons Überreste in einem Sack von einem Auto von Waco bis zur 7 Meilen entfernten Fryer-Farm geschleift und in der dortigen Schmiede zur Warnung aufgehängt.

Eine erhaltene Ansichtskarte zeigt den verkohlten Leichnam an einer Kette baumeln, umringt von der finster-zufrieden blickenden Meute, die den Menschen gerade zu Tode gemartert hat.

Handschriftlich ist auf dem Exemplar vermerkt: „Das ist die Grillparty, die wir gestern Abend hier hatten; mein Bild ist links, mit dem Kreuz darüber. Euer Sohn Joe."

Erste Frage: Ist das eine Hinrichtung?

Oder ist das nicht vielmehr Mord an einem zum Tod verurteilten Jungen, der, wenn sein Geständnis nicht erzwungen war, sich nach damals geltendem Recht den Strick und keine grausame Folter verdient hätte, und dessen Fall nach heutiger Auffassung unter die Jugendgerichtsbarkeit fallen würde? Sogar in den USA? Sogar in Texas?

Zweite, diesmal besonders knifflige und dementsprechend zweigeteilte Frage: Wie hätten Sie im Fall des Farmers Fryer gehandelt, der zusieht, wie die Meute den verurteilten mutmaßlichen Vergewaltiger und Mörder seiner Frau schlachtet? Und was hätten Sie als die Person, die Sie heute sind, im Jahr 1916 getan, um sich dem Mob (es waren Tausende Menschen) entgegenzustellen?

Denken Sie genau nach, und versuchen Sie dabei, ganz ruhig zu bleiben.

Blick in den Abgrund

Wir sind an einer Grenze angelangt. An jener eingangs dieses Buches beschriebenen Grenze zwischen Hinrichtung und eindeutigem Mord.

Das sah man in Texas damals freilich anders: Die Täter des „Waco Horrors“ wurden in einem Prozess von einem ordentlichen Gericht freigesprochen …

Aber ist Selbstjustiz nicht auch eine Art von Justiz? Wenn auch eine illegitime? Andererseits diskutieren wir doch gerade darüber, ob Todesstrafe und Hinrichtung an sich ein legitimer Weg sein *können*, einen Menschen zu Tode zu bringen.

Bei aller Abgrenzung sei doch zumindest ein Blick geworfen, hinunter, in den Abgrund der Lynchjustiz und des Fememordes.

*

Colonel Charles Lynch soll während der amerikanischen Revolution in Virginia Kleinkriminelle und englandtreue Loyalisten auf eigene Faust „zur Strecke gebracht“ haben. Sein Beispiel des „Lynchens“ machte Schule.

Im rechtsfreien Raum des Wilden Westens waren die „Frontiers“, die Westmänner, auf sich allein gestellt und setzten ihr persönliches Rechtsempfinden eisenhart und gnadenlos durch. Um dem Ganzen einen gewissen rechtlichen Charakter zu geben, fand man sich spontan, meist am Ort der Tat zu Tribunalen zusammen.

Der Ausgang des Bürgerkriegs ließ die Zahl der „extralegalen“ Hinrichtungen in den unterlegenen Südstaaten sprunghaft ansteigen. Immer schon war der feudale Süden der USA stark patriarchalisch aufgebaut, war der „Patriarch“ für den Schutz seines Gutes und seiner Familie verantwortlich gewesen.

Eine Verletzung seines „Reiches“ konnte nur mit Blut gesühnt werden. Nicht nur, weil einem selber Unrecht geschehen war, sondern auch, weil man im Falle einer Nichtverfolgung in den

Augen der anderen als „Ehrloser“ dastand, der nicht in der Lage war, sein Recht zu verteidigen. Auch konnte man besonders dann an Ehre gewinnen, wenn man mithalf, das Unrecht, das anderen Angehörigen der „eigenen Rasse“ zugefügt wurde, zu rächen.

Und da sich der soziale Stand innerhalb der weißen Oberschicht im Süden nur aufgrund der Ehre halten oder ausbauen ließ, war der Selbstjustiz auch in der Bevölkerung Tür und Tor geöffnet.

Wohlgemerkt sprechen wir hier von der Zeit *nach* dem Ende des Bürgerkriegs, *nach* der Sklavenbefreiung, durch die der weißen „Aristokratie“ des Südens nicht nur materiell, sondern auch seelisch Schmach und Schande widerfahren war.

Die Lynchjustiz bestand nicht aus Einzeltaten von Verrückten, sondern war die Reaktion der weißen Herren auf die Emanzipation der schwarzen Ex-Sklaven. Je näher die Afroamerikaner der politischen Mündigkeit und wirtschaftlichen Selbstständigkeit kamen, desto heftiger wurden sie – oft unter Zuhilfenahme von Rassentheorien – als Vergewaltiger, als Schänder der weißen Unschuld dargestellt und vernichtet.

Es ist symptomatisch, dass sich der berüchtigte „Ku-Klux-Klan“ 1915, also ein Jahr vor der bestialischen Schlachtung von Jesse Washington, wiedergründet. Offiziell hat er als Zusammenschluss weißer Farmer nur von 1866 bis 1869 bestanden. Dieser auspeitschenden, brandstiftenden und tötenden Vereinigung setzt man 1871 durch ein Bundesgesetz ein Ende, was aber lediglich zur Folge hat, dass die „Clansmen“ umso verdeckter agieren. 1869 hat der Klan, dessen Name vom griechischen Wort „kýklos“ (Kreis) kommt, 550.000 Mitglieder. 1925, zehn Jahre nach der Wiedergründung, sind 5 Millionen Amerikaner in dem rassistischen Großbund organisiert. Bis heute gilt diese Ära vielen weißen Südstaatlern als Ringen ums Überleben gegen die größenwahnsinnig gewordenen Schwarzen. In den Augen der meisten Außenstehenden ist es rückwirkend eher ein Kampf um Überlegenheit, um die Erhaltung der Herrschaftsverhältnisse, an denen erst die Bürgerrechtsbewegung der 1960er-Jahre nachhaltige Änderungen erzwingt.

Das Hauptziel der Lynchjustiz war Abschreckung, die Klärung der Schuldfrage absolut zweitrangig. „Zur Disziplinierung der schwarzen Bevölkerung erfüllte ein baumelnder Neger den Zweck ebenso gut wie ein anderer", berichten Zeitzeugen aus dem Süden des ausgehenden 19. Jahrhunderts. Insgesamt registriert die Statistik zwischen 1880 und 1930 beinahe 3000 Opfer der Lynchjustiz, 492 davon in Texas. Dunkelziffer unbekannt.

In den 1920er-Jahren, als der „Ku-Klux-Klan" gerade seinen höchsten Mitgliederstand erreicht hat, reist die Bürgerrechtsbewegung NAACP (National Association for the Advancement of Colored People) mit Erfolg von Staat zu Staat, um Anti-Lynching-Gesetze und deren Strafverfolgung zu erreichen. Tatsächlich geht in dieser Zeit die Zahl der Lynchmorde auch zurück. Einen Ausreißer aus der Statistik markieren nur die 1950er- und 1960er-Jahre, in denen der Kampf der Afroamerikaner um Gleichberechtigung seinen Höhepunkt findet.

Später sind es dann weiße Farmer, die mit ihren Familien zu Opfern bestialischer schwarzer Lynchjustiz werden, und zwar in jenen Ländern des südlichen Afrika, die sich gegen Ende des 20. Jahrhunderts an den Weißen blutig schadlos halten.

*

Das Massaker von Aussig an der Elbe ist nur eines von vielen.

Jahrhundertelang haben in Böhmen und Mähren Deutsche und Tschechen zusammengelebt, in den letzten Jahrzehnten mehr schlecht als recht – ein ewiges Wechselspiel der Gewalt. Seitdem das Zeitalter des Nationalismus im 19. Jahrhundert angebrochen war, bekämpften sich die beiden Volksgruppen erbittert. Nach dem Untergang des alten Österreich beschnitt die tschechoslowakische Regierung die Rechte der drei Millionen Deutschen, immerhin die zweitgrößte Volksgruppe in dem jungen Staat. Schon 1919 feuerte tschechoslowakisches Militär auf friedlich demonstrierende Deutsche. Die deutsch-nationalistische Henlein-Partei führte ihre zahlreichen Anhänger direkt in Hitlers Arme.

Im „Protektorat Böhmen und Mähren“ wütete wiederum die SS. Als Vergeltung für die Ermordung des berüchtigten Leiters des Reichssicherheitshauptamtes Reinhard Heydrich durch tschechoslowakische Attentäter wurde 1942 das Dorf Lidice bei Kladno dem Erdboden gleichgemacht, 190 Männer erschossen oder in Konzentrationslager deportiert.

Die Rache der Tschechen erfolgte so wie oben beschrieben. In einer Bekanntmachung heißt es: „Es wird Ihnen aufgetragen, sich mit der ganzen Familie bis zum 18.6.1945 10 Uhr vorm. zwecks Abreise aus dem Gebiete der ČSR vorzubereiten. Jede Person kann höchstens 30 kg Gepäck mitnehmen. Die Aufforderung zum Abgang wird noch am morgigen Tage erfolgen, vor der Aufforderung dürfen Sie die Wohnung nicht verlassen.

Ich mache Sie drauf aufmerksam, daß jedwede Beschädigung, Vernichtung und ä. des Eigentums und der Einrichtung des Haushalts sogar mit dem Tode bestraft würde. Diese Auswanderung erfolgt in voller Übereinstimmung mit dem Kommando der Russischen Armee.“

„Rechtlich“ gedeckt waren und sind die darauf folgenden Massen-„Exekutionen“ durch die rassistischen Erlässe des Exilpolitikers und dann ersten Staatspräsidenten der neuen ČSR, Edvard Beneš, die berüchtigten „Beneš-Dekrete“, die niemals aufgehoben wurden. Sie sind noch heute in Kraft.

*

Und im Irak der Gegenwart?

In einem Propaganda-Video behauptet die uns bereits bekannte Gruppe „Ansar al Sunna“ im Februar 2005, sie habe seit Oktober 2003 285 Anschläge verübt und dabei 1155 Menschen getötet, 63 Panzerfahrzeuge, 71 Mannschaftstransportwagen und 30 Humvees zerstört. – Zwar eine ziemlich aufgeblasene Bilanz, wie

US-amerikanische Sicherheitsexperten anhand einzelner Attentate nachrechnen, aber der Irak weiß sich nicht mehr anders zu helfen und führt im Mai 2005 die Todesstrafe wieder ein. Erst zwei Monate davor haben die US-Besatzer sie ausgesetzt. Offenbar ein misslungenes Experiment.

Ausgewählte Literatur:

Bundesministerium für Vertriebene, Flüchtlinge und Kriegsgeschädigte (Hrsg.), Die Vertreibung der deutschen Bevölkerung aus der Tschechoslowakei, 2 Bde., Augsburg 1994 (1956).

Jürgen Martschukat, Geschichte der Todesstrafe in Nordamerika. Von der Kolonialzeit bis zur Gegenwart, München 2002.

Kain, was tust du deinem Bruder an?

Wir sind am Ende.

Nein, wir sind es nicht. Es geht weiter.

Zwar sind laut Statistik von „Amnesty International“ im Jahr 2006 offiziell „nur“ mehr 1591 Menschen hingerichtet worden; weniger als 2005, wo es noch 2148 waren; wir ahnen indes die Dunkelziffer. Allein in China sind es wahrscheinlich fünfmal so viele.

Doch es gibt Hoffnung. Denn nur sechs Staaten waren 2006 für 91 Prozent der Hinrichtungen verantwortlich. China, Iran, Pakistan, Irak, Sudan und die USA.

1977 hatten erst 16 Staaten der Erde die Todesstrafe für alle Verbrechen abgeschafft. Heute sind es 99.

Wir sollten uns einige Fragen stellen. Hat jemals eine Supermacht die Welt beherrscht, ohne Menschen hinzurichten? Ging die Abschaffung der Todesstrafe in vormals dominierenden Staaten nicht zeitlich gesehen mit ihrem weltpolitischen Machtverlust einher? Frankreich? Russland ...?

Und wird die Welt eine bessere sein, wenn Supermächte obwalten, die nicht mehr hinrichten?

Weg von der Politik. Was tun mit Verbrechern, die gemordet haben? Einfach gemordet. Aus niederen Instinkten. Bestialisch. Darf, soll der Staat sie töten? Was ist stärker? Der Drang zu strafen, oder das Mitleid mit der Kreatur, die weiß, dass sie nun sterben wird? Am Ende sind wir so überzeugt oder so ratlos wie am Beginn.

Die Poesie ist am Wort.

Der junge österreichische Dichter und Gewinner des „Junior-Bachmann-Literaturwettbewerbs“ 2002, Roland Weißegger (www.rlnd.net), hat es unternommen, über den letzten Gang eines Menschen zu erzählen. Ja mehr noch. Der Dichter riskiert es, dass wir ein paar Sätze lang eins werden mit dem Verurteilten, seine Gedanken und Gefühle teilen. Wir wissen nicht, wer der Delinquent ist, wann er seinen Weg geht oder welches Instrument ihn töten wird.

Es ist der Todeskandidat aller Zeiten und Länder.

Ihm sind dieses Buch und der abschließende Text gewidmet.

Roland Weißegger: Am Ende des Lichts

Lautes Stimmengewirr, schrilles Kreischen, tosender Applaus.

Schwarze Wolken am roten Horizont.

Einsam stehe ich auf meinem Wagen, von allen verlassen, umgeben von Menschen, Hunderten, Tausenden, unzähligen, alle gekommen, mich zu sehen. Mich! Die Welt um mich dreht sich. Dreht sich weiter, ohne sich um mein Schicksal, mein Leben, meinen Tod zu kümmern.

Marktschreier übertönen die gesichtslose Menge nur mühevoll, preisen Raben an, Geier, totes, schwarzes Gefieder. Mit ihren großen Buckeln stehen sie da, waten durch die roten Schwaden, schimmerndes Öl trieft ihnen aus den Bärten.

„Weiter“, heißt's, weiter soll ich gehen, weiter fahren in die Hölle. Weiter! Spitz glänzen die Speere in meinem geschundenen Rücken, Peitschenhiebe knallen aus der Menge. Wer hat noch nicht, wer will noch mal? Aber nein, nicht töten sollt ihr mich, lasst mich leben, ich muss noch sterben heute.

Scheppernd stößt mein Schuh gegen ein am Boden liegendes Kind, ich falle zu Boden, schreie mit ihm in einklingender Disharmonie. „Wolltest du mich auch sehen, Kleines? Hier bin ich.“ Schreckgeweitete Augen wenden ihren Blick von dem kleinen Körper ab, Ekel überkommt mich, vor mir selbst, der Vergangenheit, der Zukunft.

Durchdringend klingt meine Stimme aus den Lautsprechern, die überall in der Arena aufgestellt sind, eingefangen von an meine Brust gehefteten Mikrofonen, wirft Wellen durch die Schwaden, ruft Schauer auf die Rücken der Zusehenden, Blinden, Stummen, Namenlosen, Gesichtslosen.

Wieder setze ich einen Fuß vor den anderen, mühsam, wie auch bei den letzten zweihundertdreiundsiebzig Schritten, schlaffe Zehen schleifen über den Boden, auch der letzte Nagel bricht ab, ich schreie voll wollüstiger Inbrunst meinen Schmerz und Hass hinaus in den immer schwärzer werdenden Himmel; weiß zucken Blitze in der Ferne durch die Himmelsheere rastlos kreisender Raubvögel, die letzten Regungen vor endloser schmutziger Röte.

Ich blicke auf, heiße Tränen in den Augen, schmecke das Salz, den Dreck, der mir im Gesicht steht. Schon sehe ich in naher Ferne das Ding, erbaut, mich zu quälen, erschaffen, mein Leben auszuhauchen. Eine Fratze fährt mir durchs Blickfeld, grässlich verzerrt zu selbstlosem Mitleid. Keine Chance, sie wegzuschlagen, fest steht sie vor mir, ein Fels in der brandschatzenden Menge.

Weinend reicht sie mir ein Taschentuch, wischt mir den Schweiß aus dem Gesicht. Bitte, macht, dass sie verschwindet! Wütend greife ich ihr an die Gurgel, drücke zu, mit all der Kraft, die pochend mir in den Gedärmen sitzt.

Blitzender Stahl durchschneidet die Vorstellung, die ich den harrenden Hassern gebe, schlägt mir den Arm mit einem Streich entzwei. Weiter!

Nein, bitte, ich will noch nicht sterben, flehe ich die Wächter meiner Träume an, nein, lasst mich, ich wollte das nicht, bitte, lasst mich gehen. Verzweifelt werfe ich mich zu Boden, küsse die tote Frau, lecke das Blut von ihrem Leib. Bitte, verzeih mir, flehe ich sie still und heimlich an, bitte, ich wollte das nicht. Ich will noch nicht sterben, ich kann noch nicht sterben.

Dunkel streben die Gewitterwolken um mich dem Himmel entgegen, ein grässlicher Vogel stürzt vom Himmel, schlägt ein Loch vor mir in den Boden, reißt der Hölle Pforten auf.

Wieder tue ich einen Schritt auf das Ding zu, zitternd, meine Füße schmerzen, wer hat sie nur so zugerichtet? Blutiges Fleisch hängt dort, wo einst zarte Zehen mutig meinen Weg durchs Leben bahnten. Schmutz glänzt unter den Nägeln jener Finger, die früher sanft der Frauen Gunst erstrebten. In einer zu Boden gefallenen Glasscherbe erblicke ich mein eigenes Antlitz, zerschunden, entstellt, will weinend mich im Staube wälzen.

Gnadenlos ziehen mich die Wärter weiter, näher und näher zu dem Ding, das mich zerstören soll, größer wird es, immer größer, füllt bald mein ganzes Blickfeld. Ich erklimme eine der riesenhaften Stufen nach der anderen, blicke hinauf zum Henker, dessen gewaltige Füße mich zu zerstampfen drohen. Jeder Zentimeter, den ich dem Ding näher komme, rückt es in weitere Ferne, ewig lang wird der Weg, der zwischen mir und meinem Ende liegt.

Ich fange an zu laufen, stolpere, hetze meinem Tod entgegen, will nur endlich frei sein, entkommen. Plötzlich falle ich zu Boden, mein Kopf droht zu zerspringen.

Kniend sehe ich des Henkers Werkzeug.